25.07.06

To Steve and Jenny
with very best wishes.
Thanks for everything.

Um abraço

José

CELEBRAR PORTUGAL

Título: *Celebrar Portugal*
Autor: *José Carlos Almeida*
Colecção: *Epistemologia e Sociedade*, sob a direcção de António Oliveira Cruz
Capa: *Dorindo Carvalho*

INSTITUTO PIAGET, 2005
Av. João Paulo II, lote 544, 2.º – 1900-726 LISBOA
Tel. 21 831 65 00
E-mail: piaget.editora@mail.telepac.pt

Fotocomposição: *Instituto Piaget*
Montagem, impressão e acabamento: *Grafitimbre*
ISBN: 972-771-787-X
Depósito legal: 230 814/2005

Nenhuma parte desta publicação pode ser reproduzida ou transmitida por qualquer processo electrónico, mecânico ou fotográfico, incluindo fotocópia, xerocópia ou gravação, sem autorização prévia e escrita do editor.

JOSÉ CARLOS ALMEIDA

CELEBRAR PORTUGAL

*A NAÇÃO
AS COMEMORAÇÕES PÚBLICAS
E AS POLÍTICAS DE IDENTIDADE*

INSTITUTO
PIAGET

Aos meus pais.
Dedico também este livro à María.

AGRADECIMENTOS

Foram muitos os apoios intelectuais, pessoais e materiais que tornaram possível o meu trabalho nos últimos anos. Agradeço a todos os que contribuíram, entre 1997 e 2001, para que esse trabalho tivesse resultado numa tese de doutoramento e a todos os que, com o seu apoio, tornaram possível a árdua tarefa da sua transformação em livro.

Agradeço a todo o *staff* do Departamento de Sociologia da Universidade de Bristol, cuja hospitalidade me fez sentir em casa desde a primeira hora. Estou especialmente grato aos professores Steve Fenton e Steve May pela orientação, apoio, encorajamento e amizade permanentes. Também agradeço o apoio e incentivo do *staff* do Departamento de Sociologia da Universidade da Beira Interior, nomeadamente os professores Donizete Rodrigues, Johanna Shouten e José Carlos Venâncio. Obrigado a todos os que contribuíram com as suas ideias, comentários e discussões estimulantes.

Agradecimentos são devidos a todos os que, de uma forma ou de outra, me ajudaram na recolha de dados e no trabalho de campo. Agradeço, em especial, ao Carlos, ao Horácio e ao Nelson e, também, aos meus tios Manuel e Alegria que partilharam a sua casa quando necessitei de um lugar para ficar durante o trabalho de campo.

Gostaria de agradecer também aos meus amigos pelos bons momentos, que sempre me deram forças para continuar. Uma palavra muito especial à Maria pela sua preciosa ajuda e encorajamento e, sobretudo, pela sua dedicação e carinho incondicionais.

Agradeço, acima de tudo, a toda a minha família pelo amor e apoio contínuos, em especial à minha mãe Lúcia, ao meu pai, João, e aos meus irmãos Júlio, Gina, Cristina e Catarina. Por último, uma nota especial de saudade e de gratidão à minha avó pelo seu carinho sempre inspirador.

Esta investigação foi possível graças a uma bolsa de estudo do programa Praxis XXI da Fundação para a Ciência e Tecnologia.

PREFÁCIO

Celebrar Portugal. A Nação, as Comemorações Públicas e as Políticas de Identidade *de José Carlos Almeida é uma brilhante contribuição para a forma como devemos entender a nação no Portugal contemporâneo. É uma contribuição inovadora e fascinante para a sociologia do Portugal moderno, mas, também, para a literatura sobre a nação e o nacionalismo. Esta obra será de todo o interesse para todos quantos têm um interesse académico, profissional ou político sobre a cultura, a história e a sociedade portuguesa. Mas também fornece os leitores com um excelente guia sobre os debates em relação ao modo de pensar e conceptualizar a nação.*

José Carlos Almeida combina estes dois temas – a sociologia do nacionalismo e a sociologia do Portugal moderno – desenvolvendo o seu trabalho a partir da rica literatura sobre a formação das nações, a identidade nacional e a «modernidade» – esse conceito tão contestado –, e baseando-se também em literatura específica portuguesa sobre o colonialismo e o lusotropicalismo.

Duas das marcas distintivas deste livro são a atenção em relação à história e à mudança social e a análise de comemorações nacionais nas exposições de 1940 e 1998. Em ambas as exposições, Portugal apresenta-se ao mundo – e a si próprio. Almeida mostra como a Expo'98, sendo notavelmente diferente da Exposição do Mundo Português *de 1940, rearticula, ao mesmo tempo, temas chave da exposição que o Estado Novo organizou. Portugal é visto como tendo um papel especial no mundo, como uma grande nação civilizadora e como uma nação de descobridores cuja área de acção e influência não se limita apenas a Portugal ou à Europa, mas à totalidade do globo terrestre. A exposição de 1998 carrega consigo* **vestígios** *da anterior, mas moderniza-os para o Portugal-na-Europa do pós-1974.*

No final do livro, ele presta atenção à emergência de um discurso político sobre «maioria e minorias» e formas fundamentalmente «modernas» de racismo e xenofobia, ficando claro que a tradição universalista portuguesa não tem sido suficiente para inocular o Portugal contemporâneo de alguns racismos que é possível identificar na Europa do século XXI.

Este livro será extensivamente lido não só no mundo que fala português como fora. Numa crescente literatura sobre imigração, racismo e identidade nacional em geral e, em Portugal, em particular, esta contribuição de José Carlos Almeida será, certamente, marcante. Será apreciada por cientistas sociais, com toda a certeza; mas será, também, lida e tida em conta por todos aqueles que têm um interesse mais vasto na cultura, política e identidade em Portugal, na Europa e no mundo.

STEVE FENTON
Professor catedrático de Sociologia
University of Bristol

Junho de 2004

INTRODUÇÃO

Poucos fenómenos políticos têm gerado tanta discussão como a *questão nacional*, o nacionalismo e o Estado-nação. Quer seja em relação à (in)existência de uma definição consensual de nacionalismo, quer seja em relação à sua antiguidade, quer seja em relação ao seu presente e ao seu futuro, este é um campo em que não é fácil encontrar consenso. Quer se trate de académicos, quer se trate de comentadores em geral, a questão está aberta a uma grande variedade de controvérsias e de ideias divergentes[1].

Neste debate, no entanto, as questões relacionadas com memória pública, identidade e comunidade assumem uma crescente importância. O facto de que as identidades nacionais são negociadas através do discurso, em que são mobilizados repertórios de símbolos, discursos e significados adequados às novas necessidades ou experiências históricas, parece ser crescentemente aceite (Bruner, 2002; Parekh, 1995). Mas estudos concretos sobre o processo não são abundantes. Neste trabalho discute-se o caso português como um exemplo de como a nação se reproduz, num processo conduzido pelas elites culturais e políticas, analisando, especificamente, a dimensão de simbolizar a identidade nacional em grandes eventos comemorativos.

---

1 Veja-se, por exemplo, Balakrishnan (2000).

Portugal é um país com uma longa história de homogeneidade linguística, étnica e religiosa. Sendo um dos mais velhos Estados-nação do mundo, com sete séculos de fronteiras estáveis, a questão da identidade nacional tem sido, frequentemente, tida por garantida. No entanto, como noutros países, também em Portugal, a identidade da comunidade tem sido reconstruída várias vezes como resultado de mudanças nas circunstâncias históricas. Este livro explora os modos como os Estados-nação são reconstruídos em face de mudanças e novos desafios. São examinados, especificamente, os modos como os Estados usam comemorações históricas e grandes eventos nacionais para reimaginar a nação.

Dois grandes eventos associados a celebrações históricas são analisados. No primeiro, os documentos que foram produzidos por ocasião das comemorações de 1940 e que restam são analisados. No segundo momento, as celebrações do quinto centenário dos *Descobrimentos* portugueses e a Expo'98, vários documentos como guias, panfletos e outros documentos públicos são analisados de maneira a observar o discurso dominante da nação que eles projectam. A definição do destino da comunidade é sempre sujeito a conflitos ideológicos. Estes conflitos ideológicos não são apenas de nível interno, mas também relacionados com as diferentes visões dos eventos celebrados pelos diferentes países envolvidos. No entanto, como veremos, o modo como Portugal celebrou recentemente a sua história nacional reflecte uma preocupação do Estado em procurar um campo comum às diferentes vozes dentro da nação e mesmo na arena internacional. É mais difícil identificar tais vozes de contestação durante o anterior momento, 1940. As razões deste facto estão relacionadas não apenas com a distância histórica envolvida, mas, também, à natureza do regime salazarista e à sua relação com tais vozes de contestação. Os documentos históricos relacionados com esse evento que sobreviveram e que são aqui analisados, reflectem, por essa razão, o discurso *oficial* acerca da nação.

O Estado-nação tornou-se a forma aclamada de ordem política e um marco de referência no senso comum. No entanto, tal modelo enfrenta uma pressão crescente do topo e da base.

Do topo, pela crescente importância da globalização e a crescente influência de empresas transnacionais e organizações políticas que introduziu a necessidade para a revisão dos limites da soberania política e económica dos Estados-nação. Da base, pelo renascimento de valores e princípios de solidariedade mecânica, como os baseados na família ou no grupo étnico. Grupos minoritários clamam, cada vez mais, o direito a um maior reconhecimento político e cultural dentro de estruturas de Estados-nação existentes ou o direito a formar o seu próprio Estado-nação (Holton, 1998; May, 2001; Phillips, 1995). Mesmo Estados-nação tradicionalmente muito homogéneos como Portugal, enfrentam novos desafios à medida que os fluxos migratórios aumentam à escala mundial e, consequentemente, aumenta a sua diversidade interna. Em muitos Estados, este facto levanta questões acerca da identidade e resulta numa redifinição do *eles* e do *nós*.

No capítulo 1 alguma da principal literatura sobre a nação é revista, com uma ênfase especial na crítica da tese sobre modernização/industrialização de Gellner (1983). O caso português demonstra as limitações de uma polarização dos debates sobre nacionalismo entre abordagens primordialistas e modernistas, pelo que se defende uma abordagem mais flexível como a abordagem etnicista-simbólica de Smith (1986, 1991, 1996b, 1998). Recentemente, a atenção concentrou-se na ideia de *nacionalismo* em Estados estabelecidos. O caso português é, neste caso, muito útil e apresenta muitos exemplos, nomeadamente, em relação ao papel da mobilização da história em grandes momentos de celebração para a (re)construção da nação.

O capítulo 2 trata do processo de construção da nação em Portugal. Enquanto um dos mais velhos Estados do mundo, Portugal é um dos casos onde a teoria de Gellner parece insuficiente, como, de resto, o próprio reconheceu. A identidade nacional é vista não como um facto da natureza, mas como algo que surgiu como parte de um lento processo histórico, em larga medida conduzido pelo Estado e pelas elites. Ser *português* foi definido em oposição ao ser muçulmano, espanhol, judeu, negro e, mais tarde, inglês ou francês.

As comemorações históricas são importantes recursos usados na reconstrução da comunidade nacional pelo Estado, sendo momentos privilegiados de simbolizar a identidade nacional. Em Portugal têm sido extensivamente usadas desde o século XIX. Porque é que, num país que se vê a si próprio como uma nação com uma forte e antiga identidade, tem sido posta tal ênfase no programa comemorativo? Esta é uma questão explorada no capítulo 3, tendo presente que, em diferentes momentos históricos, a nação enfrenta desafios específicos e a necessidade de reconstruir o projecto nacional reimaginando o passado, o presente e o futuro. Nestes eventos, sobre os quais existe um crescente corpo teórico, as nações são representadas em narrativas numa série de imagens, *contos* e símbolos que podem mudar à medida que as circunstâncias mudam.

Como é explicado no capítulo 4, industrialização e modernidade eram vistas, por Salazar, como as grandes razões da decadência moral e material do País. Este capítulo explora as políticas de identidade e a redefinição da nação portuguesa durante o Estado Novo salazarista. Os discursos produzidos durante importantes celebrações da história nacional são analisados com algum detalhe, em que um discurso fortemente nacionalista era acompanhado da glorificação dos estilos de vida camponeses e rurais.

Portugal, entre outros países, é uma excepção no modelo de modernização e industrialização definido por Gellner, que tem sido um dos principais quadros teóricos para qualquer discussão acerca da nação e da difusão do nacionalismo. Não apenas é a sua identidade nacional fortemente imersa na história, como foi também definida, pelo menos durante a maior parte do século XX em *oposição* à industrialização e à modernização e aos valores democráticos e liberais dos seus vizinhos europeus e ocidentais, num tipo de *nacionalismo de reacção*, em que a ideia de *nação espiritual* teve um papel distintivo principal.

A cerimónia do arrear da bandeira portuguesa de Macau[2], em 1999, representou o fim de um projecto nacional de séculos

---

2 Um território cuja transferência de soberania para a China, como o vizinho Hong Kong, fazia parte do projecto de reunificação chinesa.

que desempenhou um papel extremamente relevante na constituição da comunidade nacional de história e destino. Esse foi um dos picos do processo de profunda mudança social em Portugal que começou em 1974 com a *revolução dos cravos*. Este evento é geralmente encarado como o momento de fundação do Portugal moderno, tendo aberto a porta à descolonização, à democratização e à modernização do País. Também marcou o regresso de Portugal ao sistema internacional de Estados-nação como um Estado democrático legítimo. Como é explicado no capítulo 5, esta mudança seguiu um longo período isolacionista de Portugal. Como consequência, quando Portugal se envolve, finalmente, na construção de uma sociedade capitalista, depois de 1974, passa imediatamente de um país agrícola para um país onde o sector dos serviços assume a proeminência, sem nunca ter sido uma sociedade industrial.

No capítulo 6 são explorados os modos como a nação se redefiniu no período pós-colonial, nomeadamente como um país moderno, multicultural e cosmopolita. Neste particular, é analisado o papel de um importante programa de comemorações para celebrar o quinto centenário dos *descobrimentos* que foi, no final do século XX, uma prioridade governamental.

Uma das mensagens da *Expo'98* e das *Comemorações dos Descobrimentos Portugueses* centra-se no universalismo[3]. Tradicionalmente, o País tem uma visão contraditória acerca de si próprio. Por um lado, tem sido apresentado como um país com uma cultura não racista, humanista e universal. Por outro, ao mesmo tempo, combinou, nalguns momentos, esta dimensão com uma identidade fortemente baseada em características raciais. Particularmente, durante o Estado Novo de Salazar, a propaganda do regime usou as teorias de Gilberto Freyre sobre o *lusotropicalismo*[4] para afirmar Portugal como um país universal e mul-

---
[3] No sentido em que é tradicionalmente percebido em Portugal.
[4] De acordo com esta teoria, os Portugueses experimentaram uma diferente história colonial, tendo sido capazes de criar uma *nova civilização* no Brasil, na Índia, em Timor e em África, baseada não apenas em valores cristãos mas em misturas raciais. Ver últimos capítulos para uma discussão mais profunda.

tirracial, legitimando as suas ambições imperiais. Portugal sempre celebrou a universalidade e o humanismo da sua história. Como veremos nos dois últimos capítulos, depois de meio século de ditadura fascista, os termos *raça*[5] e *nacionalismo* são menos apelativos. A constante celebração dos valores universais, humanistas e cristãos da história portuguesa reinventaram o País como uma sociedade multicultural e não racista. Ao contrário de outras sociedades pós-coloniais, Portugal não absorveu, até recentemente, uma quantidade significativa de imigrantes, pelo que a imigração é um fenómeno relativamente novo. Devido ao desenvolvimento económico, Portugal tornou-se num destino atractivo para a imigração, o que tem originado algumas tensões entre algumas características universalistas e particularistas. Um factor fundamentalmente diferente da sociedade portuguesa actual é, assim, a imigração e os consequentes problemas de discriminação, racismo e xenofobia que serão abordados no último capítulo.

Ao centrar a nossa atenção em dois momentos de celebração nacional, é possível observar as mudanças e as permanências em como a identidade nacional tem sido concebida em Portugal. Ao comparar estes momentos, é possível observar que, apesar das diferenças nos contextos, alguns temas e símbolos mobilizados são semelhantes. Um aspecto particular de ambas ocasiões de (re)construção da nação é explorado, nomeadamente o modo como as elites têm usado e mobilizado a história de expansão além-mar para integrar os *outros* nas definições da identidade nacional. Durante o Estado Novo as propostas de Gilberto Freyre em relação a uma *civilização lusotropical* serviu os propósitos do regime, reclamando legitimidade histórica para o colonialismo. Nos anos 90 do século XX o regime democrático celebrou a mesma *idade de ouro* dos *desco-*

---

[5] No vocabulário sociológico corrente, o termo *raça* perdeu muito do seu poder analítico. Wieviorka (1995b) recomenda que, como categoria de análise, *raça* deve ser posto de parte e devemos mudar o nosso campo de estudo da *raça* para racismo. No entanto, Steve Fenton relembra-nos que «um discurso em que a ideia de "raça" está presente, permanece uma forte característica do pensamento do senso comum e da ordenação das relações sociais» (1999: 4). Como veremos, quer o nacionalismo quer o racismo derivaram da mesma raiz etnocêntrica.

brimentos, mas, desta vez, como um *encontro de culturas* para reconstruir a nação como uma nação historicamente humanista, universalista e não racista. Até que ponto esta nova definição da identidade nacional é representativa das atitudes correntes e percepções das minorias étnicas em Portugal será uma questão explorada, ficando claro que a tradição universalista portuguesa não tem sido suficiente para inocular o Portugal contemporâneo de alguns racismos que é possível identificar na Europa do século XXI.

CAPÍTULO 1
NAÇÕES E IDENTIDADE NACIONAL

Os Estados tornaram-se demasiado grandes para pequenas coisas e demasiado pequenos para grandes coisas.

DANIELL BELL

INTRODUÇÃO

Os recentes conflitos na Europa e noutras partes do mundo mostram que, nalguns casos, o apelo de uma nação independente é de tal maneira grande que as pessoas estão dispostas a fazer o sacrifício último em nome da defesa ou conquista de um território politicamente independente. Recentemente este tem sido um tema frequente nos meios de comunicação social. Imagens de violência como as que foram vistas em Timor-Leste, aquando da votação no referendo que levaria à independência do território, correram o mundo. Por causa deste lado mediático do nacionalismo, a própria palavra parece dar uma conotação negativa a ideologias e movimentos sociais que tenham o objectivo de procurar a independência política de um dado território.

Vários grupos, nações e comunidades têm lutado uns contra os outros e mesmo dentro deles próprios. Em nome dos nacionalismos, guerras sangrentas têm sido travadas por um território. A recente experiência dos Balcãs e outros conflitos fez renascer nas mentes de muitos o horror do holocausto nazi. Devido à visibilidade de tais conflitos, as minorias étnicas têm sido encaradas com suspeição e hostilidade, mesmo aquelas que não estão envolvidas em projectos separatistas. Estes eventos deram também um novo ímpeto aos debates acerca da nação e de identidades nacionais. Em anos recentes, a literatura tem estado dividida em dois tipos de abordagem principais. De um lado, estão aqueles (Anderson, 1991; Gellner, 1983, 1994; Greenfeld, 1992; Hobsbawm, 1983, 1990) que concordam, de maneira geral, com a proposição de que as nações são modernas e um produto dos tempos modernos e fundamentalmente diferentes de outras formações sociais prévias. Os modernistas encaram as nações como algo construído, inventado e imaginado como tal. Deste modo, rejeitam as visões românticas e pereniais de muitos nacionalistas que consideram as nações algo objectivo e uma característica permanente da história.

Do outro lado, estão aqueles que adoptam uma abordagem etnicista (Hutchinson, 1994; Jenkins, 1995, 1997; May, 2001; Smith, 1986, 1991, 1998). Esta abordagem, também nega a validade das visões primordialistas, mas correctamente rejeita um completo construcionismo da nação, fazendo a defesa de modelos mais flexíveis e abertos. Para eles, a nação é uma forma de organização colectiva emergindo da história, considerando que «há mais em relação ao nacionalismo do que aquilo que é permitido pelo modelo da "industrialização e modernização do Estado"». Mormente Jenkins defende um «quadro teórico que tenha em conta os nacionalismos e não o nacionalismo» (Jenkins, 1995: 385).

Estes debates acerca da nação estão também relacionados com a questão da identidade nacional, a forma como a nação actua como um foco de filiação de identidade individual e o modo como tais fidelidades individuais são mobilizadas. Como veremos, a teoria social alargou recentemente o seu campo de análise para incluir o *nacionalismo* construído e reproduzido no quotidiano, em velhos Estados estabelecidos do Ocidente, significando o conjunto de práticas e comportamentos que Michael Billig (1995) classifica como *nacionalismo banal*.

Se entendermos nacionalismo como um «princípio político que defende que a unidade política e a unidade nacional deveriam ser congruentes» (Gellner, 1983:1), Portugal é um dos melhores exemplos com uma longa história de estabilidade física e homogeneidade linguística, étnica e religiosa. Mas Portugal é, também, um país onde a questão da identidade, a questão de *quem somos como nação* tem sido uma obsessão constante (Lourenço, 1978). O debate assumiu diferentes formas em diferentes circunstâncias, o que confirma a possibilidade de *negociação* da identidade nacional no processo histórico de reprodução da nação.

A *KULTURNATION* E A *NAÇÃO ELECTIVA*

A Revolução Francesa deu um grande impulso à ideia de nação. Dois modelos assumiram uma proeminência particular: a nação *etnocultural* de Herder e a nação *electiva* de Renan.

A *kulturnation*, ou nação etnocultural foi definida por Herder como «tanto uma planta natural como uma família [...] A providência – observara ele anteriormente – separou admiravelmente as nações, não só com florestas e montanhas, mas sobretudo com as línguas, os gostos e os caracteres, para que a obra do despotismo fosse mais difícil e os quatro cantos do mundo não se tornassem presa de um só senhor» (*in* Hermet, 1996: 117). Para Herder, a sociedade tem a escolha de se organizar num Estado próprio. A sociedade está, portanto, acima de qualquer forma de Estado, mas não ao contrário. Esta *kulturnation* baseia-se na linguagem e nos laços de sangue. Sendo *natural*, a sua legitimidade é maximizada. A este modelo *germânico* de nação, vertical, baseado em raízes étnicas e culturais e, portanto, predispondo qualquer indivíduo para uma comunidade nacional precisa, Ernest Renan contrastou a sua *nação electiva* horizontal, baseada em uniões voluntárias dos seus membros, uma «solidariedade de larga escala, constituída pelos sentimentos de sacrifício que os membros fizeram no passado e que estão preparados para fazer no futuro» (1990: 19).

Para Renan, «raça ou linguagem podem convidar as pessoas a unir-se, mas não os força a fazê-lo» (1990: 16). Renan rejeita a nação baseada em factores étnicos, considerando-a uma ilusão. Para ilustrar este argumento, apresentou o caso de França e outros países como a Inglaterra e a Itália «os mais nobres países» que «são aqueles em que o sangue se encontra mais misturado» (1990: 14). Esta visão da nação como natural, como uma *pessoa* nacional com uma alma colectiva é potencialmente perigosa e pode levar a confrontação. O factor fundamental é a *vontade* das pessoas em estarem juntas, formando uma nação, que é, acima de tudo, «uma alma, um princípio espiritual», não baseado em qualquer natureza objectiva como a nação de Herder. Outro factor constitutivo de um povo assenta no passado, na «posse em comum de uma rica herança de memórias». Inclui, portanto, um passado, mas precisa de um consentimento diário, «o desejo claramente expresso de continuar uma vida comum. A existência de uma nação é [...] um plebiscito diário» (1990: 19). Esta noção de um plebiscito diário tem grande poder evocativo e tem sido usada por líderes de grandes países para prevenir divisões internas depois de completos os respectivos processos de construção da nação (Hermet, 1996). No caso português, especialmente na concepção salazarista de nação, os dois modelos descritos acima foram usados de uma forma combinada. Por um lado, a nação foi afirmada como uma realidade primordial e natural, não como fruto de compromissos políticos e tendo uma nobre distinção genealógica. Por outro lado, foi afirmado, como um factor fundamental para a ideia de identidade nacional, o cumprimento de uma missão espiritual histórica universal da *raça* nacional, que deveria unir todos os membros da *família nacional* (ver capítulo 4).

A IDENTIDADE DO GRUPO E A NEGOCIAÇÃO DE FRONTEIRAS

Abordar identidades relacionadas com a nação, a *raça* ou o género, como sendo fixas e rígidas, baseadas em atributos claros partilhados pelos membros do grupo, não é hoje aconselhável. Barth introduziu o conceito de fronteiras e mudou o modo como os grupos são abordados. Antes de Frederik Barth (1969), grupos étnicos eram concebidos de um modo *essencialista* como uma unidade cultural que representava uma população que:

1) É em grande parte autoperpetuada de uma forma biológica;
2) Partilha valores culturais fundamentais;
3) Cria um campo de comunicação e interacção;
4) Tem um sentido de pertença que se identifica a si própria, e é identificada por outros, como constituindo uma categoria distinta de outras categorias semelhantes (Barth, 1969: 296).

A manutenção da fronteira não era problemática. As relações sociais eram vistas como sendo baseadas nos laços de sangue, na vizinhança e na partilha da linguagem, das crenças religiosas e dos costumes. Os laços étnicos dentro do grupo eram encarados como tendo qualidades marcadamente emocionais e não racionais. A ênfase era colocada em laços de união *primordiais* como fontes da acção colectiva. Frederik Barth argumentou, em contraste, que partilhar uma cultura comum era mais uma implicação ou um *resultado* do que uma característica primária da organização dos grupos étnicos. Barth formulou os grupos étnicos não mais em termos culturais, mas como uma forma de organização social. A principal ênfase desta abordagem torna-se «a *fronteira* étnica que define o grupo, não os aspectos culturais que ela encerra» (1969: 300). Este aspecto crítico tornou-se directamente relacionado com a «característica de *self-ascription* e *ascription* por outros» (1969: 299). A ênfase foi posta nas solidariedades que resultam de circunstâncias sociais, internas e externas, que o grupo enfrenta num dado tempo e espaço. Identidades e fronteiras são objecto de negociação e conflito. Desde a intervenção de Barth, a cultura e os aspectos culturais da própria etnicidade têm sido substituídos pelas fronteiras que delimitam o grupo como o centro das atenções. Herder definia a cultura de cada nação como:

> o conjunto dos códigos de linguagem, dos símbolos, dos tipos de relações sociais, das instituições, das técnicas e igualmente dos modos de adaptação às influências do meio temporal e espacial que as singulariza

como grupos humanos estáveis e de certa envergadura, quer se trate de uma sociedade avançada ou de uma comunidade que o seja muito menos (*in* Hermet, 1996: 118),

Assim, segundo Hermet, teria ultrapassado a noção de cultura de Tylor que correspondia «ao conjunto de conhecimentos, crenças, arte, moral, costumes e todas as outras aptidões que o homem adquire como membro de uma sociedade», mesmo antes da criação da antropologia (1996: 118-119). A nação, hoje, é vista sobretudo como um dos exemplos da transação e da negociação barthiana em curso (Eriksen, 1993a; Jenkins, 1997; Lindholm, 1993). Não é a diferença em si que forma o grupo, mas, antes, a ênfase colocada nessas diferenças. Barth nota que «as características que são tomadas em conta, não são a soma das diferenças "objectivas", mas apenas aquelas que os próprios actores consideram significativas» (1969: 299). A identidade do grupo, étnico ou nacional, baseia-se, portanto, nas representações e construções sociais e não em critérios objectivos, relacionados com o modo como a «fronteira é construída entre aqueles que podem e aqueles que não podem pertencer a uma construção particular de uma colectividade ou população» (Anthias e Yuval-Davis, 1993: 2). Ainda de acordo com Nira Yuval-Davis, «etnicidade está relacionada com a política das fronteiras colectivas, dividindo o mundo em "nós" e "eles", normalmente, em redor de mitos de origem comum e ou destino comum e envolvendo-se em processos constantes de luta e negociação» (Yuval-Davis, 1997: 193). A noção de onde e como a fronteira é construída não é apenas diversa mas também contextual e relacional (Corlin, 1993). Em relação à nação, muitos defendem a ideia de que as nações deveriam ser também encaradas como comunidades imaginadas, pois as suas fronteiras não se baseiam em critérios objectivos (Anderson, 1991; Billig, 1995; Hobsbawm, 1983). Weber considerou que a nação é, principalmente, uma comunidade de sentimento. Para ele, «se o conceito de "nação" pode ser de alguma maneira definido de forma não ambígua, tal conceito não pode ser identificado em termos das qualidades empíricas comuns aos indivíduos que podem contar como membros da nação» (1994: 22). Muitas abordagens, seguindo Smith (1986), incluem quer dimensões objectivas quer dimensões subjectivas, ultrapassando, assim, os limites de um construtivismo exagerado. A dimensão objectiva, que inclui a linguagem e a religião, é, dessa forma, complementada com construções subjectivas relacionadas com a crença numa ancestralidade comum ou num grupo histórico ou na crença num projecto comum para a nação.

NAÇÃO E MODERNIDADE

Uma das principais questões nos debates recentes na literatura em relação à nação tem a ver com o grau de modernidade da nação enquanto forma de identificação colectiva. Ernest Gellner é provavelmente o principal representante da abordagem modernista[1]. Gellner encara a história humana dividida em três fases fundamentais: pré-agrária, agrária e industrial. É na evolução das sociedades da fase agrária para a fase industrial que encontramos o cerne da sua explicação acerca da emergência das nações. É o Estado que constrói as nações e foi apenas na era industrial que o Estado se tornou uma realidade inevitável. O problema do nacionalismo, portanto, não existe quando o Estado não existe.

A teoria de Gellner considera o nacionalismo como um fenómeno relacionado com a industrialização ou modernização ou, como ele diz, a sua «difusão desigual». Industrialização e modernização são entendidas nos termos gellnerianos como «o mais e o menos abrangente aspecto do mesmo fenómeno», a transição da *agrária* para a *indústria*. A tese fundamental de *Nações e Nacionalismo* é a de que o nacionalismo é uma componente essencial da modernização, da transição da sociedade agrária para a sociedade industrial. Foi no quadro desta transição que as nações emergi-

---

[1] O seu principal trabalho de referência é *Nations and Nationalism* (1983), cuja tradução em português terá sido publicada apenas em 1993.

ram, sendo, portanto, um fenómeno moderno. Gellner não negou que a humanidade viveu em grupos em todas as eras, mas era de opinião de que a identificação com uma nação anónima é uma novidade histórica e também que o nacionalismo, um tipo distinto de patriotismo, «torna-se preponderante e dominante apenas em certas condições sociais que, de facto, prevalecem no mundo moderno e não noutro momento» (1983: 138).

Para Gellner, a sociedade agrária não favorecia o princípio nacionalista. «"Nações", grupos étnicos, não eram nacionalistas quando os Estados assentavam em sistemas agrários relativamente estáveis» (1983: 121). Na Europa medieval, um Estado dinástico, como Portugal e outros que se encontram ao longo da costa atlântica, cujas unidades políticas coincidiam com as regiões culturais e linguísticas, era encarado por Gellner como uma raridade. Gellner distinguia quatro *zonas horárias* na Europa do ponto de vista do impacto dos aspectos étnicos na vida política. Na primeira destas zonas, que inclui Portugal, Espanha, França e a Grã-Bretanha, pouco teve lugar o que chama de «nacionalismo etnográfico: o estudo, a codificação e a idealização das culturas camponesas com o objectivo de forjar uma nova cultura nacional», dada a correlação das unidades políticas com as regiões linguístico-culturais. A segunda *zona horária* de Gellner corresponde, de maneira geral, ao território do Império Romano. Nesta zona, não foi necessário criar uma cultura nacional, dada a disponibilidade de uma alta cultura[2] bem definida, sustentada por uma extensa classe literada. Para Gellner, «tudo o que o nacionalismo precisou de fazer aqui foi prover uma alta cultura existente, apropriada para definir uma nação moderna, com o seu tecto político». Mais a leste, na terceira zona, quer a alta cultura quer a unidade política «tiveram de ser criadas antes de se poderem fundir uma na outra. Isto tornou a tarefa dos naciona-

---

2 Altas culturas, em termos gellnerianos, são *culturas de jardim*, culturas cultivadas, sustentadas pela literacia e dependendo, portanto, de instituições de ensino. Estas altas culturas diferem das *culturas selvagens*, apesar de elas derivarem da variedade *selvagem* produzida e reproduzida espontaneamente.

listas correpondentemente mais árdua, frequentemente, a sua execução mais brutal». Na quarta zona, ainda mais a leste, «um socialismo absolutista que não tolerava o pluralismo económico, político ou ideológico», conseguiu manter o nacionalismo ausente. Mas produziu as «condições sociais que levam ao nacionalismo, isto é, a identificação dos homens com uma alta cultura que define uma grande massa de pessoas anónimas, que, no entanto, visualizam aquela sociedade abstracta como uma comunidade concreta». Como resultado do colapso do sistema, o nacionalismo emergiu nesta zona com um vigor renovado (Gellner, 1994: 29-31).

O princípio nacionalista da convergência das unidades políticas e culturais e o imperativo da homogeneidade cultural transmitida pela escola em cada unidade política fez-se sentir, pela primeira vez, na transição para a industrialização. Esta é uma era de readaptações em que as fronteiras culturais instáveis se encontram em constante e espectacular movimento. Na primeira *zona*, pelo contrário, «relativamente pouca alteração de fronteiras foi necessária: a emergência da República da Irlanda foi a única evidência clara disso». Aqui quando a era do nacionalismo surgiu, o principal problema foi a transformação de *camponeses em franceses* (Weber, 1976). A criação de comunidades nacionais parecia, de alguma maneira, excluir os camponeses e a sua *cultura selvagem*. Para Gellner, seguindo Ernest Renan, a «nacionalidade baseia-se no esquecimento, não na memória» (1994: 29). Mas nem sempre assim é. Nalguns casos, memórias históricas e ruralidade são parte integrante da nacionalidade. Em Portugal, desde o século XIX, à medida que o País tem caminhado no sentido da nacionalidade moderna, tem tido lugar uma intensiva mobilização da história e das *co-memórias* da comunidade nacional. Em relação à modernização, Portugal parece ser também uma excepção, dada a forte valorização e glorificação dos modos de vida camponeses nos discursos ideológicos da nação, especialmente durante o regime salazarista na primeira metade do século XX[3].

---

3 Isto é claramente expresso, por exemplo, na Grande Exposição do Mundo Português, em 1940. Ver capítulo 4.

As sociedades agrárias eram caracterizadas por uma estrutura piramidal. No topo encontravam-se as elites militares e burocráticas. Na base as comunidades agrícolas. O processo de reprodução social baseava-se na família e na ocupação e o conceito de mobilidade social quase não existia. Estas comunidades estavam separadas de outras, com linguagens diferentes e culturas distintas. Também se encontravam culturalmente separados das elites literadas, mesmo ao nível das práticas religiosas, como no islamismo.

Como foi referido, Gellner admitiu a existência de algo parecido a Estados-nação[4] na era pré-moderna, antes da era do nacionalismo moderno. Mas estes Estados dinásticos historicamente fortes, correlacionados com áreas de alta cultura, são encarados como algo acidental e raro:

> se o nacionalismo requer o casamento de Estado e cultura, então, nesta zona, o casal vivia em coabitação muito antes de a sua união ter sido aclamada pelo Manifesto do Destino nacionalista... A história deu um presente ao nacionalismo (Gellner, 1994: 113, *in* Stepan, 1998: 221).

É claro, para Gellner, que o nacionalismo dá origem a nações e não o contrário.

Gellner rejeitou a teoria do naturalismo no que diz respeito ao nacionalismo. Ele discordou que um homem tem de ter uma nacionalidade tal como tem um nariz e duas orelhas. Para ele, tal facto é apenas aparente, uma vez que «ter uma nação não é um atributo inerente da humanidade, se bem que, de facto, assim pareça. De facto, nações como Estados, são uma contingência e não uma necessidade universal. Nem as nações nem os Estados existiram em todos os tempos e em todas as circunstâncias» (1983: 6). As unidades políticas típicas durante a maior parte da história não eram animadas por princípios nacionalistas e as unidades políticas pré-modernas apenas acidentalmente eram coincidentes com as nações. O nacionalismo inventa as nações onde elas não existem. Mas necessita de se basear em algumas

---

[4] As unidades políticas baseadas em Lisboa, Madrid, Paris e Londres.

marcas diferenciadoras preexistentes. Isto não quer dizer que o nacionalismo representa o acordar da *bela adormecida* e a afirmação destas unidades míticas, supostamente determinadas e naturais. Pelo contrário, o nacionalismo «por vezes transforma as culturas preexistentes em nações, por vezes inventa-as, e, frequentemente, destrói-as» (Gellner, 1983:49).

Para Gellner, as nações nunca foram, na história, a base de uma ordenação universal, ordenando a vida política da humanidade. Os Estados-nação são modernos, mesmo que a *intelligentsia* acredite, romanticamente, que está a restaurar a sua velha nação, apresentando o nacionalismo como fazendo conquistas «em nome de uma suposta cultura popular» (Gellner, 1983: 57). O nacionalismo é, para Gellner, uma consequência de uma nova organização social, «baseada em altas culturas [...] dependentes da educação[5], cada uma protegida pelo seu próprio Estado» (1983: 48).

O nacionalismo, de acordo com Gellner, é característico da sociedade industrial e está intimamente relacionado com o seu modo de produção. O nacionalismo é o equivalente funcional nas sociedades industriais das religiões mundiais das unidades políticas agrolitaradas e dos cultos animistas das tribos nómadas pré-agrárias. O nacionalismo relega a religião para um papel secundário, desafiando o tradicional conservadorismo da Europa feudal. Com a modernização/industrialização, a homogeneidade torna-se um imperativo e uma necessidade objectiva, surgindo à superfície na forma de nacionalismo. Uma cultura comum tornou-se muito mais importante na criação e sustentação de coesão social do que em alguma época anterior. Antes da emergência do nacionalismo, a preservação da ordem social e a interacção não estava dependente de comunicação linguística e cultural pois os papéis sociais eram apertadamente circunscritos e prescritivos. A velha relação entre estrutura e cultura mudou com o advento do nacionalismo. «Nacionalismo é um princípio

---

[5] A discussão em torno da importância e significância da educação será aprofundada mais à frente.

de legitimidade política precisamente porque a cultura se tornou tão importante que a cultura "não apenas sublinha a estrutura: em vez disso, substitui-a"» (O'Leary, 1998: 42). Industrialização e o seu modo de produção exige um novo tipo de divisão do trabalho social. Exige mobilidade social e a socialização numa alta cultura comum e universal:

> «A economia depende da mobilidade e da comunicação entre indivíduos, [dum modo] que pode ser atingido apenas se esses indivíduos forem socializados numa alta cultura e só numa mesma alta cultura, [...] o que não pode ser assegurado pelos antigos modos de [fazer] seres humanos (Gellner, 1983: 140).

No mundo moderno, é necessário ter uma cultura comum que permita as pessoas comunicar de um modo exacto independentemente do contexto. Por outro lado, a moderna «ordem industrial requer homogeneidade no interior das unidades políticas, pelo menos a suficiente para permitir uma mobilidade relativamente suave e excluir a identificação "étnica" quer da vantagem quer da desvantagem, económica ou política» (Gellner, 1983: 109).

A ordem industrial e o desejo de prosperidade impuseram a mobilidade, a comunicação e uma dimensão apropriada e exigiu que as unidades sociais fossem de dimensão considerável e, ao mesmo tempo, culturalmente homogéneas. A manutenção deste tipo inevitável de alta cultura requer a protecção de um Estado capaz de manter a ordem social e capaz de «recolher e utilizar recursos que são necessários para sustentar a alta cultura e para assegurar a sua difusão a uma população inteira, um objectivo inconcebível e não tentado no mundo pré-industrial (Gellner, 1983: 141). Os requerimentos da era industrial moderna, como a comunicação contínua entre todas as pessoas que pertenciam a um mesmo grupo e entre eles e o governo, não podem ser assegurados por antigos métodos de aprendizagem, como parte de uma existência comum das comunidades locais. Apenas um sistema educacional de massas pode atingir tal objectivo. Portanto, a manutenção de tais infra-estruturas educacionais e culturais tornou-se numa das principais tarefas de governo. A sociedade industrial requer um Estado que possa produzir e ser mantido por uma cultura comum, literada e acessível. Os sistemas educacionais modernos explicam as identificações culturais que historicamente são uma novidade. Estas identificações não se baseiam em sentimento nem são fundadas em mitos. Estão, antes, relacionadas com uma necessidade objectiva e prática que é a base do moderno nacionalismo.

As precondições do nacionalismo, no pensamento de Gellner, incluem a literacia geral e uma sociedade comprometida com o crescimento económico e a mobilidade social. A sociedade industrial requer a comunicação efectiva e generalizada através de um meio comum, a alta cultura. Portanto, um requerimento básico para uma construção da nação com sucesso é a existência de uma alta cultura ou, pelo menos, uma alta cultura potencial.

Na era industrial, as altas culturas exigem um Estado. E, de acordo com Gellner apenas altas culturas podem produzir nacionalismo. O conflito emerge quando as fronteiras políticas existentes e as fronteiras das altas culturas com aspirações políticas não estão em harmonia. Durante a época agrária, se bem que «as altas culturas ou grandes tradições se tivessem tornado proeminentes», elas «geralmente, não definiam os limites de uma unidade política» (1983: 50). Na Idade Média, por exemplo, *cristão* era provavelmente uma categoria de identificação mais importante do que *português*[6] em Portugal. Na modernidade, devido aos requirimentos do seu modo de produção, as altas culturas tornaram-se universais. Ao contrário da era agrária, as altas culturas exigem agora a protecção política de um Estado para sobreviver. No passado, os mosteiros cristãos, por exemplo, podiam manter a alta cultura viva. Agora o sistema educacional nacional é o principal responsável por tal tarefa.

---

6 Durante um longo período de tempo, pertencer ao *espaço cristão*, teria provavelmente mais significado para os indivíduos do que qualquer noção de identidade nacional. No caso português, as primeiras lutas pela independência do Estado assumiram a forma de guerra santa contra o invasor *infiel*. O *background* histórico será explicado no próximo capítulo.

A teoria de Gellner é frequentemente criticada pela vastidão do seu campo de análise, tendo por objectivo ser *a* teoria do nacionalismo. Para Brubaker, a

> procura de «uma» ou «a» solução para conflitos nacionalistas – é [...] pouco sensata: pois os problemas teóricos associados com a nacionalidade e o nacionalismo e os problemas políticos práticos são variados e multiformes e não susceptíveis de resolução através de uma única abordagem teórica (ou prática) (Brubaker, 1998: 301).

A teoria de Gellner parece assumir demasiado rápido que o princípio que postula que a nação política e a nação cultural devem ser uma é universal e, a longo prazo, uma tendência irresistível. Esta parece uma concepção reduccionista da modernidade, em que todos os nacionalismos devem ser nacionalismos políticos, obedecendo à doutrina nacionalista *uma cultura, um Estado*. A assunção de Gellner de que «uma unidade política territorial pode tornar-se etnicamente homogénea apenas [...] se mata, expulsa ou assimila os não nacionais» (1983: 2), de facto, limita as opções, deixando pouco (se algum) espaço a resultados mais criativos. Nalguns casos é verdade que, em nome de *nós*, a nação, foram levadas a cabo impressionantes operações de limpeza étnica como aquelas levadas a cabo em Timor-Leste depois da *anexação*, em 1975, pelo exército indonésio[7]. Mas os Estados nem sempre são tão unitários e homogéneos como Gellner imaginava. A vida moderna exige uma multiplicidade de papéis. Todos nos identificamos com vários grupos. Neste contexto, a ideia de arranjos multiétnicos e multinacionais parece plausível. Também existem grupos e movimentos cujo objectivo não é conseguir o seu próprio Estado. De acordo com Anthony Smith e outros, o nacionalismo não devia sequer ser concebido como tendo o objectivo principal de conseguir um Estado. Muitas *ethnies* [grupos étnicos]

> não aspiram à nacionalidade para si próprios; não se vêem a si próprios como constituindo uma «nação» separada, e, no entanto, eles (ou muitos dos seus membros) são relutantes em dissolver a sua *ethnie* e

---

[7] É impossível saber com certeza o número de mortos, mas Barbedo Magalhães (1997) estima que os massacres terão sido proporcionalmente piores do que os perpetrados pelos nazis durante o holocausto.

a perder a sua etnicidade. Daí que tenham aceitado a oferta de cidadania e mobilidade, mas tenham retido o laço étnico «primordial» (Smith, 1986: 150-151).

É o caso, por exemplo, dos Catalães que procuram um maior reconhecimento cultural enquanto mantêm a sua lealdade ao Estado espanhol (May, 2001).

Uma das proposições mais debatíveis no trabalho de Gellner é o laço funcional entre nacionalismo e modernização. O nacionalismo, enquanto ideologia política, é geralmente visto como sendo um fenómeno moderno. No entanto, tal não é muito claro em Portugal e noutros países onde guerras e movimentos populares foram liderados pela elite, na Idade Média, em nome da colectividade. Mesmo se a nação tivesse pouco significado em termos de identificação e mobilização de lealdades, os historiadores traduziram esses episódios como nacionalismo. Parece útil não negar à partida a possibilidade de existência de ideologias e políticas que são reconhecidamente nacionalistas e identidades que podem ser descritas como nacionais antes da era do nacionalismo *clássico* (Jenkins, 1997; Smith, 1986, 1994).

Por outro lado, muitos sugerem que o nacionalismo deve muito mais à relação funcional entre nacionalismo e sucesso militar do que à *performance* económica. Para Mouzelis (1998) ou para Brubaker (1998) não são as tecnologias económicas mas sim militares que primeiramente explicam o espectacular desenvolvimento das burocracias de Estado. É possível encontrar exemplos de industrialização sem nacionalismo (a protoindustrialização de várias regiões da Europa Ocidental) ou nacionalismo sem industrialização guiado por uma lógica e dinâmica político-militar e não económico-industrial. O nacionalismo africano é outro caso de nacionalismo que claramente não é motivado pela industrialização (Laitin, 1998). Portugal é um dos mais velhos Estados-nação no mundo com séculos de história de homogeneidade linguística, religiosa e étnica. Por alturas da idade do nacionalismo na Europa, Portugal era já um Estado estabelecido há séculos, durante o qual a comunidade nacional de história e destino foi forjada. No entanto, isto não impediu o desenvolvimento de discursos nacionalistas num contexto de uma ideologia de antimodernização e anti-industrialização[8]. Outros casos como a Índia, a China ou a Rússia sugerem que existem outros nacionalismos em que a cultura camponesa é o *ideal exemplar*. A multiplicidade do fenómeno requer, portanto, que falemos acerca de *nacionalismos* e não de *nacionalismo*, prestando uma atenção especial às especificidades históricas e incluindo outras variáveis que não apenas modernização e industrialização.

Gellner tem sido criticado pelo seu optimismo excessivo. Ele argumentou que à medida que o processo de modernização for sendo completo, o nacionalismo deveria perder o seu vigor. No entanto, em anos recentes, o número de guerras travadas em nome da nação não mostra sinais de diminuir. Em 1972, pouco antes da vaga de independência das colónias portuguesas, Shafer previa que «a criação de Estados-nação não chegou ao fim» (1972: 272). Gellner tem sido descrito como «um optimista do iluminismo». Tem sido criticado, nomeadamente, devido à sua «tendência de [diminuir a importância] das contínuas pressões da própria ruralidade» (Hroch, 1998: 129). Nairn cita uma passagem de *The Persistence of the Old Regime*:

> O antigo regime... foi demasiado vasto, resiliente e resistente para ser abatido por algumas balas terroristas em Sarajevo. Seriam precisas as duas guerras mundiais e o holocausto, ou a guerra dos trinta anos do século XX, para finalmente desalojar e exorcisar a concepção feudal e aristocrática da sociedade civil e política da Europa (Nairn, 1998: 129).

A Revolução Francesa trouxe um modelo de integração baseado na ideia e no valor da cidadania individual, na *egalité* formal, jurídica e política, de cada cidadão (Soromenho Marques, 1996). Ideologicamente «todo o homem que tenha recebido a formação necessária, [estava apto a] participar no projecto político baseado na universalidade do cidadão» (Schnapper, 1994: 68).

---

[8] Isto será aprofundado mais à frente. Ver capítulo 4 para uma discussão sobre a construção salazarista da nação.

Em Portugal foi necessário travar uma guerra colonial durante mais de uma década e esperar pelo surgir da década de 70 do século XX, para se sentirem ventos de mudança comparáveis. Os processos de democratização em Espanha são igualmente recentes. A lógica funcionalista da argumentação de Gellner tem, portanto, de ser sujeita a grande debate, pois a sua visão sobre a necessidade da sociedade industrial de homogeneidade social e linguística assenta na visão mais instrumental da motivação humana. No entanto, Taylor (1997) aceita não apenas a validade do argumento funcionalista, como ainda o alarga aos argumentos funcionalistas da democracia. Mas o exemplo de Portugal parece desafiar a implicação central de *Conditions of Liberty* de que «se uma única alta cultura e um Estado que suporte essa cultura não coexistam num território, a construção de uma democracia será substancialmente mais difícil [do que se estes dois factores coexistirem]» (Stepan, 1998: 222). Na primeira *zona* de Gellner, a correspondência cultura-Estado não era um problema. No entanto, no país mais homogéneo da área, Portugal, o processo de democratização apenas teve lugar, em definitivo, nos anos 70 do século XX. De facto, depois da revolução em 1974, a população que retornou a Portugal foi proporcionalmente cinco vezes maior do que a França absorveu depois de Argélia (Stepan, 1998). Apenas nessa altura podemos considerar algum grau de diversidade. Portanto, democratização, em Portugal (pelo menos), não teve nada a ver com homogenização, antes pelo contrário.

Portugal foi, até 1974, a ditadura mais antiga na Europa Ocidental. Durante a maior parte do século XX, o País viveu num regime cujo discurso ideológico dominante era baseado na defesa da nação como um dos valores mais altos – «tudo pela nação, nada contra a nação». Na reconstrução da nação levada a cabo por Salazar, o *nós* português foi reimaginado em oposição aos valores liberal-democráticos dos seus vizinhos europeus e os seus modelos de modernização e industrialização. A sobrevivência de um regime não democrático é explicada parcialmente pela imposição de uma única definição de identidade oficial pelo aparato estatal. Esse era um dos principais objectivos da *Política do Espírito* implementada pela máquina de propaganda do Estado Novo salazarista. Vários factores influenciaram o colapso do regime, quer de ordem interna quer de ordem externa, como o crescente isolamento internacional. Ironicamente, tal foi favorecido pelo discurso político do regime: «orgulhosamente sós». Hoje, o discurso oficial vai em direcção oposta, o que sublinha a corrente reinvenção da nação no concerto das nações, com implicações no modo como os portugueses se vêem a si próprios e o mundo.

Factores exógenos são igualmente relevantes nos processos de construção do Estado-nação: «a formação do "Estado-nação" tem lugar, frequentemente [...] através de permissão e não apenas como um resultado do poder de mobilização das populações indígenas para a nacionalidade» (O'Leary, 1998: 60). As colónias africanas portuguesas tornaram-se independentes quando o Exército português se recusou a continuar a travar uma guerra sem fim militar à vista e como resultado de mudanças mais abrangentes no mundo. Timor-Leste tornou-se recentemente o primeiro Estado-nação independente do século XXI. O sucesso do processo de construção da nação, depois de mais de 20 anos de conflito, é devido, largamente, a factores externos, como a democratização da própria Indonésia, e também o compromisso de terceiros, como Portugal ou as Nações Unidas.

O tema da dimensão e da escala é, também, um tema importante no pensamento de Gellner. De acordo com o seu modelo, existe uma dimensão mínima para a possibilidade de sucesso de uma nação. A razão tem a ver com o facto de que economias de escala são exigidas para sustentar um moderno sistema de educação *não parasitário*. Este tema do tamanho foi, de facto, frequentemente, um assunto de preocupação para a justificação da independência nacional em Portugal e, sobretudo, para justificar a continuação de Portugal como uma potência imperial no século XX. Depois da unificação da Alemanha e da Itália, a fase de formação de grandes Estados-nação na Europa chegou ao fim. As pequenas nações eram para os nacionalistas, liberais e revolucionários, políticamente não desejadas sob o princípio de que a nação devia ter uma dimensão mínima por razões económicas e de viabilidade material que pudessem garantir uma independência efectiva. Portanto, as nacionalidades viáveis seriam limitadas. Em 1843, considerava-se «ridícula» a existência de *anões* como a Bélgica ou Portugal (*in* Hermet: 1996). Timor-Leste é um dos exemplos mais recentes que mostra como a dimensão pode não ser um *handicap* para conseguir a independência. No entanto, apenas no futuro poderemos avaliar o sucesso deste processo de construção da nação.

NAÇÕES COMO *INVENÇÕES* E COMUNIDADES *IMAGINADAS*

Nas abordagens modernistas, as nações são consideradas como algo abstracto que emergiu em circunstâncias históricas específicas, como uma categoria *inventada*, uma *construção* de engenharia social e um artefacto cultural recente. Tanto a abordagem de Hobsbawm como a de Benedict Anderson tiveram grande influência, colocando uma ênfase particular no aspecto construtivista da identidade nacional e da cultura nacional.

O que faz a abordagem de Hobsbawm distinta da teoria de Gellner é que ele parece considerar as nações primariamente como ferramentas ou máscaras manipulativas e ideológicas para os interesses das elites. Gellner, por seu lado, parece considerar as nações, não apenas como usadas pelas elites para servir as suas próprias agendas e interesses, mas também como expressões de identidade.

Para Hobsbawm, muitas «"tradições" que parecem ou reivindicam ser antigas são, muito frequentemente, recentes na origem e por vezes mesmo inventadas». Mesmo as linguagens podem ser inventadas. O seu termo de *tradições inventadas* significa «um conjunto de práticas, [...] de natureza ritual ou simbólica, que pretende inculcar certos valores e normas de comportamento através da repetição, que automaticamente implica continuidade com o passado». Os nacionalistas exageram o valor dos elementos históricos em que os indivíduos podem encontrar algum tipo de identificação. Se bem que haja uma tentativa de «estabelecer continuidade com um passado histórico apropriado» (1983: 1), a nação é, para ele, algo descontínuo, sendo que apenas as *tradições inventadas* tornam esta continuidade aparente. Isto é algo que Gellner tornou claro:

> Os seus mitos [da ideologia nacionalista] invertem a realidade: reivindica estar a defender uma cultura popular quando, de facto, está a forjar uma alta cultura; reivindica estar a proteger uma sociedade popular antiga quando, de facto, ajuda a construir uma sociedade de massas anónima (1983: 124).

Através da *invenção* de tradições, as identidades nacionais foram criadas como se existissem *naturalmente*. O nacionalismo e o projecto de estabelecimento de estados territoriais são para Hobsbawm um fenómeno moderno. Na história de conflitos, o aspecto territorial parece um aspecto negligenciável (Hobsbawm, 1993). No entanto, na era moderna, o nacionalismo normalmente concebe-se a si próprio como sendo natural, como se os nacionalistas estivessem a restaurar algo que existiu através da história e baseado em algo imemorial e real que *nos* distingue, a *nós*, *deles*, os *outros*.

As nações são, nos termos de Anderson, *comunidades imaginadas*. Anderson considera que a nação é uma «comunidade política imaginada – e imaginada quer como inerentemente limitada quer como soberana». É *imaginada* pois aqueles que compõem a nação «nunca conhecerão a maioria dos seus membros, nunca os encontrarão pessoalmente ou sequer ouvirão falar deles e, no entanto, nas mentes de cada um encontra-se a imagem da sua união» (1991: 6). É imaginada como *limitada* pois, por maior que seja, necessita de algumas fronteiras. É imaginada como *soberana* pois na base está um desejo de constituir um Estado soberano, como veículo para a liberdade da nação. É imaginada como uma *comunidade*, pois é concebida como uma profunda *camaradagem* horizontal que tem levado muitos indivíduos a desejar morrer por tais imaginações limitadas.

A abordagem de Anderson pode ser integrada no *paradigma modernista* do nacionalismo. Nesta abordagem, foi o desenvolvimento do *capitalismo imprimido* o factor essencial para a imaginação de comunidades nacionais e o desenvolvimento de identidades nacionais. As nações emergiram na Europa Ocidental com o declínio das comunidades sagradas e os reinos dinásticos, representando uma mudança fundamental nas antigas concepções culturais essencialistas e antigos modos de apreender o mundo. O advento da modernidade compreendeu uma revolução nos nossos imaginários sociais, a relegação das formas de mediação hierárquicas a um papel secundário e a emergência, no seu lugar, de sociedades horizontais, de acesso directo. O tempo passou a ser entendido como exclusivamente secular, em que todo o membro é visto como fazendo parte do todo.

Os desenvolvimentos da *imprensa* e das *línguas de imprensa*

> criaram campos unificados de troca e comunicação abaixo do latim e acima da língua falada», criando a comunidade dos «camaradas-leitores [...], o embrião da comunidade imaginada nacionalmente [...]; contribuiu para a fixação da língua, o que, a longo prazo, ajudou a construir a imagem de antiguidade, tão central à ideia subjectiva de nação» e «criou línguas de poder de um tipo diferente dos prévios vernáculos administrativos (1991: 44-45).

A imprensa de massas em línguas que não o latim, a anterior língua da elite administrativa, permitiu a outros grupos, para além dos intelectuais, entender-se mutuamente através da escrita. Também assegurou um sentido de continuidade da nação, fixando a língua. Os leitores tornaram-se membros da colectividade que era imaginada no presente com ligações ao passado, mas também com projecções no futuro, dada a herança em forma de livros.

Apesar disso, terá sido a impressão *per se*, particularmente a produção em massa de bíblias, mais do que o capitalismo imprimido, o factor decisivo para o desenvolvimento de línguas vernaculares europeias, substituindo o latim. «Porque deveríamos encarar o capitalismo, mais do que a produção em massa de textos, como a causa saliente da origem e desenvolvimento de línguas?»

se esse processo foi um projecto apoiado pelo Estado (ou conjuntamente pelo Estado e pela igreja) (O'Leary, 1998: 82). Em Portugal, mais do que a tradução da Bíblia, o desenvolvimento da língua deu um passo significativo como resultado do trabalho de vários escritores humanistas, como Camões, por exemplo, que escreveu no século XVI o épico *Os Lusíadas*, celebrado como um tipo de *bíblia fundamental* da identidade nacional (ver capítulo 2).

O SIMBOLISMO ÉTNICO DO NACIONALISMO

Para Gellner, o elemento definidor essencial da nação é a existência de uma cultura partilhada e o reconhecimento entre os membros que pertencem à mesma nação. «Dois homens são da mesma nação se e só se eles partilham uma mesma cultura [...] Dois homens são da mesma nação se e só se eles se *reconhecem* uns aos outros como pertencendo à mesma nação» (1983: 7). Como outra categoria, a nação baseia-se no reconhecimento mútuo dos seus membros e na existência de certos direitos e deveres mútuos em virtude da sua pertença comum e não quaisquer outros atributos partilhados, que os possam distinguir dos não membros.

Esta identificação com uma nação anónima é um produto dos tempos modernos, uma novidade na história humana. Se bem que Gellner, na sua última discussão pública[9], tenha reconhecido que «há uma certa quantidade de umbigo» acerca da nação, ele continuou a defender o carácter moderno da nação, afirmando que «a continuidade cultural é contingente, não essencial». Anthony D. Smith, por seu lado, define a nação de um modo menos construtivista como «uma determinada população partilhando um território histórico, mitos e memórias históricas comuns, uma cultura pública de massas, uma economia comum e direitos e deveres legais comuns para todos os membros» (1991: 14).

---

9 Publicada na revista *Nations and Nationalism*, 1996, 2 (3), 366-370.

Considerando o Estado, em termos weberianos, como a instituição que possui o monopólio da violência legítima numa sociedade com soberania política sobre uma área territorial claramente definida (Oommen, 1994; Smith, 1991), Smith diferencia a nação como significando «um laço político e cultural, unindo numa única comunidade política todos aqueles que partilham uma cultura e uma terra natal históricas» (1991: 14-15).

Ambas as abordagens de Smith e Gellner se baseiam mais em categorias socioeconómicas do que categorias políticas nas suas explicações. Mas se Gellner tem uma posição mais construtivista, Smith argumenta que, para a nação ser efectiva como um polo de afiliação de identidade colectiva, deve ser baseada, pelo menos até certo ponto, numa comunidade preexistente. A abordagem de Smith sublinha os atributos históricos e simbólico-culturais da identidade étnica. A sua abordagem está aparentemente situada a meio caminho entre uma visão *primordialista* que considera que a etnicidade existe naturalmente, desde tempos imemoriais, e uma visão *situacionalista* que sublinha os contextos em que os indivíduos e as colectividades *instrumentalmente* usam as identificações do grupo.

Anthony D. Smith concorda com a proposição de que o nacionalismo, como ideologia e movimento é, de uma maneira geral, moderno. Mas não em termos de «estruturas, sentimentos e simbolismos nacionais». Muito antes das ideologias nacionalistas, podemos encontrar evidência de *algum grau de continuidade nacional* (1998: 190). Hugh Seton-Watson distinguiu «novas nações» de «nações antigas e contínuas». Nestas antigas nações[10], que adquiriram a identidade nacional ou a consciência nacional antes da formulação da doutrina do nacionalismo, «o processo de formação de identidade nacional e consciência nacional [...] foi lento e obscuro. Foi um processo espontâneo, não desejado por ninguém, se bem que tivessem existido grandes eventos que, em certos casos, o tivessem claramente acelerado» (1994: 134-135).

---

10 As velhas nações da Europa em 1789 eram as formadas pelos Ingleses, Escoceses, Franceses, Holandeses, Castelhanos e Portugueses no Ocidente; os Dinamarqueses e Suecos no Norte; e os Húngaros, Polacos e Russos no Leste.

Estes eventos incluíram conflitos contra uma ameaça externa. Napoleão, por exemplo, de acordo com Shafer (1972), tornou-se a «parteira» do nacionalismo europeu. Como veremos no próximo capítulo, durante séculos, o desejo de evitar tornar-se uma província espanhola foi uma parte significante do projecto de construção da nacionalidade portuguesa. O facto de que o projecto nacional envolveu um grande império colonial de dimensão mundial também contribuiu para a integração interna. Portugal e outras nações *conquistadoras* europeias «descobriram o mundo não europeu e construíram um imenso império colonial [...] O desejo de poder [fora das fronteiras do país] reforçou o processo de integração interna» (Schnapper, 1994: 161-162).

Smith reconhece a existência, em eras pré-modernas, de algo que ele considera como mais do que anomalias, não apenas na Europa, mas em todo o mundo. Historicamente «em vários continentes, encontra-se considerável evidência, não apenas de diferenças e categorias "objectivas" e culturais (linguísticas, religiosas, etc.), mas de identidades étnicas e comunidades étnicas "subjectivas", muitas delas envolvidas em antagonismos recíprocos» (1998: 190-191). Os Gregos ou os Judeus podem ser apontados como exemplos de *continuidade étnica*; na Etiópia ou no Crescente Fértil, o caso tinha mais a ver com *recorrência étnica*.

A razão para o falhanço das teorias modernistas das nações e do nacionalismo inclui «a sua recusa de relacionar as consequências da modernidade com uma compreensão do papel constante desempenhado pelos laços culturais e identidades étnicas que tiveram origem em épocas pré-modernas», um falhanço que significou «uma negligência sistemática da base popular e cultural do nacionalismo» (1996: 47). Para Smith, modernismo é, portanto, uma *falácia*. Mas Smith distancia-se também de qualquer versão de primordialismo dado «o sentido de afinidades culturais e não de laços físicos e de parentesco, incorporados num *mito* de descendência, nas memórias históricas partilhadas e no simbolismo étnico, que define a estrutura das comunidades étnicas» (1998: 192). A abordagem de Smith é uma abordagem *processual* em que «as continuidades com influências pré-modernas devem ser analisadas em conjugação com tendências modernas e "pós--modernas" [revelando] as suas interrelações» (1996a: 47-48).

Como um fenómeno de massas legitimado pela ideologia nacionalista, as nações podem ser modernas mas «devem muito da sua presente forma e carácter aos laços étnicos preexistentes, resultantes de antigas *ethnies*» (1996a: 57). As nações são, portanto, frequentemente relacionadas com *ethnies* pré-modernas. No passado não existiram nações, mas existiram *ethnies*, unidades culturais colectivas vagas que Smith define como «determinadas unidades de população com mitos ancestrais e memórias históricas comuns, elementos de uma cultura partilhada, alguns laços com o território histórico e algum tipo de solidariedade, pelo menos entre as suas elites» (1996a: 57).

Smith distingue dois tipos de comunidade étnica. Uma é *lateral e extensiva*. A outra é *vertical e intensiva*. A primeira «esteve, inicialmente, socialmente confinada aos estratos superiores», como os aristocratas e o alto clero e, por vezes, os burocratas, encontrando-se «geograficamente dispersas para formar, frequentemente, laços apertados com semelhantes grupos de vizinhas *ethnies* laterais». Na segunda, mais compacta e popular, «a sua cultura étnica tendia a ser mais difusa a outros estratos e classes sociais». A intensidade e a exclusividade dos laços que unem um povo são maiores do que entre a *ethnie* aristocrática pois «uma cultura histórica distintiva ajudou a unir diferentes classes em torno de uma herança e tradições comuns, especialmente quando as últimas se encontravam sob uma ameaça vinda do exterior» (1991: 53).

Estas são as duas bases étnicas que correspondem a duas rotas principais através das quais as *ethnies são* transformadas em nações modernas. Uma é a rota horizontal por «incorporação burocrática», em que a acção do Estado é essencial para a incorporação dos estrata médios e regiões remotas dentro da cultura étnica dominante. A Inglaterra, a França, a Espanha, a Suécia e, até certo ponto, a Polónia e a Rússia são exemplos deste percurso. A outra rota tem a ver com o que Smith chama de «mobilização vernacular» pela *intelligentsia* local que usa a cultura popular para mobilizar a comunidade passiva de modo a formar uma nação em torno de uma nova cultura histórica vernacular. Se a primeira é patrocinada pelo Estado, a segunda é mais popular e levada a cabo por *intelectuais-educadores* nacionalistas com a intenção de «purificar e mobilizar "o povo" através de um apelo ao passado alegadamente étnico da comunidade» (1991: 69). Em *Nacionalismo e Modernismo* (1998), Smith considera uma terceira rota que consiste largamente na integração de fragmentos imigrantes de outras *ethnies*. Em países como os Estados Unidos, o Canadá ou a Austrália, a esta *ethnie* parcial de imigrantes-colonos, seguem-se outras vagas de imigrantes culturalmente diferentes, o que «encorajou uma concepção "plural" da nação, que aceita, e até celebra, a diversidade étnica e cultural dentro de uma identidade nacional política, legal e linguística dominante» (1998: 194). Uma importante questão, para muitos Estados-nação é, portanto, como gerir a diversidade cultural em vez de encontrar modos de a submeter ao imperativo de homogeneização. Portugal, como um novo país de destino para fluxos migratórios, não é excepção. Como veremos no último capítulo, a chegada de milhares de imigrantes depois do colapso do império colonial em 1974 e, sobretudo, os novos fluxos de anos recentes, estão a transformar Portugal numa sociedade multiétnica. Portugal tem-se visto a si próprio como um exemplo no que toca a gerir a diferença, e tem celebrado os valores de universalismo e humanismo como parte da identidade nacional. No entanto, um crescente número de casos de racismo e xenofobia e reivindicações de um maior reconhecimento cultural e político por parte de grupos minoritários contrasta com o mito de uma sociedade racialmente democrática, largamente usado pela ditadura salazarista para legitimar a experiência colonial portuguesa.

Hroch (1998), como Smith, oferece uma abordagem que integra uma mistura subtil de *modernismo* e *primordialismo*. Ambos os autores se distanciam de uma posição modernista. A concepção teórica de Hroch é de que o grande grupo social conhecido como a "nação" foi formado ao longo da história. Isto não deve significar que as nações devam ser encaradas como categorias eternas e imutáveis. Apenas que «as relações e os laços objectivos, que caracterizaram a coerência de um grande grupo – a nação – demoraram séculos a ser formados» (Hroch, 1998: 91-94). O primeiro estágio começou na Idade Média e um segundo teve lugar no século XIX. Um processo similar ocorreu em Portugal como é descrito no capítulo seguinte.

IDENTIDADE NACIONAL E MUDANÇA

Identidade nacional inclui não apenas noções de diferença e definições do que a comunidade é e não é, mas também noções de autoconhecimento, de objectivos e compromissos comuns, de modos de pensamento e de memórias culturais. A nacionalidade não é algo fixo e imutável. Não é um facto social inequívoco, mas, antes, muitas vezes uma pretensão politicamente contestada pelo que a nação pertence à classe de conceitos «contestados na sua essência» (Brubaker, 1998; Parekh, 1995; Sarup, 1996).

As concepções rivais e as tendências conflituosas da identidade colectiva podem ser, todavia, reconciliadas diferentemente em diferentes ocasiões. A constante reconstrução da identidade da comunidade é o resultado do ambiente geral, à medida que a comunidade enfrenta novos desafios e ameaças. «Com mudanças nos modos de vida gerais e nas circunstâncias, necessidades e experiências históricas da comunidade, ela desenvolve novas tendências, medos e mitos, abandona os antigos, muda o seu equilíbrio interno» (Parekh, 1995: 263).

Politicamente, o Estado-nação tornou-se, desde a *idade dos nacionalismos*, a forma internacionalmente reconhecida e o repositório das funções de assistência social e saúde pública e o regulador da distribuição social. Assim se explica o poder apelativo que o ideal de ter um Estado próprio teve e continua a ter para muitas populações[11]. Outra das razões tem a ver com o facto de o modelo de Estado-nação ter sido e ser ainda encarado como o meio democrático ideal de integração. Isto levou a que a homogeneidade nacional tenha feito parte de muitos projectos nacionalistas (Handler, 1994). A cidadania, definindo um conjunto de direitos e deveres específicos a uma população, estabelece uma fronteira entre *nós* e os *outros*, excluindo os *outros* com base na nacionalidade. Desde o fim da Segunda Guerra Mundial, no entanto, houve uma alteração essencial no sentido de que «a era do pós-guerra é caracterizada por uma reconfiguração da cidadania de uma base mais particularista baseada na nacionalidade para uma mais universalista baseada na personalidade» (Soysal, 1994: 137). No entanto, os portugueses, como outros povos, parecem ainda preferir que assuntos como educação, cultura e saúde sejam tratados pelos governos nacionais, enquanto admitem que assuntos como política externa, a luta contra as drogas e políticas monetárias e de desemprego possam ser tra-tadas numa base supranacional (Carrilho, 1998). O que transpa-rece é que a forma de Estado-nação como repositório das funções públicas de educação, de saúde, de regulador de distribuição social é ainda reconhecida como a mais eficaz. No entanto, em muitos países a identidade nacional tem-se tornado um tema de discussão pública, pois parece que, de algum modo, há uma *falta* dela, ou porque parece que a comunidade a *perdeu*, resultando do enfraquecimento das fronteiras nacionais devido à criação de áreas transnacionais em algumas partes do mundo, ou das mudanças no sistema de valores tradicional.

Uma importante consequência da globalização tem a ver com o fenómeno do aumento dos fluxos populacionais globais e a emergência de sociedades multiculturais originou a necessidade de repensar os conceitos tradicionais de cidadania, cultura

---

[11] Em 1999 foi possível ver em directo na TV um homem afirmar que «já posso morrer pois já deixo uma nação a meus filhos». Em 2002, a emoção da cerimónia de declaração de independência e o silêncio emotivo e de respeito com que a multidão de pessoas acolheu a bandeira em Timor-Leste mais uma vez o mostrou.

e identidade. Este é, hoje, um dos maiores desafios à integridade do Estado-nação enquanto pólo de afiliação de identidade e uma das grandes questões na teoria social corrente é como pode o Estado-nação acomodar as minorias nacionais na cultura dominante (Castells, 1997; Castles, 2000; Castles e Miller, 1993; Kymlicka, 1995; May, 2001; Robertson, 1992; Walzer, 1997). A identidade nacional e as formas existentes de cidadania são postas à prova, levando a novas formas de racismo, dada a crescente diversidade cultural. Para Gellner, a presença de um *pequeno* número de residentes estrangeiros não invalida o princípio nacionalista. No entanto, a diversidade cultural está a crescer no interior do Estado-nação. Por razões económicas, políticas ou devido a catástrofes ecológicas, milhões de pessoas procuram trabalho, um novo abrigo ou, simplesmente, um local seguro para viver. Controlar os fluxos de população tornou-se, portanto, um dos principais temas de discussão em muitos países (Cornelius, Martin e Hollifield, 1994), incluindo países de tradição emigratória como Portugal. A questão da imigração e os modos de controlar os movimentos populacionais internacionais tem, igualmente, assumido uma importância central na agenda política das autoridades europeias (Conselho da Europa, 2000; Comissão Europeia, 2000)[12]. E as perspectivas apontam para um crescimento desses fluxos imigratórios no futuro[13], dada a previsão do decréscimo da população europeia a curto e médio prazo. De acordo com um relatório das Nações Unidas, a Europa irá enfrentar uma grave diminuição da população devido à diminuição da fertilidade e do envelhecimento da população. Prevê-se que em Portugal, por exemplo, 37 por cento da população tenha mais de 60 anos em 2050. A população residente poderá cair de cerca de 10 milhões para pouco mais de 8 milhões dentro de 50 anos

---

12 Este é também um tema recorrente de muitas cimeiras como a cimeira de Sevilha que marcou o fim da presidência espanhola da UE em Junho de 2002.
13 Apesar de os medos de uma invasão demográfica se terem provado como infundados, a Europa Ocidental recebe, em cada ano, cerca de um milhão de imigrantes legais. Os pedidos de asilo cresceram de 16 000 por ano nos anos 1970 para 300 000 no início dos anos 1990 e para mais de 500 000 (só na Alemanha) em 1992 (Pires, 1997).

(*Jornal de Notícias*, 26 de Março de 2000). A crescente diversidade é certamente um dos principais desafios a um país como Portugal, que tem sido tradicionalmente concebido como não racista e onde os principíos de universalismo e humanismo têm sido considerados como características definidoras da comunidade nacional. Este é um tema a que voltaremos em capítulos posteriores.

CONCLUSÃO

Neste capítulo algumas das principais abordagens em relação à nação foram discutidas. O que parece ficar claro é a incapacidade das abordagens modernistas do nacionalismo para explicar a multiplicidade e a variedade do fenómeno. Precisamos, portanto, de tomar em linha de conta a especificidade histórica de cada caso, de modo a preencher um vácuo que uma abordagem exageradamente construtivista pode criar. Enquanto em muitos locais da Europa, o nacionalismo tem sido associado à modernização, em Portugal e também em Espanha, a industrialização começou apenas na segunda metade do século XX, pelo que as forças do *nacionalismo do centro* não tiveram a mesma relevância (Corkill, 1996).

Um tema recorrente dos discursos da nação em Portugal é que o País é um Estado independente desde 1143 e que as fronteiras políticas correntes são, basicamente, as que foram estabelecidas no Tratado de Alcanizes, há sete séculos. Uma reivindicação comum é a de que, portanto, Portugal tem uma identidade nacional estabelecida há séculos. Uma visão meramente primordialista como esta deve também ser criticamente examinada. Em Portugal, como noutros países, o processo de consciencialização nacional começou há séculos e desenvolveu-se num processo lento, de acordo com algumas circunstâncias particulares. Como veremos no capítulo seguinte, a comunidade portuguesa de história e destino foi formada no curso destes séculos de história independente.

Como foi referido atrás, a nação é constantemente reproduzida no sentido de se adaptar às mudanças. Num mundo cada vez mais global, as nações sofrem desafios globais e particulares. Globalmente, a crise do Estado-nação é, hoje, um importante tema em muitos países. Esta chamada crise do Estado-nação é também uma crise de identidade, resultando de desafios que a nova ordem global, com a introdução de uma multiplicidade de actores sociais, impõe ao Estado, em particular a um Estado-nação como Portugal, tradicionalmente concebido como um país homogéneo. Juntamente com mudanças globais, Portugal enfrenta algumas mudanças particulares. Nos últimos 30 anos, tornou-se uma sociedade pós-colonial, comprometida com a construção europeia. O colapso do primeiro e último império colonial europeu representou o fim de um ciclo de cerca de cinco séculos de história. Estas mudanças principais, juntamente com outras como o recente processo de modernização e as suas consequências, incluindo um crescimento do número de imigrantes legais e ilegais de várias origens, tem levado a importantes desafios aos modos como Portugal se vê a si próprio, a sua história e o mundo. Voltaremos a isto mais à frente.

CAPÍTULO 2

A NAÇÃO E O ESTADO. OS FACTORES E O PROCESSO DE *CONSTRUÇÃO* DA NACIONALIDADE EM PORTUGAL

> *Portugal é uno do Minho ao Algarve; dir-se-ia até que foi uno de mais, porque excluiu judeus e mouros e viu como inimigos, em todas as épocas a partir do século XVI, os que se recusavam a pensar exactamente como quem dominava.*
>
> AGOSTINHO DA SILVA

INTRODUÇÃO

Como vimos no capítulo anterior, uma das grandes discussões na literatura está relacionada com a questão da *modernidade* da nação. Um debate relacionado tem a ver com a nação enquanto uma entidade real baseada em atributos objectivos e, portanto, baseada na história desde tempos imemoriais ou, pelo contrário, enquanto um imaginário moderno, uma entidade subjectiva e abstracta e um produto dos tempos modernos.

Onde encaixa Portugal nesta discussão? No modelo de Gellner, os velhos Estados são anormalidades antes da era do industrialismo. No entanto, ele admite a sua existência. Por alturas da era do nacionalismo moderno, Portugal já era um Estado independente há séculos, sendo a mais antiga entidade política da Europa. Apesar disso, apenas nos últimos dois séculos as mesmas normas administrativas, burocráticas e judiciais foram implementadas em todo o território nacional. Do mesmo modo, um sistema de educação e comunicação, do qual depende a noção de uma *consciência nacional*, é um produto da idade moderna. A era em que o nacionalismo emergiu na Europa teve, portanto, o seu impacte em Portugal.

O processo de construção da nação foi, porém, um processo lento, que demorou séculos, durante os quais foi criado um *certo grau de continuidade nacional*, usando as palavras de Smith.

Durante séculos, a acção do Estado e das elites foi essencial no processo de *nation-building*. O Estado tornou-se mais centralizado. As minorias étnicas foram expulsas ou assimiladas. Mitos de origem e destino nacional foram criados desde muito cedo. Guerras para manter a independência nacional foram travadas. Uma forma de historiografia emergiu muito cedo para tornar eternas as realizações dos indivíduos e reis heróicos. A linguagem emergiu lentamente como algo distinto do castelhano. O processo da construção do Estado foi acompanhdo de um processo de centralização do Estado. Como veremos neste capítulo, tudo isto contribuiu para o aparecimento de manifestações de algo que, se não se pode considerar consciência nacional, é, pelo menos, um antecedente de identidade nacional. Veremos também como algumas destas dimensões da identidade nacional são, em diferentes circunstâncias, celebradas, esquecidas ou reformuladas.

OS PORTUGUESES: UM POVO ESCOLHIDO POR DEUS

Alguns autores argumentam que uma comunidade cultural portuguesa pode ser encontrada já formada tão cedo como 1128 (Saraiva, 1996). Outros, como Hugh Seton-Watson (1994), afirmam que nas velhas nações, a formação da identidade nacional e da consciência nacional foi um «processo espontâneo, não desejado por ninguém». Uma abordagem que tenha em conta o longo processo de séculos, por vezes conduzido pelo Estado ou pelas elites, talvez seja mais defensável. Com efeito, se observarmos de perto a história portuguesa, uma consciência nacional era claramente evidente muito antes do período do nacionalismo, mas foi, também, algo que levou séculos a emergir e a desenvolver. Neste processo, o papel das elites e do Estado, mesmo se na sua forma medieval com base no poder monárquico, teve uma importância fundamental.

A noção de que se é um *povo especial*, escolhido por Deus para desempenhar uma missão específica é um tema central no Velho Testamento aplicando-se em especial a um povo, os judeus.

Apesar de o Novo Testamento ter universalisado a ideia numa igreja enviada a *todas as* nações, onde não existem nem *judeus* nem gentios – uma entidade multicultural, multilíngue e uma associação não política – esta noção de eleição étnica, de povo escolhido por Deus, como se encontra no Velho Testamento, sobrevive mais ou menos intacto na era moderna e tem sido incorporado na mitologia nacional de muitos países. Desta forma, um sentido de missão e destino colectivo tem sido central em muitas das asserções de identidade nacional no mundo contemporâneo (Hastings 1997, 1998; Smith, 1999).

Por volta do século XII, a Península Ibérica estava dividida. O Norte cristão lutava contra o invasor muçulmano. O espaço católico do Norte encontrava-se dividido em reinos e condados, sendo o *Condado Portucalense* um deles. Poucos anos depois da famosa batalha contra a sua mãe, em 1128, Afonso Henriques usou pela primeira vez o título de *Rex Portugaliensis* (rei dos portugueses). António José Saraiva encontra, no que ele chama um dos primeiros documentos da historiografia portuguesa, datado de 1079, uma *ideia de Portugal* no século XI ou mesmo antes (Saraiva, 1996).

Para José Mattoso, que considera o século XII como o momento crucial da formação nacional no espaço ibérico cristão, devemos rejeitar tanto a ideia de um reino de Leão homogéneo do qual Portugal se separou inesperadamente, como a ideia de um Portugal possuidor da sua própria identidade histórica e, consequentemente, procurando a sua autonomia, como se fosse algo natural. Em vez disso, os *portugueses*, nesta altura, «são propriamente os membros da aristocracia centrada no rei e só por extensão os seus dependentes» (Mattoso, 1993a: 16).

O novo reino abençoado e protegido – contra os castelhanos – pelo papa, expandiu-se em direcção ao sul, conquistando terras aos príncipes muçulmanos em nome da fé. Nesta *guerra santa*, o primeiro rei português derrotou vários líderes muçulmanos na batalha de Ourique. A lenda conta que no dia de São Tiago[1] se

---

[1] São Tiago era venerado como o santo padroeiro dos cristãos nas lutas contra os muçulmanos.

deu um milagre. O próprio Jesus Cristo terá aparecido a Afonso Henriques antes da bem sucedida batalha. Esta lenda, encarada como o mito de origem nacional, não é uma *invenção* moderna, pois, de acordo com João Santos, é descrita num documento anónimo de 1416. A lenda diz que apesar de os Portugueses serem em muito menor número, Afonso Henriques, ajudado por Cristo, derrotou cinco *reis infiéis*. Os portugueses vitoriosos terão jurado fidelidade a Afonso Henriques, tendo-o proclamado o seu rei (Santos, 1992). Durante séculos este episódio foi reconstruído e reinventado, reafirmando o significado simbólico dos Portugueses como um povo escolhido por Deus. Muitos *mitos de origem* nacionais têm uma natureza transcendental, com o intuito de maximizar o apelo aos corações dos indivíduos. Este momento fundacional da nacionalidade portuguea foi imaginado como tendo intervenção divina, mostrando Afonso Henriques, e como tal também os Portugueses, como os enviados de Deus para esmagar os inimigos da fé. A importância simbólica deste mito de origem é de tal maneira fundamental que está ainda hoje representado na bandeira nacional. Desde aquele momento, as lutas contra os Muçulmanos no que será o futuro território português, e mesmo a sua expansão além-mar assumiu o carácter de uma guerra santa contra *infiéis e bárbaros*. A dimensão religiosa da identidade nacional assumiu, portanto, desde muito cedo, um papel fundamental na formação da consciência nacional. O sentido original de castigo divino contra o *infiel* foi transformado no final do século XIV, quando Castela se tornou uma ameaça à independência nacional. Deus era a garantia de protecção eterna sobre o reino, enquanto uma nação independente destinada por Deus a uma missão *sobrenatural*. Uma vez que os Portugueses eram imaginados como tendo legitimidade divina, os inimigos dos Portugueses eram, como consequência, os inimigos de Deus. Estes inimigos foram, numa primeira fase, os Muçulmanos contra quem os Portugueses travaram a *Reconquista* católica. Mais tarde, quando Castela se torna uma ameaça, a independência nacional é afirmada como um destino divino em oposição às tendências centralizadoras de Castela. *Português* e *católico* tornaram-se, desde cedo, identidades inseparáveis. A ideia de um povo eleito para espalhar a fé conheceu o seu clímax quando «no contexto das guerras da restauração, se estruturou a ideologia de um V Império[2], encabeçado pela coroa portuguesa, e destinado a restabelecer a unidade da cristandade, então dividida pela oposição católicos/protestantes» (Mattoso, 1993c: 22). Neste sentido, as nações do Norte são hereges em contraste com o Sul católico. Deus tinha ajudado o fundador do reino a ser independente. A *restauração* era também encarada como desejo de Deus em libertar os Portugueses para cumprir a divina missão de espalhar a fé.

A expansão ultramarina que começou no século XIV foi também legitimizada como a realização dessa missão divina de espalhar a fé e como um meio de assegurar o estatuto político de Portugal enquanto Estado independente. Porém, a religiosidade dos *outros* diferentes não foi encarada de igual maneira em todos os casos. Por um lado, os Muçulmanos pertenciam a um mundo em claro contraste com o mundo cristão. As religiões animistas de África ou do Brasil, por outro lado, representavam espaços neutrais disponíveis para a apropriação cristã (Comissão Nacional para as Comemorações dos Descobrimentos Portugueses, 1995).

Como veremos à frente, a dimensão moral foi extensamente mobilizada na definição da identidade particularmente durante o Estado Novo. A elite do regime, sobretudo por ocasiões de comemoração dos *santos* da história nacional, relembrava que «a nossa pátria está dispersa por muitos territórios no mundo e o que a faz grande é o laço moral que os envolve a todos, os unifica e consolida [...] Desde todo o princípio da expansão ultramarina uma ideia nos possuiu e guiou – viver e conviver na paz de Cristo, que não há outra verdadeira» (Comissão Executiva do V Centenário da Morte do Infante D. Henrique, 1961: 37).

---

[2] O padre jesuíta e escritor António Vieira (1608-1697) escreveu numa profecia que o rei João IV iria ressuscitar e estabelecer o *quinto império*, simultaneamente espiritual e material, unindo todos os cristãos sob a liderança de Portugal (Cidade, 1979).

Nas representações da história nacional, quando se organizaram grandes comemorações, quer em 1940, quer em 1960, quando o Estado Novo celebrava a figura do infante D. Henrique, a grandeza nacional teria sido conseguida quer com a cruz quer com a espada.

> As ciências e as armas, entrelaçadas na Cruz de Cristo, levaram a todos os cantos do Mundo o nome de Portugal, a civilização cristã. E foi, nesses dias, que se escreveram páginas imortais na história universal, graças aos missionários que viveram e morreram entre pagãos e antropólogos, pregando a fé de Cristo e a cidadania portuguesa; e também aos capitães sem par que, em toda a parte, fizeram triunfar a civilização ocidental, pela espada, sempre que a barbárie ou a força não respeitava o direito das gentes (Comissão Executiva do V Centenário da Morte do Infante D. Henrique, 1960: 14-15).

O REI, UM SÍMBOLO DE UNIDADE

O mito de origem nacional cobre o rei e os Portugueses com legitimidade divina. No entanto, a noção de povo português enquanto comunidade, tinha pouco ou nenhum significado para a maioria dos indivíduos durante a Idade Média. Um dos factores que contribuiu para o lento desenvolvimento de tal noção abstracta de nação foi o lento processo de centralização do poder político.

Em 1297 a paz entre os reis de Portugal e Castela foi alcançada no Tratado de Alcanizes. As fronteiras correntes correspondem basicamente às que resultaram deste tratado. Por isso é que tais fronteiras têm sido consideradas como a mais estável linha de fronteira da Europa (Mattoso, 1993a). Até ao século XIV, se bem que o rei fosse «um poder político superior e inclusivo, cuja autoridade é reconhecida pelos outros detentores de poderes públicos ou privados», o poder do monarca é concebido quase como o poder dos senhores feudais, como um privilégio pessoal, não sujeito à lei, excepto à lei divina. Gradualmente, este equilíbrio político muda. «O reino será considerado como um todo unitário e o rei como uma autoridade "pública", que ele exerce "directamente" sobre "todos" os cidadãos, qualquer que seja o seu estatuto jurídico ou privilégios». O Estado moderno emergiu deste processo de centralização e de substituição da monarquia feudal por uma monarquia de Estado em que o Estado «reserva exclusivamente para si a autoridade pública e cria um tipo de organização burocrática para a assegurar». A centralização do poder político sobre o todo do espaço nacional impôs «um certo grau de coerência e de unidade e que [...] se torna condição absolutamente decisiva para a própria constituição da identidade nacional» (Mattoso, 1993a: 269).

A TERRA: A NOSSA TERRA

Este processo de centralização burocrática foi combinado com uma longa história de estabilidade nas fronteiras políticas nacionais. Um país como Portugal com 700 anos de fronteiras definidas não é um caso típico na Europa. Na Europa medieval, os mapas representavam um mundo não obcecado com fronteiras. Os territórios mudavam de forma frequentemente, de acordo com a herança dos monarcas. Neste contexto, a preocupação de D. Dinis, e outros reis, em fixar o território nacional e a fronteira política, construindo castelos em áreas de fronteira, nacionalizando as ordens militares, promovendo o português como a língua oficial na chancelaria real é, de algum modo, incomum.

A existência no mesmo território durante um tão longo período de tempo permitiu o desenvolvimento de alguns laços emocionais com a *terra*. Saraiva, como vimos, identifica a existência de uma *ideia* de Portugal muito antes da existência de um território independente. Martim de Albuquerque encontra expressões de «amor à terra» e emoções ligadas ao *sangue* e à *terra* muito cedo. O termo *nação*, que teve inicialmente um «exclusivo sentido étnico», referindo-se ao grupo étnico dos portugueses sob soberania do monarca, adquiriu, mais tarde, um «sentido territorial». Podemos, portanto, encontrar referências à ideia de *morte pela terra* muito cedo na história portuguesa (Albuquerque, 1974, *in* Sobral, 2000).

O título do rei, que era a princípio *rei dos Portugueses*, tornou-se, depois, *rei de Portugal*. Estas primeiras emoções relacionadas com o sangue e a terra assumiram, muito frequentemente, um carácter religioso, relacionado com o mito de origem divino. Mas parece difícil imaginar, nesta altura, uma comunidade travar guerras em nome de algo tão abstracto como a *nação*. Existia mais do que uma agência de poder no território; a lealdade dos camponeses era, antes de mais, para com o senhor local e não para com o distante monarca e a sua identidade estava relacionada, em primeiro lugar, com *esta* aldeia ou *este* vale. Por volta de meados do século XIII, «muitos clérigos têm uma noção mais nítida da pátria e do reino a que pertencem do que os próprios membros da corte» (Mattoso, 1993a: 295). Com a excepção de uma pequena elite educada, o dever de fidelidade da população local ia, principalmente, para com o *concelho* local de tal modo que era considerado como uma extensão da família. «Para um monge a "pátria" era o seu mosteiro, para um camponês, a sua aldeia, para um burguês, a sua cidade» (Mattoso, 1998: 30). A palavra latina teve a sua adaptação francesa *patrie* no século XVI e a portuguesa provavelmente durante o século XV. O título *Rex Portucalensium* e o escudo real são interpretados, até ao século XIV, como parte do contexto feudal. Apenas mais tarde, o rei será o monarca de todos os Portugueses, significando não apenas o grupo de indivíduos dependentes do rei, como qualquer outro senhor feudal, mas também um organismo independente do rei, incluindo todos os cidadãos como um todo. O rei torna-se, assim, uma figura central, pólo de unidade e ordem, constituindo-se como um *líder de Estado*.

AS AMEAÇAS EXTERNAS

O estabelecimento de uma fronteira política e a introdução de uma moeda nacional são factores importantes no desenvolvimento de uma comunidade nacional. O lento processo de construção da nação é também intensificado por ameças externas.

Lutar contra um inimigo comum ajuda a unificar a comunidade nacional ao estabelecer a fronteira entre *eles* e *nós*. Em 1383, uma crise dinástica coloca a independência nacional em risco. O Exército castelhano invade Portugal e a famosa batalha de Aljubarrota acaba com uma impressionante vitória dos Portugueses.

Nas guerras de independência, cujo expoente máximo é a batalha de Aljubarrota, *nós* somos contrastados com os *outros*. Esta oposição a Castela é explicada pela abordagem primordialista de Saraiva como a extensão natural da resistência de Galiza contra a hegemonia do reino de Leão séculos antes. Esta oposição contra os Castelhanos «torna-se mais intensa com as invasões castelhanas» (1996: 80-81). Os Muçulmanos e os Castelhanos são, durante uma grande parte da história de Portugal, os *outros* em relação aos quais o *nós* é definido. Sentimentos xenófobos populares e violentos emergem contra os invasores castelhanos. Por ocasião da batalha de Aljubarrota, o bispo de Lisboa, um castelhano de origem, é assassinado. A população rural *caça* os sobreviventes estrangeiros da batalha. O cronista Fernão Lopes, apercebe-se do nascimento de um sentimento pela *pátria* partilhado pelos indivíduos que lutaram contra os invasores. Os portugueses estariam a lutar não apenas em defesa da *sua terra*, mas também em defesa da sua família, dos seus parentes e dos seus antepassados. Para os historiadores que estudaram o tema, 1383-1385 é, por isso, um momento fundamental, pois a *terra-solo* e *terra-história*, torna-se *terra-sangue*, *terra-alma*, a *terra-nós*. A *consciência nacional*, ou pelo menos um seu antecedente, parece ser uma realidade por volta de 1400 (Mattoso, 1993a; Serrão, 1995; Sobral, 2000).

Este sentimento de nacionalidade e patriotismo emerge da oposição em relação aos outros, ao invasor estrangeiro, pelo que o termo *portugueses* que aparece no parlamento durante este período é contrastado com o termo *castelhanos*. Tem ainda um significado histórico-cultural e político-geográfico. Representa um grupo de pessoas «necessariamente radicadas no território, súbditas do mesmo rei, co-responsáveis na mesma história, empenhadas no mesmo destino, falantes da mesma língua e comprometidas na salvaguarda da mesma identidade». Também inclui estereótipos de *bons portugueses, maus portugueses, portugueses legítimos, portugueses fiéis, portugueses falsos;* e ainda, *portugueses não portugueses* (Mattoso, 1993a: 368-370). De acordo com Mattoso, a cristalização da identidade nacional está, por volta do século XIV, num estado muito avançado, sendo Portugal um país maduro pois, para além de ser independente de Leão e Castela há mais de 200 anos, tem fronteiras quase definitivas desde 1297 e tem a sua própria língua e estruturas políticas, administrativas e sociais próprias. Em suma, «Portugal é País e é Nação» (1993a: 527).

O papel do rei e da elite nobre dos séculos XIV e XV não pode ser subestimada: a nobreza «consolidou as fronteiras, assegurou a independência, definiu inimigos, conduziu o fervor guerreiro das populações e criou símbolos [...] definitivamente portugueses. [...] [sem tais suportes da *nossa* memória] poderíamos pensar-nos Nação. Mas Pátria não o seríamos» (Mattoso, 1993a: 465).

Vários historiadores recuam tão longe quanto o século XIV para encontrar as primeiras formas de consciência nacional, numa altura em que a população enfrentava várias invasões castelhanas e a consequente violência do Exército castelhano. Para Serrão, foi a «consolidação da ideia de nação como consciência colectiva, unindo todos os habitantes do reino português» que tornou possível a sobrevivência durante esta crise de independência de 1383-1385. Por volta do século XV, Portugal é, portanto, também de acordo com este autor, um Estado (desde 1143), uma *pátria* (desde 1297) e uma nação. Não negando «a sua condição de "hispânico", o homem luso de Quatrocentos sentia-se antes de mais "português", pelos vínculos de uma existência autónoma de três séculos», tendo consciência da sua identidade dentro da Península Ibérica (Serrão, 1995: 17). Serrão identifica tal consciência nos registos dos estudantes portugueses em universidades espanholas, italianas ou francesas, em que os portugueses da primeira metade do século XV em vez de *Hispanus*, se registavam como *Lusitanus* ou *Portugalensis*. Num outro exemplo, cita um nobre que, comparando os costumes e os comportamentos dos portugueses e dos germânicos, escreveu em 1452 que «o melhor rei no mundo, a melhor terra no mundo, os melhores homens no mundo são os portugueses».

Saraiva e outros autores sublinham que a independência portuguesa de Castela foi uma escolha consciente, que esteve presente desde o primeiro momento da nacionalidade. Desde este ponto de vista, o povo lutava apenas pela restauração do *velho e natural* Portugal. De acordo com este autor, se excluirmos as guerras contra os Muçulmanos, em que os Portugueses participaram enquanto uma guerra geral dos cristãos contra os muçulmanos, os Portugueses apenas ganharam decisivamente a guerra travada no seu próprio território nacional: «mais do que a manifestação de um povo guerreiro, isto signica a tenacidade defensiva, o laço em relação à terra ocupada. Longe da terra natal, a guerra é perdida». Ele conclui, portanto, que «não nos podemos considerar um povo de guerreiros, mas sim um povo obstinado quando se trata de defender o terrunho. A padeira de Aljubarrota é, possivelmente, o melhor símbolo do espírito guerreiro português» (Saraiva, 1996: 103).

O crescimento da actividade guerreira foi uma constante desde o século XIV até ao século XVI. Mais tarde, no século XVII, Portugal lutou, de novo, para restaurar a sua independência, perdida por um período de 80 anos. Tal actividade guerreira teve um important papel na construção de estereótipos de identidade acerca dos *nacionais* e dos *estrangeiros* (Sobral, 2000). A Comissão Nacional, responsável pela organização das Comemorações dos Descobrimentos Portugueses, sublinha a superioridade política, económica, religiosa e tecnológica da Europa no mundo. Mas em comparação com a Europa, Portugal é visto como fiel à ideia cristã de cruzadas o que lhe confere coesão quando comparado com a Europa que é encarada como dividida e envolvida em lutas religiosas (Comissão Nacional para as Comemorações dos Descobrimentos Portugueses, 1995).

O IMPÉRIO E A COMUNIDADE DE HISTÓRIA E DESTINO

As batalhas militares contra os *outros*, primeiro os Muçulmanos, depois os Castelhanos, contribuíram para a emergência de um *nós*, *os portugueses*. Pouco depois da batalha de Aljubarrota, a longa expansão ultramarina teve início com a conquista da cidade marroquina de Ceuta em 1415. Desde essa altura, a ideia de império será outra ideia definidora na constituição da comunidade nacional. Até aí, comerciantes de Veneza, do Egipto e outros árabes abasteciam a Europa de especiarias. Este tráfico lucrativo tinha lugar através da rota do mar Vermelho. O príncipe Henrique de Portugal (1394-1460) pretendia substituir esta rota ao *circum-navegar* África. Bartolomeu Dias provou em 1487-1488 que tal ideia estava correcta ao dobrar o cabo da Boa Esperança. Depois de Vasco da Gama atingir Calecute em 1498, os portugueses implantaram metodologicamente uma rede de fortes e postos de comércio entre Ormuz, no golfo Pérsico e Macau, que os portugueses atingiram em 1557. Lisboa, em finais do século XVI era um enorme centro comercial. As caravelas traziam ouro, pimenta, marfim e escravos de África, exóticas e ricas especiarias da Índia, drogas raras do que é hoje a Malásia e a Indonésia, louça e seda da China, açúcar da Madeira, de Cabo Verde e de São Tomé e também do Brasil. Se bem que Portugal tivesse sido, até certo ponto, o iniciador do comércio mundial, nunca foi um centro capitalista. Nunca existiu acumulação e investimento que fosse proporcional a toda aquela riqueza.

> Tendo dominado grande parte do comércio do mundo durante pelo menos dois séculos, fomos sempre uma fraca potência económica, tivemos normalmente uma balança comercial deficitária e chegámos ao século XX num dos últimos lugares do capitalismo europeu. A moeda que entretanto passou pelos portos portugueses foi canalizada para outros centros, como a Inglaterra e a Holanda, onde foi investida em poderosas indústrias (Saraiva, 1996: 94-95).

As populações ultramarinas tornaram-se em novos *outros*. Ao princípio, estes *outros* estavam distantes. Mais tarde, com a *importação* de escravos, eles tornaram-se *estrangeiros* dentro das fronteiras nacionais. A dimensão europeia e cristã de Portugal torna-se mais visível em relação a africanos, asiáticos e ameríndios.

NÓS E *ELES*. NOÇÕES DE PERTENÇA, PUREZA E *IMPUREZA*

A partir de meados so século XV, grande número de escravos foram *importados*, particularmente visíveis em cidades como Lisboa em que atingiram cerca de 10 por cento do total da população. Alguns registos mostram o sentimento de repulsa que este povo *diferente* originava:

> Portugal está a abarrotar com essa raça de gente. Estou em crer que em Lisboa os escravos e as escravas são mais do que os portugueses livres de condição. Dificilmente se encontrará uma casa onde não haja pelo menos uma escrava destas [...] Mal pus o pé em Évora, julguei-me transportado a uma cidade do inferno: por toda a parte topava negros (*in* Mattoso, 1993b: 469).

A coexistência de famílias legítimas e ilegítimas era quase normal, e em muitos casos, as famílias oficialmente constituídas viviam em paralelo com a descendência ilegítima[3]. Enquanto os muçulmanos e judeus eram vistos como infiéis, a maioria dos escravos era oficialmente cristã. Os únicos constrangimentos para a constituição de relações sociais e sexuais com os negros eram, portanto, a cor – associada muitas vezes ao mal – e os preconceitos sociais e jurídicos. Em relação aos ciganos, por exemplo, a estratégia de auto-isolação preveniu a miscigenação, mas em relação aos negros, a continuação destas relações sociais e sexuais, resultou num processo de «branqueamento» dos negros em Portugal. O grau de miscigenação física e a ausência de quaisquer registos nos recenseamentos oficiais permitiu o «esquecimento da dívida inegável da nação e da gente portuguesa à força de trabalho e ao sangue dos negros africanos» (Tinhorão, 1988: 422).

O número de judeus também surpreendia os estrangeiros que chegavam a Lisboa. Os portugueses misturaram-se com os

---

[3] Algumas relações de brancos com negros eram legais e reconhecidas através do casamento. No entanto, muitos homens brancos tinham relações secretas e ilegítimas como mulheres negras e mulatas.

negros, mas os africanos foram sempre vistos como seres inferiores e desiguais, mesmo subversivos e, consequentemente, marginalizados (Pimentel, 1989). As atitudes em relação aos judeus eram diferentes por várias razões, incluindo estereótipos baseados na religião e no estereótipo dos judeus como avarentos. Os primeiros sentimentos antijudeus também estavam relacionados com o facto de que muitos judeus eram usurários. Inveja pela sua riqueza e estatuto[4] eram combinados com factores religiosos: os judeus eram também vistos, na Idade Média europeia, como o povo que crucificou Cristo. Em Espanha, os Reis Católicos pretendiam unificar o país religiosamente. Esta estratégia representava um modo eficaz de mostrar o poder do monarca a todo o território sob a sua soberania. A Inquisição foi criada muito antes da autorização oficial do Papa. Em 1492, os Reis Católicos expulsaram os judeus. Muitos dirigiram-se para Portugal. Espanha, por seu lado, recebeu muitos mouros idos de Portugal. Mas em 1609 a Espanha também expulsou quantidades significativas de muçulmanos. Durante um curto período de tempo, muitos judeus espanhóis atravessaram a fronteira para encontrar refúgio em Portugal. Gradualmente, os sentimentos populares aumentaram e o assunto tornou-se um assunto de debate nas cortes, onde, inclusivamente, foi analisado um projecto para colonizar as ilhas de São Tomé com os filhos de judeus. O rei D. Manuel, quando subiu ao trono, mostrou alguma tolerância, mas o seu casamento com a filha do rei espanhol foi acordado sob uma condição: a expulsão dos judeus. Oficialmente o rei deu a ordem de expulsão para todos os judeus e muçulmanos que recusassem o baptismo, mas tal medida nuna foi totalmente cumprida. No entanto, em 1497, D. Manuel determinou a conversão forçada, criando os *cristãos-novos* e foram criadas as *judiarias*[5], guetos onde os ex-judeus eram concentrados para um mais fácil *controlo*. Pouco depois, aqueles que não aceitaram a conversão for-

---

[4] A presença de judeus na corte era comum.
[5] Um bom exemplo ainda se pode observar na vila de Belmonte.

çada e continuaram a praticar o *criptojudaísmo*[6], sofreram perseguições e discriminações. Os *cristãos-novos* foram também o alvo de perseguições e massacres populares. O rei desejava os mesmos poderes dos seus vizinhos, pelo que a Inquisição foi estabelecida. O historiador Oliveira Martins (1973) encarou a organização de um tribunal oficial em 1536 como preferível às perseguições anárquicas. Como em Espanha, tanto os *antigos* como os *novos* cristãos tinham de fazer prova de *pureza de sangue* para poderem ocupar altos cargos. A conversão forçada e a Inquisição tornaram-se os meios de afirmar controlo social sobre toda a população e impor uma única fé. O *santo tribunal* estava acima de todos, independentemente dos privilégios sociais. Mesmo a poderosa nobreza feudal tinha de se sujeitar à Inquisição, sendo a religião o supremo valor acima da lei e da política. Como Bauman escreveu:

> A aniquilação cultural e ou física de estranhos e do estranho foi [...] na moderna sociedade e sob a égide do Estado moderno, uma destruição *criativa*: demolindo, mas, ao mesmo tempo, construindo; mutilando mas, também, fortalecendo... Foi parte do esforço de construção da ordem [...] E vice-versa – sempre que construir a ordem faz parte da agenda, certos habitantes do território, [...], transformam-se em estranhos que é preciso eliminar (1997: 48).

Embora Bauman tenha em mente as pressões da moderna *construção de ordem*, a Inquisição foi útil a ambos os reis português e espanhol no século XVI como um meio de afirmar os seus poderes ao todo da população. A inquisição realçava a comunidade de *nós, os crentes*, ao mesmo tempo que destruía e aniquilava o *infiel*, *estranho* e *impuro*.

UMA VISÃO LITERÁRIA E HUMANISTA DA HISTÓRIA – O MITO DE *OS LUSÍADAS*

Os reis portugueses desenvolveram, desde cedo, um interesse peculiar pelos símbolos nacionais e pela memória nacional.

---

[6] Muitos judeus que eram convertidos ao catolicismo permaneciam judeus, praticando rituais judeus secretos no interior de suas casas.

A imagem do rei, enquanto símbolo de unidade nacional, foi também uma grande preocupação desde o século XVI. Os portugueses deviam reconhecê-lo como *o rei*, o *seu* rei. D. João II mudou os símbolos em 1485: a moeda, o escudo real. Mais tarde, o arquivo de documentos antigos foi sistematicamente reorganizado, de modo a colocá-los numa «memória conservada». A escrita de um épico foi também encorajada, algo que Camões conseguiu notavelmente. A história colectiva foi louvada, criando uma imagem nacional distintiva dos portugueses e do seu território.

As primeiras tentativas de estabelecer a historiografia das realizações de Portugal além-mar datam do século XVI. No final do século, o interesse na história nacional já era considerável. Em Portugal, como no resto de Europa, os poderes políticos promoveram a história do passado nacional, dos actos dos seus reis e heróis, do seu território. Desde muito cedo, era comum, na corte, a existência de alguém responsável por escrever as heróicas façanhas dos reis e do povo. O que era escrito era, portanto, a versão oficial da história. Por exemplo, num livro publicado em 1622, a frase «Portugueses, Castelhanos / nom os quer Deos juntos ver» foi, mais tarde, substituída pela frase «Portugueses, Castelhanos / Já os quer Deos juntos ver» (Mattoso, 1993b: 373), dado o novo contexto de Portugal e Espanha viverem sob a soberania do mesmo rei.

O desejo de escrever a *nossa* história também deu um ímpeto considerável ao desenvolvimento da língua portuguesa. Tendo emergido do galaico-português, é frequentemente dito que o português e o galego são, basicamente, a mesma língua. Para António José Saraiva (1996), as línguas são expressões de personalidades colectivas diferentes e contrastantes e o facto de que não existe correspondência entre a área de língua e a área do Estado deveu-se apenas a um acidente histórico devido a factores externos como o equilíbrio do poder militar entre Portugal e Castela. Se bem que a linguagem não seja um marcador *necessário* de identidade nacional ou étnica (May, 2001), o processo de construção da nação portuguesa desenrolou-se em apertada relação com o desenvolvimento da língua portuguesa. Do mesmo modo, também o nacionalismo galego é baseado na língua. Ao contrário do nacionalismo catalão ou basco, a produção literária e cultural resultou em consciência política apenas no século XX, (AA. VV., 1997; Henderson, 1996; Mar-Molinero, 1996, 2000; Ribera e Rovira, 1911).

O desenvolvimento da língua portuguesa conheceu um grande ímpeto do século XIV ao século XVI e, mais tarde, durante o século XVIII. Em finais do século XVI, quando Camões publicou *Os Lusíadas*, a fisionomia da língua era muito semelhante ao que é conhecido hoje, mas muitos escritores da altura escreviam indiscriminadamente em português e em castelhano, como por exemplo, Gil Vicente, celebrado como pai do teatro português, que usava o castelhano e não o português. Como vimos no capítulo anterior, a tradução e a impressão da Bíblia foi um importante estímulo para o desenvolvimento das línguas nacionais, substituindo o latim. Em Portugal, porém, a tradução da Bíblia não foi o principal factor para o desenvolvimento da linguagem e da emergência da literatura nacional. Em Portugal tal papel foi desempenhado pelo *humanismo* (Hooykaas, 1970; Kohn: 1967).

Grandes humanistas como João de Barros e Damião de Góis, que consideravam que o latim devia ser posto ao serviço do português, deram o principal impulso à língua portuguesa. As primeiras gramáticas foram publicadas no século XVI (Mattoso 1993b; Saraiva, 1996). Gradualmente, o latim perdeu a sua importância para o português. O público leitor cresceu como resultado do crescimento da Universidade de Coimbra no século XVI, o que permitiu que um crescente número de livros fosse publicado e, consequentemente, o crescimento do mercado para as livrarias. Depois da restauração da independência nacional em 1640, a língua foi, de novo, valorizada.

Através dos trabalhos de Camões, o português tornou-se uma das principais línguas literárias, falada não apenas na Europa, mas também em África e na Ásia, de tal modo que João de Barros, no século XVI, proclamava, orgulhosamente, que a língua portuguesa «é valorizada na Europa [e] tão amada e respeitada em África». Para aquele humanista, é apenas justo que Portugal detenha a coroa soberana «do mar e os tributos dos infiéis da terra» (Kohn, 1967: 623). O português passou a ser a *língua franca* no Oriente e quando os Holandeses chegaram no início do século XVII, usaram o português para, mais facilmente, se estabelecerem[7].

O discurso humanista construiu uma legitimização e autorização ideológicas dos *descobrimentos*. Nos seus escritos, grandes humanistas como Góis ou Camões exaltaram as façanhas de homens corajosos – os Portugueses – e glorificaram-nos pela sua contribuição para ultrapassar a *escuridão* da Idade Média. Estes escritores humanistas sublinharam a capacidade humana, transmitindo uma visão dinâmica da história. Eles descreveram os portugueses como um povo-fazedor-de-história-universal, descobrindo o mundo oculto[8]. Era este o *nosso* destino nacional; o cumprimento de uma vocação universalista *natural* que *nos* tornava diferentes e melhores do que qualquer outra civilização clássica e muito superiores e corajosos que outros antigos exploradores. Os Portugueses, um povo escolhido, seriam melhores mesmo em comparação com os povos bíblicos, como os Gregos ou os Romanos e seriam, portanto, o alvo de muito mais e melhores bênçãos do que o povo de Israel[9]. A língua portuguesa substituiu o latim como a língua imperial e, por extensão, a língua da evangelização, constituindo a expressão de um novo império, transferido dos Romanos para os Portugueses (Mattoso, 1993b).

Uma obra humanista em particular é celebrada como a *bíblia fundacional* da nacionalidade portuguesa – Os Lusíadas. Como o

---

[7] Muitos vestígios do português ainda permanecem em muitas línguas do Sudeste Asiático.

[8] Em 1493, um embaixador português proclamava ao papa sobre o rei português D. João II: «ele alargou, como bem sabeis, o género humano, com a descoberta de novos homens, alargou o mundo dando ao mundo novas e incontáveis ilhas, e por sua iniciativa, tornou certos e conhecidos os que nós ignorávamos» (Mattoso, 1993b: 378).

[9] A Índia seria, para os Portugueses, a terra prometida.

título do poema épico de Camões sugere, ele representa a história de uma colectividade e não a história dos seus líderes. Os Portugueses são nomeados como *Os Lusíadas*, o povo que tão corajosamente resistiu aos Romanos, e cujo líder, Viriato, nunca seria derrotado em batalha (Veríssimo, 1997). De acordo com o mito, a única maneira que os Romanos encontraram de derrotar a sua resistência, foi convencer alguém a matar Viriato durante o sono. *Os Lusíadas* expressam uma «imensa euforia» descrevendo as aventuras maravilhosas do povo escolhido no cumprimento da sua missão divina. Os protagonistas de façanhas de tal maneira grandiosas, que intrigaram o *Olimpo* e mesmo «ameaçaram o poder dos deuses», são os Portugueses como um todo. Os heróis são os *Lusíadas*, o povo. O actor principal é a colectividade. Daqui que:

> o povo, que até então fora apenas uma massa cinzenta e ignorada, cuja existência só se percebia como suporte da autoridade régia, passa para o primeiro plano das acções mais heróicas, independentemente de qualquer chefe. É um colectivo, e portanto um ser abstrato, mas, ao tornar-se protagonista de uma história gloriosa, adquire personalidade, isto é, uma identidade compreensível para as mentes mais simples ou mais rudes (Mattoso, 1998: 36).

O leitor português não podia deixar de sentir uma intensa empatia com tal povo aventureiro e maravilhoso e identificar-se com a história contada naquele discurso retórico e persuasivo. Uma questão interessante que o historiador José Mattoso levanta é saber quando é que o livro atingiu um significativo número de leitores. Por alturas da publicação de *Os Lusíadas*, o País estava a entrar numa espiral de decadência. Mas o glorioso passado sobre que Camões escreveu não deixaria de alimentar os sonhos mais utópicos acerca do destino nacional até aos nossos dias. A própria historiografia está contaminada por esta representação, «mesmo aquela que se pretende científica e objectiva, sobretudo a partir do século XIX» (Mattoso, 1998:36)

A moderna historiografia portuguesa (Castro, 1989; Fonseca, 1988; Serrão, 1995, e muitos outros) encara a era dos *Descobrimentos* como um momento definidor da modernidade, uma aventura ecuménica que influenciou não apenas o destino dos portugueses mas de toda a humanidade, formando um embrião do que mais tarde foi chamado de *economia mundial*. Pela primeira vez, o mundo teve uma imagem global. O que é frequentemente sublinhado, inclui o facto de ter sido o pioneirismo português o responsável pela abertura do mundo, a chegada de uma nova era em que foi provada a capacidade do homem para dominar o mundo em que o Atlântico medieval, fantástico, desconhecido, obscuro é subsituído pelo Atlântico moderno. Ao mesmo tempo que Bartolomeu Dias atravessa o cabo das Tormentas pela primeira vez, renomeando-o como cabo da Boa Esperança, Colombo atinge a América. Quando Colombo ofereceu os seus serviços à coroa portuguesa, D. João II não estava particularmente interessado no seu projecto de alcançar a Índia *horizontalmente*, através da rota do Ocidente, dado o sucesso de Bartolomeu Dias, que provou ser possível atingir a Índia pelo Sul. Bartolomeu Dias criou, portanto as condições que permitiram *abrir a porta* à América espanhola, a *porta* à Índia, e à América portuguesa de Vasco da Gama e Pedro Álvares Cabral e a outro evento único na história: a divisão do mundo. Em 1494 foi assinado o Tratado de Tordesilhas, negociado pelo papa Alexandre VI, estabelecendo uma linha ao longo do meridiano a 370 léguas a ocidente de Cabo Verde, que separaria os domínios portugueses para leste dos espanhóis para oeste.

No relato literário destas façanhas dos navegadores, sempre terá havido uma grande dose de *excesso* (Gonçalves, 1989), o que contribuiu para a construção da nação portuguesa como algo *natural* e *divino*. As façanhas do povo seriam quase sobrenaturais, melhores do que as de outros povos na história humana, como Camões as imortalizou em *Os Lusíadas*. Os Portugueses eram e são frequentemente glorificados como tendo ultrapassado os limites conhecidos, por *mares nunca antes navegados*. O *nunca* não era uma categoria de tempo na história *lusitana*. Como Daehnhardt realça, a objectividade também não é uma característica importante. O que realmente é essencial é que factos objectivos juntamente com mitos criados deram ao povo português

> uma origem, uma fonte, um sentimento comum ao qual, embora com pouca exactidão histórica específica, mas com muito carinho e ternura, lembramo-nos de chamar simplesmente «a lusitanidade». Nesta

palavra incluímos não somente os factos concretos que sabemos acerca do nosso passado, mas também os que, não sabendo, sentimos. Nesta palavra, distinguimo-nos da maioria dos outros povos que geralmente consideram a história como sendo um passado longínquo ao qual pouco ou nada os liga [...] sentimos que fazemos parte de uma grande corrente onde os diferentes elos das gerações se podem tocar sem necessariamente obedecerem à sua evolução cronológica. Nesta palavra, enfim, sentimo-nos em casa! (1994: 90).

A MONARQUIA *DUAL* E A *RESTAURAÇÃO*

Para alguns autores (Castro, 1996; Fafe, 1993), as crises de identidade, de confrontação, podem ser *saudáveis* e realçar o sentido de identidade, ao contrário da ideia geral dada pelo termo *crise*. Uma dessas crises ocorreu durante 1383-1385. Outra foi o período de 1580 a 1640, durante o qual a dinastia filipina governou quer a Espanha quer Portugal. A unificação do espaço da Península Ibérica sob a mesma coroa, tentada várias vezes, seria finalmente conseguida devido à política de casamentos entre as famílias reais que anteriormente tinha sido útil na manutenção da paz entre os dois reinos de Portugal e Espanha. Em Portugal o ditado popular *de Espanha nem bom vento nem bom casamento* é ainda hoje bastante ouvido. José Machado Pais (1985), na sua tentativa de decifrar o significado deste ditado popular chegou à conclusão de que a sua raiz parece ser a combinação de ideais de origem sexual, moral e nacionalista, baseadas nesta perda da independência nacional.

O desejo do jovem rei D. Sebastião de uma grande vitória militar levou-o ao Norte de África, a Alcácer Quibir, em 1578, onde perdeu a batalha e a sua vida. O herdeiro legítimo da coroa portuguesa era Filipe II de Espanha. Dois anos depois da morte de D. Sebastião, D. Filipe II tornou-se, também, o rei de Portugal depois de o seu exército ter derrotado definitivamente os oponentes da sua candidatura na batalha de Alcântara em 1580. O próprio título do rei[10] reflectia uma situação política em que o reino

---

10 Filipe II de Espanha, Filipe I de Portugal.

português mantém a sua autonomia política, mas é sujeito a um poder estrangeiro (Sobral, 2000). Espanha estava, na altura, longe de ser um Estado unitário. Olivares, um alto funcionário da corte de Filipe IV entre 1623 e 1643, escreveu ao rei que não se devia «contentar em ser o rei de Portugal, de Aragão e Valência e o conde de Barcelona, mas devia dirigir todo o vosso trabalho e pensamento a submeter esses reinos à mesma ordem e sistema legal de Castela» (Finer, 1999: 1297).

Depois da morte de D. Sebastião em África, a sucessão do rei e o destino da nação foram largamente discutidos, tendo sido desenvolvido um mito messiânico em torno do retorno do rei-mártir para salvar a nação. Para alguns historiadores, a nação torna-se, neste período, uma comunidade histórica efectiva. Pela primeira vez, «aparece o termo "nação" com o sentido de comunidade política, em concorrência com o termo "reino" (dominante até ao século XVIII)» (Mattoso, 1993b: 550). A primeira reflexão metódica acerca do que é Portugal e do que é ser português (Mattoso, 1993) também teve lugar neste período de sujeição e libertação, aprofundando o contraste entre *nós*, os Portugueses, e *eles*, os Espanhóis.

No entanto, qualquer discurso acerca de identidade nacional, nos séculos XVI e XVII, não é, ainda, um discurso *nacional*. Os Portugueses daqueles tempos eram, acima de tudo, habitantes das aldeias e vales locais. Isto por um lado. Por outro lado, pertenciam à *respublica cristiana* e eram, de modo menos importante, *hispânicos* e europeus. No seu *Identidade Nacional* (1998), Mattoso afirma claramente que mesmo o movimento conhecido como *Restauração* não foi, no início um movimento popular generalizado. Apesar disso, a resistência à assimilação de Castela e os esforços para restaurar a independência política têm sido *traduzidos* pela historiografia portuguesa como *nação* e *nacionalismo*.

Juntamente com sentimentos anti-Castela, as reflexões sobre a identidade nacional incluíam a noção *essencialista* de uma comunidade étnica *natural*. O Portugal *político* seria uma materialização desse Portugal *natural*, correspondendo à antiga *Lusitânia*, a zona onde supostamente teriam nascido todos os povos da

Hispânia. A restauração da independência não seria mais do que a restauração daquela antiga *Lusitânia*, uma realidade nacional que teria sempre existido. Quando Filipe II se tornou rei de Portugal, a perda da independência nacional não teve uma reacção popular. No entanto, de acordo com Mattoso, existe uma «inequívoca consciência de identidade nacional» em alguns escritos durante a dominação dos Filipes (1998: 19). Para além dos Castelhanos, também os exércitos francês e inglês, como os escravos, mostrou e colocou os Portugueses em contacto com os *outros* diferentes com uma língua diferente, roupas diferentes, diferentes comportamentos e costumes, diferentes cores e formas, tornando clara «qual era a diferença entre portugueses e estrangeiros» (Mattoso, 1998: 17).

É difícil acreditar numa comunidade *imemorial* a lutar pela sua independência nacional. Mas é igualmente difícil imaginar um povo tornar-se, subitamente, consciente da sua identidade nacional e começar a lutar por ela. Para Llobera (1994) e Hastings (1997), as nações e o nacionalismo baseados em sentimentos particularistas e etnocêntricos emergiram gradualmente, mesmo se os sentimentos de uma identidade nacional estejam reservados aos círculos da elite literada. A consciência nacional foi, assim, algo que emergiu lentamente. Eventos como as guerras são factores importantes mas não decisivos. Na Idade Média, em muitas guerras travadas, os exércitos incluíam um grande número de mercenários estrangeiros. As guerras desta altura não eram conflitos nacionais, como hoje, de uma forma geral, as conhecemos, mas sim, guerras feudais. Para dar a impressão de mobilização popular, foram criados mitos, como a padeira de Aljubarrota que tão bravamente lutou contra o invasor espanhol inspirando outra vitória *impossível* contra o poderoso exército espanhol. Exemplos de criação de mitos desta natureza são frequentes. Em França, por exemplo, à medida que o Estado cresce, vários aparatos simbólicos e religiosos relacionados com a ideia de França são estabelecidos, como os mitos de origem ou a missão divina de protecção da cristandade. Neste processo, a Bíblia teve um papel central ao providenciar, no povo de Israel, o modelo ideal de nação. O uso da língua, os conflitos contra uma ameaça externa e, também, a existência de um Estado são factores que ajudam a explicar o nascimento das nações. Mesmo na sua forma medieval, o Estado parece ter tido um papel central no longo processo de constituição da nação e identidade portuguesa: unificando o território, centralizando o exercício do poder, promovendo o desenvolvimento da língua, escrevendo a história nacional.

AS *IDADES DE OURO* E A SENSAÇÃO DE DECADÊNCIA NACIONAL

Por altura das navegações, os portugueses tinham a noção de que estavam a viver algo novo e grande na história. Os navios e navegadores portugueses eram vistos como muito melhores do que os gregos ou romanos, pois viajavam por todo o mundo e porque desenvolveram mais a ciência náutica em 80 anos do que qualquer outro povo. O título que D. Manuel I usou foi o de *senhor da conquista, navegação e comércio da Índia, Etiópia, Arábia e Pérsia*[11]. Os reis portugueses, como os espanhóis, juntavam as novas terras conquistadas aos seus títulos.

Durante o século XVI, os *Descobrimentos* portugueses atingiram o seu pico, mas também marcou, para Portugal, o início de um longo período de decadência. Depois de Portugal ter perdido a sua independência, alguns moralistas do século XVII relacionaram a decadência com o abandono dos modos de vida mais rurais em favor do comércio e das conquistas e dos vicíos da urbanidade (Mattoso, 1993c). A decadência foi explicada como a traição das tradições da comunidade nacional. Camões representou isto numa personagem de *Os Lusíadas*: o *velho do Restelo*, que amaldiçoava os navios que partiam do Restelo para o mar aberto e desconhecido, deixando para trás a certeza e estabilidade do estilo de vida rural (Garcez, 1992).

---

11 Etiópia queria significar a África inteira.

Como veremos, o discurso e as políticas salazarista de identidade e a definição dominante de nação inclui também uma crítica à modernidade. De facto, o grande tema das discussões acerca da identidade nacional tem sido, desde há séculos, não acerca dos Portugueses como um povo mas acerca da visão de um país decadente quando comparado com a grandeza da *idade de ouro* dos séculos XV e XVI. O mito *sebastianista* foi criado e desenvolvido neste contexto de decadência nacional. D. Sebastião, o mártir-herói do destino nacional, morto no campo de batalha, iria retornar de um modo messiânico como salvador do País para restaurar a sua anterior glória. Este mito sobreviveu enquanto força política até ao século XIX. A sua

> utilização [...] bem como o seu rápido enraizamento no imaginário popular correspondem à tomada de consciência difusa de uma identidade nacional distinta da Espanha e revelada pelo choque provocado pela incorporação nesta, em 1580 (Hermet, 1996: 60).

Para Eduardo Lourenço, o que se passa em Portugal é distinto dos casos do País Basco, da Catalunha, da Córsega, da Bélgica, da Irlanda, da Argentina ou do México. O povo português é um povo com uma grande memória espontânea e cultivada[12] acerca de si próprio, com uma definição política, territorial e cultural que recua muitos séculos. Lourenço afirma mesmo que seria difícil encontrar um país tão *centrado* em si próprio como Portugal. Para este autor, a relação de Portugal consigo próprio é apenas comparável ao povo judeu. A única diferença é que os portugueses já não esperam pelo messias. O messias é o seu passado (Lourenço, 1994). Esta nostalgia do passado, materializada quer na forma do *sebastianismo* quer na *saudade*, emerge à superfície principalmente em momentos de reconstrução nacional, como o momento presente da nação portuguesa (Besselaar, 1987; Botelho, 1990, 1997; Costa e Gomes, 1976; Gala e Samuel, 1995; Leão, 1998; Lobo, 1982; Michaëlis, 1996; Quadros, 1982, 1983).

---

12 Por oposição à cultura *selvagem*, utilizando os termos de Gellner.

Quando Portugal se restaurou como um país completamente independente em 1640, era tarde de mais para a recuperação do país. A idade de ouro portuguesa tinha chegado ao fim e teve início um longo período de decadência. Por volta de 1670, os Holandeses dominavam o comércio marítimo, tendo mais capacidade de transporte do que a Inglaterra, a França, Portugal, a Espanha e a Alemanha juntas. A economia mundial entrava numa fase de estagnação. Quando a Espanha começou a sentir dificuldades, tanto Portugal como a Catalunha sofreram as pressões económicas em nome de Castela, durante a dominação filipina. Com Portugal sob a dominação espanhola, o império português tornou-se um alvo dos rivais de Espanha que, por sua vez, não era capaz de proteger todo o império. Daqui que os Portugueses tenham explicado a ocupação do Brasil pelos Holandeses como resultado do conflito holandês/espanhol. Em 1640, quer Portu-gal quer a Catalunha revoltam-se. Portugal, com a ajuda dos ingleses, reclama a sua independência, tendo iniciado a sua asso-ciação com a Inglaterra (Wallerstein, 1974)[13].

A ligação à Inglaterra foi a garantia da independência nacional por altura das invasões napoleónicas, mas, economicamente, foi sempre uma relação desigual e, por ocasião do *Ultimato* em 1890, o sentimento antibritânico era generalizado e materializava-se num movimento popular (Homem, 1992). Os tratados de Methuen em 1703 e 1713, baseados no modelo para a teoria da divisão internacional do trabalho, estabeleciam que a Inglaterra compraria o vinho português e Portugal compraria os têxteis ingleses. As consequências para a jovem indústria portuguesa foram enormes. A produção de vinho aumentou cinco vezes num período de 40 anos. Numa década, as exportações portuguesas aumentaram 40 por cento, mas as inglesas aumentaram mais do dobro. Às consequências nefastas para a manufactura portuguesa do tratado, acrescenta-se o facto de que o comércio do vinho era largamente dominado por interesses ingleses.

---

[13] Os catalães também se revoltaram, tendo-se aliado aos franceses. Mas em 1652, a Catalunha ficou de novo sob o poder de Castela (Finer, 1999).

O valor das exportações portuguesas era, também, imensamente menor do que a importação de produtos ingleses. O défice era coberto pelo ouro vindo do Brasil. Foi esse ouro que permitiu a continuação deste sistema de comércio desigual, sem pressões para mudanças estruturais. De acordo com Charles Boxer, foi apenas devido aos recursos vindos dos seus territórios ultramarinos que Portugal «conseguiu escapar ao destino da Escócia e da Catalunha». A dependência de Portugal na sua relação com a Grã-Bretanha era de tal ordem que, em 1760, o duque de Choiseul, o ministro dos Negócios Estrangeiros francês, disse que Portugal «deve ser considerado como uma colónia inglesa». E, em 1917, G. Young reafirmava que «o Douro tornou-se uma espécie de colónia britânica» (Wallerstein, 1974: 179-192).

PORTUGAL, A MODERNIDADE E O ULTIMATO BRITÂNICO

A evolução de Portugal em direcção à moderna nacionalidade deve-se, em larga medida, à personalidade do marquês de Pombal (1750-1777), responsável por um curto período de absolutismo iluminado. Os historiadores falam do seu período de governo como um período de «terrorismo e brutalidade sem sentido, assassínio e tortura» ou «despotismo monolítico» (Finer, 1999; Kohn, 1967; Mattoso, 1993c; Tinhorão, 1988).

Na construção da nacionalidade, foi fundamental o desenvolvimento da língua nacional que teve, de novo, um avanço significativo durante este período. Pombal compreendeu o seu valor e disse que a sua melhoria

> é um dos mais importantes meios para o refinamento de nações civilizadas, uma vez que dela dependem a perspicácia, a energia, e a majestade com que as leis são escritas, as verdades da religião manifestadas [...]. Pelo contrário, nada mostra mais claramente a ignorância de um povo do que a barbaridade da sua língua. É certo que não há melhor meio de polir e dar perfeição à línguagem do que a juventude ser instruída na gramática da sua própria língua (Kohn, 1967: 496).

Em 1775, depois do grande terramoto de 1755 e a subsequente reconstrução eficiente e inovadora de Lisboa, durante a inauguração de uma estátua equestre[14] do rei, Pombal afirmou que Portugal não tinha nada com que se envergonhar em comparação com outros países. A regeneração nacional tentada por Pombal não foi, no entanto, completamente conseguida e o País caiu, de novo, no seu torpor clerical e aristocrático. Para os intelectuais do século XIX, a situação do país permaneceu num estado permanente de *decadência*. A noção de *coisa pública* emergiu, mas a nação apenas se tornou uma preocupação mais generalizada para a opinião pública com o desenvolvimento da imprensa. Em muitos movimentos nacionalistas entre 1820 e 1920, as *línguas de impressão* nacionais tiveram uma importância ideológica e política central (Anderson, 1991). Em finais do século XIX, teve lugar, também em Portugal, uma *explosão de comunicações*. Em 1900 existia uma média de uma publicação periódica por 6500 habitantes, em comparação com 1 por 7000 nos EUA ou 1 para 23 000 na Grã-Bretanha. Embora pareça uma contradição num país com 80 por cento da população analfabeta, este fenómeno de um rápido crescimento de jornais diários e outra imprensa foi extremamente importante para a constituição de uma vida política própria. Mais ainda, esta explosão de comunicações teve lugar em todo o País, não tendo sido, portanto, a manifestação de uma hegemonia político-cultural urbana (Martins, 1998).

A vitória dos liberais nas guerras liberais do século XIX contribuiu para generalizar o ideal nacional como um laço que devia unir todos os Portugueses. Mas mesmo então, a *nação* teria pouco significado para a maioria dos portugueses, como mostra a história, segundo a qual, em finais do século XIX, o rei D. Luís terá perguntado a alguns pescadores se eles seriam portugueses, ao que eles terão respondido: «Nós outros? Não, meu senhor! Nós somos da Póvoa do Varzim» (Mattoso, 1998: 14).

---

14 Apesar de alguns dos primeiros reis terem mostrado algum interesse em símbolos nacionais, as estátuas eram muito raras na Lisboa do século XIX.

Outros desenvolvimentos como a «difusão da escrita e da imprensa, a implantação de um sistema eleitoral, a generalização de práticas administrativas uniformes e a participação activa da população na vida pública» (Mattoso, 1998: 21) seriam necessários para o desenvolvimento da consciência nacional. Em Portugal, tal teve lugar em finais do século XIX, sendo 1890 uma data fundamental. Muitas potências europeias estavam envolvidas na competição por África e Portugal reclamou direitos históricos para ocupar todo aquele território do *mapa cor-de-rosa*. Mas a Grã-Bretanha impôs um ultimato, exigindo a retirada, tendo este ultimato originado um sentimento de perseguição nacional, explorado sobretudo pela oposição republicana que capitalizou e conseguiu mobilizar a consciência nacional. O actual hino nacional português, que fala dos «heróis do mar, nobre povo, nação valente e imortal» surge, também, na sequência desse ultimato. A última frase de *A Portuguesa*, «contra os canhões, marchar, marchar» substitui a original «contra os bretões, marchar, marchar». Tais acontecimentos marcaram o princípio do fim da monarquia e em 1910 as forças republicanas conseguiram assumir, finalmente, o poder. O ultimato deu à oposição republicana a oportunidade de mobilizar a consciência pública e organizar grandes manifestações populares para criticar a cedência portuguesa às exigências britânicas. Oliveira Martins, um historiador da altura, reporta a ocorrência, em Lisboa, de «manifestações tumultuarias e aggressivas» contra o «appetite insaciável da Inglaterra». Tal como Renan tinha escrito que sofrer em conjunto é, por vezes, o mais importante numa nação, Oliveira Martins escreveu que «actos como o *ultimatum* de 11 de Janeiro, abusos de poder dos fortes, violências, prepotências, esmagam mas não humilham. Às vezes até redimem e retemperam». O republicanismo tentava explorar os sentimentos de raiva pública, mas, na sua opinião, «n'estes momentos perigosamente solemnes é o patriotismo e não o partidarismo que deve fallar» (Martins, 1891).

As reacções ao ultimato britânico do fim do século XIX foram, de acordo com Lourenço, nada mais do que a expressão de uma consciência generalizada, entre os intelectuais lusitanos, de uma «precariedade intolerável da realidade nacional» (1978: 93). Marcou, também, o final de um século particularmente traumático para a existência nacional em que, pela primeira vez, «os portugueses (alguns), questionaram [...] a sua imagem como um povo, com uma vocação autonómica, do ponto de vista político e cultural» (1978: 26).

A dependência teria sido um tipo de «pecado original» que explicaria a bastardização da alma nacional, a perda do império, quer no Brasil ou em África, ou a lentidão do desenvolvimento nacional. O estado de decadência era visto como sendo devido à ganância das grandes potências como a Inglaterra, a «perfidious Albion» na expressão de Almeida Garrett, responsável por «nevoeiros britânicos», neblinas terríveis, em que a *nau lusitana* afundou (Telo, 1997). Apesar de para os defensores desta aliança de séculos, a amizade entre a Inglaterra e Portugal ser benéfica, para muitos outros, Portugal era uma vítima de manobras internacionais. A ganância britânica era a explicação para a pressão exercida sobre Portugal para acabar com o tráfico de escravos. A mesma ganância das grandes potências na corrida a África era vista pelas elites como uma causa da crise dos anos 1890[15].

Desde finais do século XIX, o Partido Republicano insistiu na mobilização nacionalista, tendo promovido a comemoração do Centenário de Camões que, mais tarde, seria transformado no *Dia da Raça* pelo regime salazarista[16]. O ultimato britânico reforçou esta tendência, especialmente entre os jovens estudantes, de tal maneira que alguns ideólogos proclamaram, abertamente, o seu desejo de morrer pela pátria. Este apelo aos corações patrióticos dos portugueses era uma das bases do recrutamento republicano. O nacionalismo português emergiu em apertada relação com a questão colonial, particularmente as ameaças ao Império Português. Pouco depois da cedência às exigências britânicas, as forças portuguesas capturaram um líder indígena moçambicano,

---

15 A mesma explicação foi usada mais tarde contra as campanhas internacionais anticolonialistas, quando a guerra colonial começou na década de 1960, levando ao crescente isolamento internacional do País.
16 Para uma discussão sobre a natureza *fascista* do regime, ver, por exemplo, Pinto (1990).

Gungunhana. Nessa ocasião, Teixeira de Bastos, um moderado, escreveu que tal acontecimento levaria o povo português «que parecera despertar com o choque violento do *ultimatum*, caiu pouco a pouco em prostração moral [...] e a alma popular de novo vibrasse uníssona, explodindo em manifestações de entusiasmo patriótico», concluindo que Portugal era de novo merecedor do «respeito dos povos indígenas que vivem na esfera da sua influência, mas levantou-se também no conceito das outras nações europeias, que não o supunham capaz de um feito tão heróico» (Cabral, 1979: 106-107).

COLONIALISMO E NACIONALISMO

O *ultimato*, um momento de crise, foi um dos mais importantes momentos redefinidores da comunidade de história e destino portuguesa e os seus efeitos foram sentidos mesmo durante o século XX quando em causa estava o carácter colonial e imperial da nação.

A ideologia pró-imperialista durante o Estado Novo salazarista assentava sobretudo em dois grandes argumentos: um argumento *fraco*, segundo o qual Portugal, uma nação pequena e pobre, podia ser *grande* graças ao império; um argumento *forte*, segundo o qual Portugal não poderia sobreviver como um Estado independente sem as suas colónias (Martins, 1998). O colonialismo seria uma das principais razões do orgulho nacional e um dos meios para recuperar a grandeza do País, há muito perdida (Almeida e Pereira, 1933). O Estado Novo (ver abaixo), pelo menos até à década de 50 do século XX, desenvolveu um *nacionalismo de isolamento* em relação ao mundo capitalista baseado na auto-suficiência do império estabelecida no *Acto Colonial*. O regime tentou evitar a derrocada moral do colonialismo, associando-o a uma imagem histórica retocada e estilizada, reclamando a particularidade do seu passado colonial, apresentando-o como único, *sui generis*, incomparável e mesmo exemplar em relação a outros (Martins, 1998, Venâncio, 1996). Os méritos do colonialismo português foram apresentados como o resultado de contactos culturais e miscigenação racial, mas a inflexibilidade do regime em relação aos movimentos nacionalistas em África deu origem à guerra colonial (1961-1974), pouco depois da perda da *Índia Portuguesa*[17]. A imagem de uma democracia multirracial baseada no trabalho de Gilberto Freyre[18] contribuiu para a legitimização dos conflitos perante a comunidade internacional. A guerra apenas terminou quando o Exército derrubou o regime em 1974. Inicialmente a guerra colonial foi uma oportunidade para o Estado Novo proceder a um renascimento ideológico e a uma *refascização* do regime, apelando a um *nacionalismo de reacção*, subordinando o desenvolvimento económico a objectivos políticos *superiores* sendo a nação o valor supremo. Durante décadas, o regime perseguiu uma política baseada num nacionalismo económico de anti-industrialização, fechamento sobre si próprio e auto-suficiência. No entanto, por volta da década de 50 do século XX, tal nacionalismo foi parcialmente abandonado, dada a necessidade de capital estrangeiro para sustentar o esforço de guerra. «Isolado perante a opinião pública mundial, mas contando com apoios internacionais interessados no seu valor geostratégico, o colonialismo transformou-se gradualmente na quinta-essência do regime, a verdadeira base material da sua reprodução ideológica» (Santos, 1992: 25).

CONCLUSÃO

Para estabelecer um Estado independente, os reis portugueses tiveram de lutar contra dois inimigos de fronteira: os Muçulmanos

---

[17] Os territórios de Goa, Damão e Diu.
[18] Nos capítulos 7 e 8 é explorada a noção de civilização *lusotropical* de Gilberto Freyre e a sua influência na criação de um tipo de ideologia colonial anticolonialista. O Estado Novo usou as propostas de Freyre para afirmar o colonialismo português como fundamentalmente diferente e melhor do que qualquer outro. Este discurso ideológico veio substituir o modo de encarar a miscigenação com algum desdém como um resultado maléfico e não desejado pelos defensores da eugenia, comum durante a maior parte da primeira metade do século XX.

e os Castelhanos. As últimas batalhas contra o invasor muçulmano foram travadas um século depois do estabelecimento do reino por volta do século XIII. Mais tarde, a expansão ultramarina assumiu a forma de uma cruzada santa para expandir a fé. Castela sempre esteve presente como o inimigo contra o qual Portugal teve de se impor como um Estado independente. O nacionalismo castelhano foi hegemónico no resto da Península Ibérica, mas Portugal conseguiu escapar definitivamente em 1640 e construir e manter um império mundial até à segunda metade do século XX.

A identidade nacional envolve «uma dialética complexa de recordação e esquecimento» (Billig, 1995: 37). De facto, a história portuguesa regista numerosas batalhas militares perdidas. Mas o que é relembrado é a vitória nas guerras e as gloriosas façanhas dos antepassados. Especialmente as guerras contra Castela, promovida, desde muito cedo, como o *inimigo*, mas também contra as tropas de Napoleão. Sob esta ameaça, a família real portuguesa decidiu estabelecer a corte no Brasil[19]. As tropas napoleónicas atingiram Portugal, mas a guerrilha popular ajudada por tropas inglesas forçou os franceses a retirar. Para alguns historiadores, aquelas foram as «primeiras manifestações de resistências populares e espontâneas a que se pode atribuir um carácter nacional» (Mattoso, 1998: 20).

D'Azeglio, na proclamação da unidade italiana, disse, «a Itália está feita. Agora, vamos fazer Italianos» (*in* Fafe, 1990). Em Itália, o processo de construção do Estado estava completo por volta de 1860, mas era necessário «fazer Italianos» devido aos conflitos entre o Norte e o Sul, pelo que a unificação política no Estado nacional não garantiu a existência da nação. Mas noutros casos, Gellner realçou a supremacia do Estado no processo de construção da nação, de tal maneira que deverá ter dito, sem surpresa, numa ocasião «dai-me um Estado e eu dou-vos uma nação». Em Portugal, depois do estabelecimento das fronteiras

---

[19] Facto que criou uma situação política única: a capital de uma potência europeia foi estabelecida num território ultramarino; mais tarde, D. Pedro não regressa a Portugal e revolta-se contra o domínio português. Com o *Grito do Ipiranga* o Brasil torna-se independente no primeiro quartel do século XIX.

políticas, a comunidade nacional de história e destino desenvolveu-se num contexto de estabilidade das fronteiras. Durante este processo gradual, o Estado burocrático também se desenvolveu e alastrou ao todo do território nacional. Podemos dizer, seguindo Alter (1989), que a unificação política e a promoção da consciência nacional foram processos paralelos, com uma leve antecedência do primeiro.

Muita da história portuguesa é, na realidade, constituída por mitos históricos, muitos dos quais são antigas *invenções*. Esta continuidade histórica, real e aparente, confere à *lusitanidade* poder emocional sobretudo quando a questão é *quem somos nós enquanto povo?* Esta questão surgiu em diferentes circunstâncias no passado, principalmente ao nível do *topo*. Quando a idade do nacionalismo chegou à Europa, em Portugal o tema em discussão estava relacionado com a decadência do país. As reflexões acerca da crise de identidade pelos intectuais estavam relacionadas com a *eterna* decadência. Relacionando o presente com a *idade de ouro*, os portugueses do século XIX eram vistos como diferentes e inferiores em relação aos seus antepassados. Para restaurar Portugal à sua grandeza, teríamos de restaurar a *raça*, e salvar, de novo, a Europa das trevas modernas, como os antepassados tinham feito na Idade Média. Uma *religião do mar* foi criada ao longo de séculos, baseada em Os *Lusíadas*, a sua bíblia e a ideia de decadência resulta, em grande medida, desta comparação com o passado *bíblico* e supernatural.

Várias interpretações da crise de identidade têm sido tentadas, mas em todas esteve presente o «pressuposto constante do valor indiscutível da Nação» (Mattoso, 1998: 37). Este tema da *crise de identidade* tem sido um tema recorrente e constante desde o século XIX até ao presente, como mostra um sugestivo nome de uma recente colecção de uma editora entitulada: «dar de volta aos portugueses o orgulho de ser português». Como veremos, este tema emerge em circunstâncias históricas particulares quando a comunidade nacional tem de enfrentar mudanças profundas e novas ameaças, originando processos de reconstrução e reconciliação da identidade nacional dentro de um conjunto de novos e antigos princípios.

CAPÍTULO 3
AS POLÍTICAS DE COMEMORAÇÃO. REPRESENTAR A NAÇÃO, CELEBRAR A HERANÇA E RECONSTRUIR UM PROJECTO COMUM

> *A nossa razão de ser, a raiz de toda a esperança, era o «termos sido».*
>
> Eduardo Lourenço

INTRODUÇÃO

Muitos Estados têm empregue importantes recursos na organização de comemorações históricas e na realização de grandes eventos.

Em 1992 a Espanha organizou uma exposição universal em Sevilha e organizou os Jogos Olímpicos de Barcelona. A Espanha comemorou assim, com grandes realizações, no que foi chamado de *ano espanhol*, a viagem de Colombo, cinco séculos antes. Aquele ano e aquelas realizações tiveram um papel fundamental na acomodação de antagonismos e na manutenção de um frágil e delicado balanço de poder na Espanha das autonomias (Hargreaves e Ferrando, 1997)

Em 1998, foi a vez de Portugal conhecer um grande pico na comemoração dos *descobrimentos portugueses*, celebrando a viagem de Vasco da Gama em 1498, e a sua façanha de ter, finalmente, atingido a Índia por via marítima. Para isso Portugal organizou uma grande exposição internacional – a Expo'98 subordinada ao tema *Os Oceanos*. Durante o Estado Novo, comemorar e mobilizar a história nacional foi também parte importante da agenda política, culminando na organização, em 1940, de uma grande exposição – a *Exposição do Mundo Português*.

Neste capítulo, depois de discutirmos a forma como as nações são reproduzidas diariamente, mesmo em Estados há muito estabelecidos, como Portugal, centraremos a nossa atenção nos motivos que levam os diferentes Estados a celebrar o passado em grandiosas comemorações e na organização de grandes eventos como as exposições internacionais.

O NACIONALISMO E O PROCESSO DE MANUTENÇÃO DA NAÇÃO EM ESTADOS ESTABELECIDOS

Toda a comunidade é constantemente reproduzida, consciente ou inconscientemente. Assim é também com a nação. A nação não é algo acabado ou garantido quando a autonomia ou a independência é alcançada. Nem o nacionalismo deixa de existir em velhos Estados estabelecidos. Para Eriksen (1993b) o nacionalismo é um fenómeno duplo. Por um lado, está rela-cionado com a organização formal do Estado e as exigências do moderno Estado-nação – *nacionalismo formal*. Por outro lado, um *nacionalismo informal* que não é um nacionalismo conduzido pelo Estado, mas sim ligado à sociedade civil, pode ser identificado em eventos colectivos, como rituais de celebração ou compe-tições desportivas internacionais.

De acordo com Beissinger (1998), Gellner não conseguiu oferecer uma teoria para o processo através do qual as categorias de nacionalidade adquirem significado para um grande número de indivíduos e se tornam potentes enquadramentos para a acção política. Precisamos de abordar categorias como a nacionalidade como sendo a base de acção política. «Como Seton-Watson observou, "a nação existe quando um número significante de indivíduos numa comunidade se consideram a si próprios como formando uma nação ou se comportam como se formassem uma"» (Beissinger, 1998: 171). As pessoas não apenas *pensam* a nação, mas também *vivem* a nação, em comportamentos e acções colectivas.

«Contrariando Renan, as nações não são plebiscitos diários; pelo contrário, são plebiscitos irregulares cujo *timing* é largamente determinado pelos ritmos da autoridade política» (Beissinger, 1998: 173). Daqui a importância fundamental que têm, para Beissinger, os grandes momentos promovidos pelo Estado em toda a nação, numa tentativa de:

> endurecer as fronteiras na consciência popular e entre potenciais desafiadores ao estabelecer um quadro de discurso cujo objectivo é moldar as atitudes de acordo com a «realidade» que estas instituições projectam, tornando as fronteiras, nas palavras de Ian Lustick's, em «factos inquestionáveis da... vida pública» e «parte da ordem natural das coisas para a grande maioria da população» (Beissinger, 1998: 175).

Os estados inculcam ideias e dão forma a expectativas. Também estabelecem e manipulam símbolos de forma a gerar identificação dos indivíduos com os símbolos, de tal maneira que «o Estado permanece como a força mais poderosa na formação de concepções de nacionalidade» (Beissinger, 1998: 180).

O nacionalismo, de acordo com Beissinger, não trata simplesmente de comunidades imaginadas mas também da luta pelo controlo de imaginários particulares que tem lugar dentro dos Estados. Mas «para a maioria dos indivíduos, a nação como forma comportamental existe como um mero momento no tempo». O nacionalismo não é uma constante, mas uma variável no tempo. «Ciclos de contenção nacionalista são centrais para o processo de mudança de identidade, pois providenciam o contexto no qual uma reimaginação maciça da nação se torna possível» (1998: 178-179).

Michael Billig, pelo contrário, reivindica que o nacionalismo é a «condição endémica» nas nações estabelecidas, tendo introduzido, por essa razão, o conceito de *nacionalismo banal*, para «cobrir os hábitos ideológicos que permitem que as nações estabelecidas do Ocidente se reproduzam» (1995: 6). Este processo tem lugar não apenas em momentos significantes em que a nação é conscientemente relembrada. A comunidade de cidadãos é continuamente relembrada do seu lugar no mundo das nações, através de um *flagging* permanente, relembrando a nacionalidade aos membros. Este tipo de nacionalismo diariamente construído e reproduzido, mesmo sem qualquer intenção de produzir mensagens nacionalistas, pode ser encarado como ensaios banais para tempos de crise, em que os Estados apelam aos cidadãos, especialmente os de sexo masculino, que façam o sacrifício último em nome da nação.

O nacionalismo tem hoje uma conotação bastante generalizada de uma *força* exótica e periférica. A sua face violenta e virulenta faz com que «o nacionalismo possa ser visto quase em toda a parte menos "aqui"» (Billig, 1995: 15). Quando se trata das nossas crenças, outros termos são preferidos como *patriotismo*, *lealdade* ou *identificação social*. Usando o conceito num sentido limitado, o nacionalismo é, frequentemente, projectado «nos outros e [como consequência] o "nosso" nacionalismo cessa de existir». O nosso *patriotismo* aparece como natural e, portanto, como invisível; o *nacionalismo* passa a ser uma característica dos *outros*.

O significado que Billig dá ao termo *nacionalismo*, é, em suma, alargado de modo a incluir:

> os modos através dos quais os Estados-nação estabelecidos são rotinamente reproduzidos. Este processo envolve, frequentemente, um nacionalismo «banal», em contraste com o nacionalismo aberto, articulado e, muitas vezes ferozmente expresso por aqueles que lutam para formar novas nações (1995: 16).

Toda a nação tem os seus grandes dias especiais, em que a nacionalidade é conscientemente *exibida*, como os dias nacionais e as comemorações, em que os indivíduos lembram e celebram colectivamente a nação. Apesar da sua grande importância na construção da *comunidade de história e destino*, de acordo com Billig, «estas não são as únicas formas sociais que sustêm o que é vagamente chamado de identidade nacional» (1995: 45). Antes pelo contrário, a reprodução das nações tem lugar diariamente, através, por exemplo, do discurso político ou da cobertura dos meios de comunicação de massa. Mesmo a transmissão diária dos boletins meteorológicos desempenha um importante papel neste processo.

O *AGITAR DA BANDEIRA* EM ALTURAS DE COMPETIÇÕES INTERNACIONAIS

Billig também discute a ideia de Renan de que a nação é submetida, diariamente, a um plebiscito. Michael Billig considera que esta noção é algo confusa, pois, segundo ele, o que é exigido para a reprodução da nação são «práticas banais, e não escolhas conscientes [...] Tal como uma linguagem morrerá se não tiver praticantes regulares, também a nação deve ser posta em uso diário» (1995: 95). É isto que ocorre na secção desportiva da imprensa, especialmente em momentos de competições internacionais. Ou quando os jornais abordam a nacionalidade usando o termo *nós* assumindo que todos sabem que *nós* são os portugueses ou os britânicos ou quando falam acerca do primeiro-ministro português ou britânico, se referem a ele enquanto *o* primeiro-ministro. Outro claro exemplo deste tipo de *agitar da bandeira* é o discurso dos políticos falando em nome da nação, em nome dos *nossos* interesses. Em Portugal isto tem acontecido muito claramente. Quando o tema é um grande projecto como a Expo'98 ou a organização do Euro'2004, estes são sempre abordados como *projectos nacionais* e os portugueses são chamados a responder aos apelos dos líderes em nome da nação.

Quanto ao papel do desporto como meio de gestão da identidade colectiva, por parte dos governos, o seu simbolismo é bastante poderoso e pode ser explorado. Mas a sua maleabilidade torna-o uma fonte cultural altamente instável (Houlihan, 1997). Os bons resultados no Euro'2004 provocaram uma onda de euforia que modificou a tradicional relação dos portugueses com os símbolos nacionais, nomeadamente, a bandeira. Já antes, no seguimento dos bons resultados no Campeonato Europeu de Futebol de 2000, o Presidente português tinha dado ênfase à importância de tal sucesso na união de todos os portugueses, vivendo no estrangeiro ou no país, referindo-se ao momento como «um momento de grande unidade nacional». Mas efeitos em sentido contrário tiveram os maus resultados no Mundial de Futebol seguinte, o que mostra a sua incapacidade de exercer um efeito duradouro na identidade nacional. A manipulação, pelo Estado, do desporto para fins associados com a identidade nacional coloca poucos problemas. Mas «sustentar esse efeito para que o simbolismo se torne enraizado (de uma forma não ambígua) na mitologia pessoal do povo é algo bastante raro» (Houlihan, 1997: 135)[1].

Aspectos do quotidiano e da cultura popular são componentes significativos de identidade nacional e na forma como as nações são representadas e reproduzidas (Edensor, 2002). Mas vamos agora focar a nossa atenção apenas em grandes momentos comemorativos da história nacional, explorando a sua importância na reformulação da comunidade nacional.

CELEBRAR A HISTÓRIA, REDEFINIR A NAÇÃO

A história foi e é o recurso central para os nacionalistas e para quem quer que fale em nome da nação e, por isso, a narrativa da nação envolve por vezes um processo de esquecimento activo e outras vezes um processo de recordação activo. A história, longe de ser um peso morto, é, sim, o meio através do qual a identidade é moldada num processo activo e constante (McCrome, 1998).

As histórias nacionais são reescritas constantemente e têm sido predominantemente empregues na identificação dos membros da colectividade, em oposição aos *estranhos de fora*. Elas contam a estória do *nosso* povo, com os *nossos* modos de vida e a *nossa* cultura. Herder adoptou este princípio no seu populismo cultural, particularmente na noção do *genius* da nação, que pode ser encontrado, por exemplo, na linguagem. Para ele «o génio da língua é ao mesmo tempo o génio da literatura de um povo» (*in* Hermet, 1996: 116). De acordo com esta noção, toda a nação tem supostamente o seu próprio *genius*, modos de pensamento, actuação e comunicação. Este pode estar perdido ou submerso.

---

[1] Para mais sobre a reprodução da nação nos jornais desportivos, ver Coelho (2001).

Daqui que *nós* tenhamos o dever de redescobrir o autêntico *eu* colectivo através da filologia, história ou arqueologia. A nação devia encontrar as raízes da *nossa* autenticidade, do *nosso* destino histórico comum, e relacioná-lo com um suposto passado étnico. Daqui que, frequentemente, estereótipos de *raça* e de carácter são mobilizados, sob a cobertura de investigação científica, para explicar a unicidade da *nossa* nação, do *nosso* povo, da *nossa* cultura, supostamente a melhor de todas.

Na vida de uma nação, existem momentos que provocam alguma excitação, outros não provocam qualquer reação. De acordo com Connerton, as cerimónias comemorativas partilham uma característica, que as separa de outras categorias de ritos mais gerais. Esta característica tem a ver com o facto de estas cerimónias não implicarem simplesmente continuidade com o passado, mas reivindicarem explicitamente essa continuidade. Estes rituais:

> referem-se explicitamente a protótipos de pessoas e eventos, quer estes tenham uma existência histórica ou mitológica; e em virtude deste facto, rituais deste tipo possuem uma outra característica que lhes é distintivamente própria. Podemos descrever esta característica como um ritual de *reconstituição*, sendo uma qualidade com importância fundamental no moldar da memória da comunidade (1989: 61).

Celebrar a consciência nacional e a memória colectiva[2] é uma maneira efectiva de estabelelecer a fronteira que identifica os *membros* e os *estranhos* e de transcender as diferenças internas. Os eventos comemorados ou as partes do passado que são celebradas exigem respeito, estando implícito um valor moral, sendo, geralmente, algo que aqueles que celebram consideram desejável. Estabelece a distinção entre aqueles que reconhecem o significado e o valor dos símbolos e aqueles que não reconhecem. Diferentes comunidades celebram diferentes valores, podendo, estes valores,

---

[2] De acordo com Paul Connerton «se existe algo como a memória social, ela poderá ser encontrada nas cerimónias comemorativas» (1989: 71).

ser considerados por outros como um mal ou uma abominação (Schöpflin, 2000).

Celebrar a *nossa* história significa conseguir atingir fraternidade e dignidade colectiva através de símbolos, ritos e cerimónias que ligam, de algum modo, os vivos com os antepassados mortos da comunidade. Os indivíduos são, assim, capazes de transcender a sua natureza finita através da identificação com as suas nações.

A nação usa estes os símbolos para mascarar as diferenças internas «transformando a realidade da diferença na aparência de similaridade, permitindo que a "comunidade" seja investida com integridade ideológica» (Guibernau, 1996: 82). Durkheim sublinhou o papel dos rituais religiosos e nacionais: «é ao lançar o mesmo grito, pronunciar a mesma palavra ou efectuar o mesmo gesto em relação a algum objecto que eles [os indivídous] se tornam e se sentem em uníssono» (*in* Guibernau, 1996: 27). As comemorações têm, portanto, uma dimensão religiosa, no sentido de que tais rituais contribuem para ordenar o mundo entre categorias de bom e de mau. O relativo declínio das religiões *sobrenaturais* contribuiu para a emergência da *religião civil*:

> uma sacralização de certos aspectos da vida da comunidade através de rituais políticos públicos, ou liturgias civis e devoções populares, criados para conferir poder e fortalecer a identidade e a ordem dentro de sociedades heterogéneas. Neste contexto, a comunidade consegue atingir transcendência através dos seus símbolos e da sua história épica (Giner, 1991, *in* Guibernau, 1996: 46).

Desde Durkheim, estes rituais nacionais têm sido encarados como modos de criar, experienciar e representar solidariedade social. Mas as interpretações de identidade nacional representam um campo que está, de facto, sujeito a uma grande variedade de modos de expressar e interpretar os laços para com a nação. O processo de dotar as características comuns e as fronteiras de tal comunidade nacional imaginada com significado é um processo complexo e intrigante. Muitas vezes, tomamos as nossas nacionalidades como garantidas, mas os temas e os símbolos que expressam identidade nacional têm significados diferentes em diferentes contextos. A identidade nacional e as memórias do grupo, aparentemente consensuais, são tanto o produto de divergência e a de reafirmação como de simples consenso. Na história nacional há sempre diferentes histórias ou narrativas que podem ser contadas (Ferreira e Marcelino, 1994; Leal, 1997; Pedreirinho, 1990). Memórias ou valores comuns são frequentemente o resultado de um processo de luta, contestação e, nalguns casos, aniquilação. Se bem que uma importante função dos rituais esteja relacionada com a procura de um campo comum e de consenso, eles também expressam valores alternativos e contestados (Billig, 1995; Gillis, 1994; Spillman, 1997). Isto por um lado. Por outro, como veremos nos capítulos seguintes, os rituais nacionais, as histórias nacionais e os conjuntos de símbolos são diferentemente empregues em diferentes momentos históricos.

O que se torna evidente, no entanto, é a importância crucial da memória. A actividade dos sistemas burocráticos, das indústrias de lazer, dos meios de comunicação social e, mesmo, dos sistemas de educação resulta numa homogeneização de gostos, de estilos de vida, de esperanças e aspirações. O perigo de permitir que o passado seja apagado em nome de um presente uniformizado advém também do facto de que a racionalidade iluminista se considera suficiente para satisfazer as necessidades dos indivíduos e que o debate infindável sobre valores morais é supérfluo, sobretudo em comunidades grandes e culturalmente confiantes. Ora, como explica Schöpflin, «uma sociedade sem memória é cega em relação ao seu presente e futuro, devido à inexistência de um quadro moral de referência no qual possa radicar as suas experiências» (2000: 74). Neste sentido, o passado e o que nós pensamos dele é uma parte vital de nós próprios que não pode ser negligenciado.

A MEMÓRIA COLECTIVA E A RECONSTRUÇÃO DE UM DESTINO COMUM

Desde a era do nacionalismo *clássico*, o Estado-nação tornou-se a «norma para a organização social e a nacionalidade e um quadro de referência para o senso comum» (Spillman, 1997: 1-2).

A história nacional adquiriu um importante papel nos processos de construção da nação. A actividade das nações em se adorarem a elas próprias através dos seus passados tornou-se de tal maneira importante que «os seus locais e tempos sagrados se transformaram no equivalente secular dos santuários e dias santos» (Gillis, 1994: 19). Como Renan escreveu, por vezes, momentos de sofrimento comum unem mais do que momentos de triunfo. Como vimos em capítulos anteriores, momentos em que a comunidade teve de enfrentar ameaças contribuiram para a criação de fronteiras entre os *membros* e os *estranhos* e para aprofundar os laços entre os *membros*. Mas, geralmente, o que é celebrado é o *nosso* incomparável passado: «podemos ser modestos acerca do que *somos*, mas, raramente, acerca do que *fomos*» (Lowenthal, 1994: 46).

Os indivíduos não são apenas cidadãos legais de uma nação. Uma nação é, também uma comunidade simbólica que cria alianças fortes – e, por vezes, patológicas – em redor de um ideal cultural, de um ideal de *modo de vida* e o papel dos museus, exposições e outros locais históricos no processo de construção do nosso sentido de identidade nacional e pertença a uma nação não pode ser menosprezado[3] (Boswell e Evans, 2002).

Memória e identidade são noções relacionadas, dado que «um sentido de semelhança ao longo do tempo e espaço é suportado pela memória; e o que é relembrado é definido pela identidade assumida» (Gillis, 1994: 3). As memórias colectivas são constantamente revistas de modo a adaptar-se às identidades correntes. Neste processo altamente selectivo, alguns momentos da história ancestral ocupam um lugar especial na memória colectiva: as *idades de ouro*. Enquanto esses momentos de ouro são relembrados e mobilizados, outros são esquecidos.

---

[3] Os museus são cada vez mais uma atracção turística, em que o lucro se torna uma questão cada vez mais premente. Gimblett (1998) mostra como actualmente se desenvolve uma luta entre os museus e o turismo na produção de *herança*. Esta *herança* que ambos prometem é, assim, vista não apenas como uma simples representação do passado, mas um modo de produção cultural que dá uma segunda vida a modos de vida, economias e locais moribundos.

De acordo com Spillman, o quadro de referência para todas as discussões em torno da identidade nacional é composto por um campo discursivo em relação à posição internacional e à integração interna. Segundo Schöpflin (2000), este aspecto de reconhecimento internacional, é uma preocupação especialmente sentida pelas nações pequenas que procuram a aprovação do mundo para a sua existência enquanto comunidades de valor moral, não se podendo dar ao luxo, ao mesmo tempo, de negligenciar o seu passado e a sua reprodução cultural. Temas e símbolos particulares «adquirem o seu significado como elementos da identidade nacional à medida que, em contextos históricos específicos, podem contribuir para responder a uma de duas questões: "Em que é que podemos concordar que partilhamos" e "Qual é a nossa posição no mundo?"» (Spillman, 1997: 10). Spillman estudou alguns eventos comemorativos nos Estados Unidos e na Austrália onde estas questões, que parecem implicar um consenso democrático acerca da identidade nacional, faziam sentido. A nação deve ser encarada como uma comunidade moral, partilhando os mesmos valores morais. A comemoração é neste aspecto vital, pois cria solidariedade mas não impõe o consenso, mantendo a individualidade e a dignidade própria dos indivíduos, enquanto possuidores de valores morais individuais (Schöpflin, 2000). No entanto, os eventos analisados no capítulo seguinte, em vez de democraticamente organizados, foram, essencialmente, representações das ideologias da elite do Estado Novo em relação à nação, pelo que os documentos que sobreviveram, ligados a estes eventos, expressam, principalmente, esta concepção dominante da nação. A razão para a ausência de vozes de contestação está relacionada não apenas com a distância histórica, mas também com a natureza hegemónica do regime, que reprimiu qualquer oposição às visões dominantes da nação e do mundo.

DECADÊNCIA E RENASCIMENTO NACIONAL

Desde o século XIX, uma importante questão de identidade nacional foi a persistência do estado de decadência e da necessidade de construir um *novo* Portugal para ultrapassar esse estado de decadência. Quando as forças liberais subiram ao poder no início do século XIX, o seu grande objectivo era a fundação de uma nova sociedade (Sá, 1981). Os temas essenciais nos diferentes debates acerca da nação desde 1890 até à década de 30 do século XX estavam relacionados com a natureza orgânica do Estado e do regime político (monarquia, república), com a organização do sistema político (tradicionalismo, sistema parlamentar, sistema presidencial), com a questão da relação entre a Igreja católica e o Estado e com a interpretação da história nacional (Brito, 1997). O grupo de intelectuais portugueses conhecidos como a *Geração de 70*, incluindo Eça de Queirós, Ramalho Ortigão ou Guerra Junqueiro, expressou a profunda ansiedade acerca da *decadência* e do destino nacional e contribuíram de forma significativa para a construção da imagem de um Portugal necessitando de um renascimento espiritual e moral. Teixeira de Pascoaes e os intelectuais da *Renascença Portuguesa lançaram*, como reacção à imagem de um país em agonia, a campanha para renovar a alma da nação e para reavivar o patriotismo português (Pires, 1992; Smith, 1994). Essa ansiedade assumiu um nível mais popular com o *Ultimato* britânico (ver capítulo anterior) em que, para os republicanos, a monarquia devia ser culpabilizada pelo estado decadente do país. Durante o século XX, o regime político em Portugal foi mudado por três ocasiões. Em 1910, os republicanos desalojaram a monarquia, em 1926 outro golpe de Estado[4] instalou o Estado Novo, um regime que durou até que outro golpe abriu as portas à revolução de Abril de 1974[5]. Em todos estes momentos, um guarda-chuva legitimisador de uma *Revolução Nacional* iniciou as mudanças.

---

[4] Para Egerton, um de muitos escritores estrangeiros que se debruçaram sobre o Portugal salazarista, o golpe de Estado militar era «natural» e representava «a expressão da vontade do povo» pois «o exército sempre tinha retido mais do espírito português do que qualquer outro elemento da comunidade». Em 1926 «a indomável alma de Portugal afirmou-se uma vez mais» (Egerton, 1943: 18).
[5] Estas datas foram celebradas pelos diferentes regimes como actos (re)fundadores da nação.

O regime salazarista reclamou o título de *Estado Novo*, sumarizando não apenas a nova forma orgânica do Estado, mas, também, a nova valorização espiritual das heranças do passado: «O Estado Novo alarga e aprofunda o conceito da Pátria, avivando a consciência da sua grandeza e da sua unidade, através do tempo e através do espaço» (Agência Geral das Colónias, 1937: XX).

Uma razão por que a história assumiu um papel central nas definições da identidade nacional em Portugal está relacionada com uma constante característica do imaginário português: «a nossa razão de ser, a raiz de toda a esperança, era o *termos sido*» (Lourenço, 1978: 25). De acordo com este pensador, que tem tido um papel central nas discussões recentes sobre a identidade nacional portuguesa, a noção popular do destino colectivo sempre incluiu uma visão prodigiosa irreal acerca da sua auto-imagem, o que se reflecte na historiografia portuguesa e nos seus modelos que «contam as aventuras de um *herói isolado* num universo anteriormente deserto». A noção de um «Portugal-Super--Homem», protegido por Deus, reflecte a consciência de uma «fraqueza congénita e a convicção mágica de uma protecção absoluta». Esta protecção divina seria uma compensação em relação a tal precariedade. O sentimento de uma «inconsciente e íntima *precariedade*» que Lourenço considera como uma obsessão dos portugueses é também compensado pelo «desejo de causar uma boa impressão, pessoalmente ou colectivamente». Essa é uma das razões por que, na visão de Eduardo Lourenço, «os portugueses vivem [num estado de] *representação* permanente» (1978: 80-81). Ainda de acordo com Lourenço, a relação irreal dos portugueses consigo próprios é manifestada numa conjunção de um complexo de inferioridade com um de superioridade. António Vieira e a sua ideia de um *Quinto Império* é, para ele, a expressão perfeita da «conversão da nossa ansiedade em relação ao destino nacional em exaltadas aleluias», «uma mistura única de lucidez delirante e delírio divino [...] De cativos a senhores de sonho do mundo, de humilhados e ofendidos da história a eleitos, servidos pelos outros»

(1978: 19-26). O sentimento de precariedade ajuda a entender a necessidade de (re)afirmação do valor moral e mesmo do valor sobrenatural de Portugal.

A LEITURA IDEOLÓGICA DAS HISTÓRIAS NACIONAIS

Nos dias de hoje, a ideia de que a história é uma «"construção do passado", servindo, também inevitavelmente, objectivos políticos», no mínimo latentes, é crescentemente aceite (Hespanha, 1999: 9). Como Calhoun escreveu «a moderna disciplina de História é profundamente influenciada pela tradição de produzir histórias nacionais destinadas a dar aos leitores e estudantes um sentido da sua identidade colectiva» (1997: 51). Em vez de um assunto histórico, a nação devia, portanto, ser encarada como uma «relação social de poder e conhecimento» (Hall, 1997).

O século XX foi um século de profundas mudanças sociais, culturais, políticas e económicas. Embora o carácter moderno e desenvolvido da sociedade portuguesa seja debatível, a mudança social rápida, sobretudo desde a década de 1960, transformou a sociedade tradicional, fechada, centrada em si própria, do regime salazarista. Apesar de estar ainda, nalguns indicadores, atrás de alguns dos seus vizinhos europeus capitalistas e desenvolvidos, Portugal tornou-se uma sociedade pós-colonial depois da primeira democrática revolução moderna, sendo que o processo de convergência com os seus vizinhos europeus ainda está em curso (Barreto, 1997). O que surpreende muitos é a velocidade e a profundidade de tais mudanças sociais, políticas e económicas, que resultaram numa reconstrução do próprio Estado-nação. Depois de décadas em que as visões dominantes da nação promoveram o contrário, durante os últimos 30 anos, Portugal tem estado envolvido na construção de uma sociedade capitalista moderna, resultando no facto de que as estruturas económicas de Portugal de hoje são muito similares às dos seus vizinhos europeus[6]. E esta é uma das principais narrativas ideológicas da Expo'98, como veremos mais à frente.

Ao mesmo tempo, algumas das características de outros países pós-coloniais estão a tornar-se mais visíveis em Portugal. Um exemplo é a imigração, que tem mudado a tradicional homogeneidade etnocultural da sociedade portuguesa. Em contraste com a concepção multirracial do império por parte de Salazar, a metrópole permaneceu *etnicamente* homogénea. Apenas durante os anos 60 e 70 do século XX, quando a emigração de homens portugueses, à procura de uma vida melhor ou escapando à mobilização para a guerra colonial, causou uma falta de mão-de-obra em alguns sectores, tiveram lugar os primeiros fluxos de migrantes das colónias. O novo ciclo de modernização acelerada iniciada com a integração europeia deu origem a outros fluxos de imigração mais recentes. Viver com a diversidade é hoje uma condição das sociedades modernas e, como veremos, outra das importantes leituras simbólicas das comemorações e da Expo'98 tem a ver com a (re)construção de um *ethos* multicultural em Portugal. Juntamente com a crescente diversidade, o racismo tornou-se um tema de discussão, desafiando o modo como os portugueses se vêem a si próprios enquanto povo não racista (ver últimos capítulos).

EDUCAÇÃO E IDENTIDADE NACIONAL

Uma das maiores consequências do processo de mudança iniciado em 1974 foi o fim do império. Isto foi simbolicamente concluído em 1999 com a transferência de soberania de Macau para a China e o estabelecimento de Timor-Leste como uma nação independente em 2002, assinalando, definitivamente, o fim de

---

[6] No entanto, durante este processo de mudança política e socioeconómica, Portugal não passou por uma fase que outros países atravessaram: a transferência de população do sector agrícola para o sector industrial. No padrão de modernização e mudança nas modernas economias avançadas, esta é uma importante especificidade da sociedade portuguesa.

um projecto nacional com cinco séculos e introduzindo a necessidade de repensar Portugal e a sua posição e visões do mundo. O regime democrático, como anteriormente o Estado Novo (re)inventa a nação recombinando o passado, o presente e o futuro. Nos capítulos seguintes, olharemos de perto estes processos de reconstrução da nação levados a cabo pelo Estado, em que as comemorações e a organização de grandes exposições constituíram importantes ferramentas. Em particular, dois eventos comemorativos – a *Exposição do Mundo Português* de 1940 e a *Exposição Internacional Lisboa'98* – serão analisados. Frequentemente, o estudo de comemorações envolve comparações entre dois países. Neste caso, no entanto, os eventos comparados são símbolos de duas concepções da mesma nação, em tempos diferentes, sendo contrastadas em muitos aspectos.

A educação tem sido o principal recurso usado pelos Estados na constituição de uma comunidade nacional. De acordo com Gellner (1983), Guibernau (1996) e outros, desde o século XIX, o estabelecimento da educação de massas foi fundamental para a configuração da consciência nacional, criando sentimentos nacionais e patrióticos e contribuindo para a unidade da nação. «Aprender a ler e a escrever envolvia a repetição constante do catecismo cívico nacional, em que a criança era imbuída com todos os deveres dela esperados: desde defender o Estado, até pagar os impostos, trabalhar e obedecer às leis» (Graff, 1987, *in* Guibernau, 1996: 69). Em Portugal, durante o Estado Novo, os livros escolares eram cuidadosamente planeados para ensinar, desde tenra idade, os valores-chave nacionais, usando o sistema de livro único para estes fins. Algumas livrarias decidiram, recentemente, vender estes livros escolares com um sucesso considerável, mesmo em zonas de influência tradicional da esquerda, o que demonstra a permanência da sua influência (*Público*, 7 de Dezembro de 1998)[7]. Este tipo de livros foi tam-

---

[7] A literatura infantil reflecte de várias formas a identidade nacional, nomeadamente aquilo que muitas vezes é tomado por garantido acerca dos *outros* em relação *connosco*. Ver, por exemplo, Meek, 2001.

bém extensamente usados pelo regime fascista de Mussolini. O Estado Novo português sentiu ser necessário reformar os livros escolares dado a suposta ausência de patriotismo dos autores portugueses. De acordo com uma lei de 1936, a escola devia ensinar «a ler, a escrever, a contar e a praticar as virtudes morais e a paixão por Portugal». Estes objectivos deveriam ser atingidos por professores não muito educados, de modo a evitar o que eram consideradas «sérias inconveniências» (*Público*, 25 de Abril de 1999). Já antes, em 1932, tinha sido estabelecido que o Estado devia ser responsável pela definição das «normas a que deve obedecer o ensino da História». Foi ainda regulamentado que «o Estado pode e deve definir a verdade nacional, quer dizer, a verdade que convém à Nação». Os livros de História deviam, portanto, ser sujeitos à aprovação do Estado, sendo o seu objectivo ensinar aos estudantes que «Portugal é a mais bela, a mais nobre e a mais valiosa das Pátrias, que os portugueses não podem ter outro sentimento que não seja o de Portugal acima de tudo» (Caldeira, 1995: 122).

Para o regime, no entanto, palavras em livros não eram suficientes. Salazar insistiu que as verdades nacionais não deviam ser aceites apenas pela inteligência. Elas deviam, também, ser «sentidas, vividas, executadas» (Eliade, 1988: 165). Eventos como a primeira Exposição Colonial portuguesa, em 1934, eram uma consequência da «incapacidade que as palavras demonstravam como meio de propaganda, de convicção e de ensinamento» (O Livro da Primeira Exposição Colonial Portuguesa, 1934: 3). O Secretariado da Propaganda Nacional, criado em 1933, teve um papel importante nas grandes celebrações em Portugal, como o duplo centenário de 1940 e, também, outras comemorações como as de 1947 celebrando o oitavo centenário da reconquista de Lisboa aos muçulmanos. Grandes comemorações foram também organizadas nos anos 60 do século XX para celebrar a figura do infante D. Henrique, *o Navegador*. O propósito de todas estas celebrações era o de usar «todos os grandes valores e todas as grandes datas da nossa história como um incentivo para os portugueses de hoje». Um dos principais *logos* do Secretariado da Propaganda Nacional, mais tarde renomeado como Secretariado Nacional da Informação, era «respeitamos o passado, saberemos torná-lo presente» (Secretariado Nacional da Informação, 1948). As várias exposições que tinham uma «essência nacional» eram vistas como «instrumentos de propaganda e representam [...] verdadeiras mobilizações das capacidades e do trabalho de um povo» como o comissário-geral da Exposição escreveu num texto publicado nos jornais portugueses em 3 de Fevereiro de 1939 (Castro, 1940). O sucesso de tais eventos era medido não em termos de números de visitantes, mas pela «projecção que teve nas almas portuguesas».

A NAÇÃO E OS GRANDES EVENTOS NACIONAIS: AS EXPOSIÇÕES INTERNACIONAIS

Em 1992, a Espanha organizou uma grande exposição universal para celebrar o quinto centenário da viagem de Colombo. O tema era, explicitamente, os *descubrimientos*. Em 1998, Portugal celebrou o quinto centenário da viagem de Vasco da Gama à Índia. A ideia de uma exposição mundial em Lisboa emergiu da Comissão Nacional para a Comemoração dos Descobrimentos Portugueses. A exposição portuguesa teve como tema geral «Os Oceanos – Uma Herança para o Futuro». O Bureau Internacional das Exposições (BIE) aceitou a candidatura portuguesa em 1990 e em 1991 o Governo português anunciou os objectivos da Expo'98 que incluíam a reafirmação de uma vocação nacional, a posição do País no contexto europeu, a renovação urbana, comemoração dos *descobrimentos*, a promoção turística e a estimulação económica (Gato, 1997).

As exposições internacionais têm uma história de mais de um século. Inicialmente, as exposições do século XIX – num contexto em que o racionalismo científico fazia escola, em que o sonho industrial era constante, em que se desenvolviam em simultâneo negócios em grande escala e sonhos de felicidade terrena – expressavam o optimismo das potências industriais como a Inglaterra e a França, reflectindo o entusiasmo da burguesia industrial em relação aos inúmeros usos da mecanização e as suas potencialidades para melhorar o bem-estar dos homens. Expressavam, também, a confiança e a fé no progresso e a esperança de que a revolução na produção industrial tornaria o trabalho mais fácil e multiplicaria indefinidamente a riqueza. Existia uma confiança quase cega na capacidade do progresso humano juntamente com o progresso técnico, influenciada pelo positivismo de Saint-Simon e Auguste Comte. A expansão económica, conseguida pela actividade do Estado, também asseguraria o progresso social (Villechenon, 1992). As exposições internacionais da altura não apenas expressavam a esperança por uma melhoria geral nas condições de vida, mas também renovaram a esperança de paz entre os povos, mantendo, «em contraponto com as tensões políticas, um elo entre os Estados. Funcionando um pouco como refúgios da boa consciência dos governos, incarnam uma certa ideia de concertação entre as nações» (Galopin, 1997: 27). Karl Marx articulou em 1851 a sua visão, em contraste com este positivismo: «esta exposição é uma prova gritante da violência concentrada com que a grande indústria moderna está a derrubar em todo o mundo as barreiras nacionais, esbatendo cada vez mais as particularidades locais de produção, as relações sociais e o carácter de cada povo» (*in* Galopin, 1997: 19).

Depois da tradição de organização de grandes exposições internacionais ter começado em 1851 com a exposição do Palácio de Cristal em Londres, entre 1870 e 1914 teve lugar um «florescimento de rituais inventados» nos países europeus, procurando «restaurar numa forma nova a celebração [dos episódios] que servem de exemplo» (Connerton, 1989: 63). Em 1865 uma exposição internacional era pela primeira vez organizada em Portugal. Teve lugar no Porto e o seu tema era Desenvolvimento e Industrialização. Portugal vivia uma década de forte crescimento económico e, tal como a exposição de Londres 14 anos antes, a exposição do Palácio de Cristal do Porto também fazia o elogio dos novos tempos de modernização e de industrialização. Em 1865, a «confraternização internacional das indústrias» era sinónimo de «festa da civilização» (Catálogo Oficial da Exposição Internacional do Porto, 1865).

Nos finais do século XIX as nações europeias estavam, também, envolvidas na competição por África. As exposições internacionais eram uma ferramenta muito útil para as nações imperiais estabelecerem uma posição, como o Reino Unido ou a França. A exposição de Amesterdão em 1883 é a primeira grande exposição com o tema colonial. O Congo foi o tema de uma exposição no Tervuren Park em Bruxelas em 1867. Estas exposições apresentavam os projectos imperialistas das nações europeias, que legitimavam com propósitos alegadamente civilizacionais, como fizeram a França ou Portugal, na grande exposição nacional de 1940, tendo ambas reclamado o papel de nação civilizadora e guardiã dos valores ocidentais. Em tais eventos coloniais, a importância dos territórios ultramarinos para a riqueza nacional foi sublinhada. Para educar os indivíduos da metrópole, cada colónia ou protectorado era cuidadosamente representado. O público aprendia, através dos sentidos, acerca dos modos de vida e alimentação, dos rituais e actividades de laser dos povos indígenas dos territórios coloniais.

Nas exposições internacionais, as nações organizadoras não apenas exibem o mundo, mas também se exibem a elas próprias, dando-nos uma imagem construída acerca de si próprias (Greenhalgh, 1988). Em Inglaterra, as primeiras exposições tinham um objectivo essencialmente económico, tendo adquirido, rapidamente, outros objectivos, nomeadamente, objectivos didácticos. Em Paris, em 1867, o público entrou em contacto com certos aspectos de uma Rússia ainda misteriosa. Em Viena, em 1873, os austríacos tiveram uma imagem mais autêntica da Hungria, e a Áustria mostrou que o país podia ultrapassar a derrota militar de 1866 e digerir o compromisso austro-húngaro de 1867. Em 1876, os Estados Unidos foram representados como uma jovem e poderosa democracia. Em Bruxelas, em 1897, a herança muçulmana da Bósnia-Herzegovina surpreendeu toda a gente. Na exposição de Paris, em 1937, as tensões entre nações eram já claras. Em 1970, o Japão celebrou o facto de ter entrado no grupo das grandes potências industriais. Sevilha, em 1992, simbolizou o regresso da Espanha ao círculo de grandes nações apresentando uma

Espanha moderna e confirmando a sua vocação europeia. Em Taejon, em 1993, a Coreia reivindicou o estatuto de um país industrializado. Hanôver, em 2000, que desejava ser o símbolo da união entre o Ocidente e o Leste, tornou-se, depois da queda do muro de Berlim, o símbolo de uma Alemanha reunificada, consciente do seu papel numa nova Europa (Galopin, 1997; Villechenon, 1992). Para algumas pequenas nações, a sua mera presença em tais reuniões internacionais é importante. Para Chipre, por exemplo, a Expo'98, em Lisboa, representou uma oportunidade para conseguir apoio para a sua entrada na União Europeia, especialmente por parte de Portugal, enfatizando as semelhanças entre Portugal, «um pequeno país mas responsável pela idade de ouro dos descobrimentos» e Chipre, «uma pequena ilha que, no entanto, foi, no passado, um centro do comércio internacional». O ministro cipriota dos Negócios Estrangeiros sublinhou que «juntos na União Europeia, ambos os países podiam continuar a trabalhar para o benefício da humanidade» (*Diário de Notícias*, 26 de Agosto de 1998). A República da Croácia apresentou-se, em 1998, pela primeira vez na sua história, num evento deste tipo, como um Estado «livre e soberano, com um lugar e reputação claramente estabelecidos no mundo democrático». Se bem que a Croácia seja um jovem Estado independente, o seu presidente, Franjo Tudjman, preferiu focar, no guia oficial do pavilhão da Croácia, a história perene da sua nação com catorze séculos de história, em que valorizou, também o «irrepreensível espírito criativo do povo croata, a sua autoconsciência nacional, e o sentido patriótico de responsabilidade» da representação croata.

As exposições internacionais sobreviveram até hoje como importantes eventos a nível nacional e internacional. Para Galopin as «ambições dos Estados ou de líderes empreendedores» em utilizar «todos os meios ao seu dispor» ajudou na sobrevivência de tais rituais. Para ele, «poucos acontecimentos são ainda capazes de reunir, num só lugar e em tão curto espaço de tempo, tantos milhões ou mesmo dezenas de milhões de seres humanos» (1997: 12). Uma das razões para a organização da Expo'98 foi precisamente, para João Paulo Velez, porta-voz da Expo'98, o facto de que, mesmo com a Internet e a comunicação por satélites, as pessoas «ainda precisam de estar umas com as outras. Precisamos de estar juntos, de celebrar e de ter uma participação comum em eventos importantes» (Velez, 1997: 14). As exposições internacionais:

> não conheceram um sucesso extraordinário no que toca aos seus objectivos culturais e sociais [...]. Mas mostraram que era possível ter, em contacto próximo, uma alta cultura e uma cultura popular e mesmo que uma é capaz de se tornar na outra (Greenhalgh, 1989: 97-98).

De 9 de Maio a 26 de Setembro de 2004, mais de cinco milhões de pessoas são esperadas em Barcelona para visitar o Fórum Universal de Culturas – uma espécie de novo modelo de exposição universal – subordinado aos temas do desenvolvimento sustentável, condições para a paz e diversidade cultural (*Jornal de Notícias*, 20 de Outubro de 2003).

O Conselho Europeu aprovou, em 1994, uma resolução, para reconhecer o valor educacional deste tipo de eventos, expressando, igualmente, o desejo de que elas possam continuar a promover trocas culturais, procurando uma melhor compreensão entre povos. Esta ambição foi claramente demonstrada em 1986, quando, na cerimónia de encerramento e depois do falhanço das conversações entre Reagan e Gorbachev, no estádio de Vancôver, cheio de tensão política, uma cena inesperada surpreendeu o mundo quando, «contra a decisão formal dos comissários-gerais respectivos, 500 jovens americanos e soviéticos resolveram desfilar juntos e com as bandeiras misturadas perante 60 000 espectadores que os aplaudiam de pé numa esmagadora ovação» (Galopin, 1997: 249).

A visão romântica de tais eventos apresenta ao mundo as exposições como sendo ainda um meio prestigioso para expressar uma posição pelas nações ou para procurar reconhecimento internacional, para entreter, para educar, para comunicar com os indivíduos e para aumentar a consciência pública acerca de um tema particular como aconteceu com a Expo'98. «De muitas formas elas são – mais do que museus – "enciclopédias vivas" quer sejam temáticas ou gerais» (Ferreira, 1996: 21). As exposições internacionais são usadas, num contexto de competição global, para projectar algo novo ou promover a imagem de um país ou uma cidade. «Para nós é muito importante celebrar este acontecimento [a viagem de Vasco da Gama] não olhando para o passado [...] Por isso escolhemos, desde o início, um tema que nos pudesse ajudar a promover uma ideia, uma nova imagem para Portugal – os oceanos» (Velez, 1997: 12-14).

As exposições internacionais da dimensão da Expo'98 são manifestações extremamente caras e, de certo modo, extravagantes, particularmente para um pequeno país como Portugal. No entanto, o interesse em tais operações maciças parece vivo, independentemente do pessimismo de alguns. Galopin expressa a sua fé no futuro destas exposições por duas razões principais. A primeira está relacionada com as motivações e vantagens políticas dos diferentes projectos. Uma exposição é ainda a expressão de uma ambição, uma forma de reconhecimento internacional ou de celebração de um importante evento para a comunidade nacional. A segunda está relacionada com as vantagens económicas e sociais e os objectivos de entretenimento numa crescente civilização de laser (Galopin, 1997: 262-264).

CONCLUSÃO

Neste capítulo, procurámos explorar as razões por que é que as nações empregam tantos esforços e recursos na celebração e na organização de grandes eventos.

O uso deste instrumento tem sido muito frequente – quer se trate de pequenas ou grandes nações, quer se trate de Estados estabelecidos há muito ou há pouco tempo. As comemorações podem celebrar os mais altos valores, questionando a nossa própria existência, ou pode ser uma celebração de eventos que parecem, aos olhos de estranhos, sem sentido, parecendo sagrados a alguns e ridículos aos outros.

Como vimos, no que toca à comemoração histórica, celebrar a *nossa* memória colectiva é uma forma efectiva de estabelecer a fronteira entre *membros* e *estranhos*. É também uma forma de reconstrução da comunidade, procurando consensos e uma forma de transcender e mascarar as diferenças internas. A organização de grandes *projectos nacionais* é, portanto, um instrumento muito útil na gestão das lutas ideológicas que envolvem a definição da identidade. Aquilo que se comemora e é mobilizado é aquilo que os organizadores julgam importante para assegurar a integridade da comunidade. Como Schöpflin coloca: «assegurar que o caos não retorna ao cosmos que construímos e continuaremos a construir tão cuidadosamente» (2000: 78).

A forma que as grandes exposições adoptaram também se traduz num ambiente em que o visitante é convidado a levar a cabo um processo de actualização e modernização do *self* (Bennet, 1995). Como veremos nos próximos capítulos, a combinação de retóricas de progresso com retóricas sobre a nação assume formas diferentes em contextos e épocas diferentes.

CAPÍTULO 4

AS POLÍTICAS DE IDENTIDADE E DE COMEMORAÇÃO DURANTE O ESTADO NOVO

> *Olhando para o mar, nós construímos, como um grande navio, a pequena pátria portuguesa. Respirando o aroma dos nossos pinhais – costelas das nossas caravelas – quase poderíamos dizer que fomos para o mar navegando na nossa própria pátria!*
>
> António Ferro

INTRODUÇÃO

Celebrar a história nacional tornou-se uma parte importante de todas as agendas políticas em Portugal desde finais do século XIX. O Estado Novo, em particular, fez uso da história nacional na reimaginação da comunidade nacional. Em 1940, Portugal celebrou não só o duplo centenário da fundação (1140) e a restauração da independência (1640), mas também a «renovação de Portugal, restituído à dignidade do seu prestígio e à grandeza dos seus destinos civilizadores» (álbum *Portugal 1940*). Para o novo regime salazarista esta era uma oportunidade de se celebrar a si próprio ao mesmo tempo que celebrava a nação e a história nacional. Na visão do regime, «1140 explica 1640 como 1640 antecipa 1940». Estas são as três datas sagradas da história que o regime considerou importante celebrar: a fundação, o renascimento e a renovação da nação e a retórica dos discursos acerca da nação produzidos em tal ocasião tiveram o objectivo principal de mobilizar a consciência pública no apoio aos temas que o regime considerava importantes.

Redefinir a nação era um objectivo explícito do Estado Novo com a sua «revolução espiritual». Neste processo, o regime fez um grande uso dos *grandes momentos*, como as celebrações de 1940.

Spillman estudou e comparou eventos similares nos Estados Unidos e na Austrália, abordando estes rituais como sendo «mobilizados pelos «centros culturais» para convidar a participação de «periferias culturais»», em que os «centros culturais produzem e encorajam a comemoração ritual para e com as periferias culturais que são, por vezes, entusiásticas e outras vezes críticas e resistentes» (Spillman, 1997: 14-15). No Portugal de 1940 há poucos registos de tais periferias e menos ainda de oposição ou de modos alternativos de definir a identidade nacional, dada a natureza política do regime salazarista. A ditadura encarava a política como um mal que corrompia, pelo que deveria ser combatida «por todos os meios». O modo como Portugal era representado correspondia, portanto, às visões hegemónicas do regime.

A difusão do nacionalismo nos finais do século XIX tem sido extensivamente discutida. Mas a identidade nacional tem sido, também, celebrada em importantes eventos comemorativos que são «por definição social e políticos, [envolvendo] a coordenação das memórias individuais e do grupo» (Gillis, 1994: 5). Esta dimensão, extremamente importante pois representa poderosos recursos para os estados na formulação e reformulação dos repertórios de significado e valor, tem sido, no entanto, menos frequentemente discutida. Neste capítulo, são analisados vários documentos como programas, guias oficiais, discursos oficiais, panfletos e relatórios relacionados com a Exposição do Mundo Português e todo o programa de celebrações em 1940 e outras comemorações, em que é possível identificar as principais reivindicações em relação à nacionalidade portuguesa feitas na ocasião.

A PRIMEIRA REPÚBLICA E O ESTADO NOVO

O mundo em finais do século XIX vivia um ciclo de crescimento económico. Algumas exposições internacionais, como a Exposição Industrial de Lisboa em 1849, celebraram o optimismo em relação aos avanços tecnológicos e às novas capacidades do homem (Louro, 1996). Portugal, por essa altura, também viveu um período conhecido como Regeneração, caracterizado pela industrialização e pelo crescimento económico. Este período, no entanto, não duraria muito. Com o fim do modelo liberal de crescimento económico, os conflitos entre extremismos doutrinais opostos dominaram o país durante a maior parte do século XIX e as primeiras décadas do século XX (Cabral, 1979). No início do século XX, Portugal era uma economia ainda não desenvovida, em que 60 por cento da população activa trabalhava no sector agrícola; menos de 25 por cento dos homens adultos activos trabalhavam na indústria; menos de 15 por cento da população vivia em cidades com 20 000 ou mais habitantes; apenas 30-39 por cento da população era literada (Martins, 1998).

A queda da monarquia foi precedida, em finais do século XIX por uma forte luta entre o Estado e a crescente oposição republicana em relação às definições culturais da identidade nacional. A crise de 1890, causada pelo Ultimato britânico (ver capítulo 2) promoveu o debate acerca do destino do País, particularmente a questão da manutenção do carácter imperial da nação. O nacionalismo da pequena burguesia, antibritânico e anticlerical, era tão imperialista como a corrente autoritária (Cabral, 1979; Neves, 1994). Para o movimento republicano (1870-1910), a Igreja e a monarquia – uma das mais velhas da Europa – eram os culpados pelo estado de decadência económica no país e a humilhação moral causada pelo ultimato. A Lei da Separação de 1911 pretendia, de acordo com o seu autor, Afonso Costa, «acabar com o catolicismo em Portugal em duas ou três gerações» (Leite, 1991).

A decisão de Portugal em participar com os Aliados na guerra resultou do facto de Portugal ter, na altura, o terceiro maior império colonial e do desejo de Portugal em permanecer um membro do sistema europeu de Estados sem uma diminuição significativa no seu *status*. Mas a guerra apenas tornou pior a situação do País, mesmo que o impacte da guerra não tivesse sido tão grave como noutros países – o nível da inflação portuguesa situava-se algures entre os países neutrais e os combatentes.

Politicamente, o período da Primeira República (1910-1926) foi particularmente instável. Uma das razões era a inabilidade dos sucessivos governos em cumprir as promessas de pôr fim à decadência do País. Durante quinze anos e oito meses, Portugal teve 45 governos diferentes, o que tornou a Primeira República o regime parlamentar mais instável da Europa Ocidental (Wheeler, 1978). Desde as fases mais precoces da industrialização portuguesa (1890-1910), as greves tornaram-se comuns, mesmo quando ilegais. Durante o período da Primeira República, teve lugar uma explosão de greves e violência laboral, de resto como noutras partes da Europa Ocidental (Martins, 1998).

Para parte da elite, a ditadura parecia, face a este quadro, uma opção possível. Basílio Teles, um republicano, concebia o partido republicano como «obedecendo, *sem discutir*, a uma só cabeça», e defendeu a implementação de uma ditadura institucionalizada. Esta seria uma solução para a alegada ignorância e inabilidade do povo em se organizar (Cabral, 1979: 109). Com base nas ideologias defendidas pelos integralistas[1] – um movimento monárquico, antiparlamentar, e de extrema-direita –, serão invocadas as tradições para apoiar estas tendências autoritárias.

O golpe militar de 28 de Maio de 1926, que acabou com a curta mas agitada Primeira República e deu início ao regime conhecido como Estado Novo, criou grandes expectativas em diferentes grupos. A base *orgânica* e *natural* da nação era afirmada na estrutura institucional do regime. O objectivo do regime era substituir uma sociedade atomizada, baseada no indivíduo, por uma sociedade *orgânica*, baseada em *grupos naturais*, como a família – a base – e outras *corporações* sociais e económicas, criando um Estado *corporativo*, tradicionalista e hierarquizado, institucionalizado numa república corporativista autoritária (Martins 1998; Medina, 1996; Neves, 1994). A Constituição de 1933 foi apresentada como a «primeira constituição corporativista do mundo». Definindo-se como corporativista, «o regime procurou impedir classificações e identificações políticas mais precisas» (Martins, 1998: 31-34).

---

[1] Este movimento teve uma influência significativa durante o regime salazarista. Ver capítulo 4.

O DUPLO CENTENÁRIO
E A EXPOSIÇÃO DO MUNDO PORTUGUÊS

Em 1940 Portugal celebrou um triplo centenário: a fundação (1140), a restauração da independência (1640) e o pico da expansão marítima (1540). No entanto, a ênfase foi colocada nos primeiros dois eventos e as celebrações ficaram conhecidas como o duplo centenário. Os organizadores sublinharam o simbolismo emocional e solene do ano de 1940. As celebrações eram vistas ao mesmo tempo como um acto de devoção patriótica aos antepassados, especialmente os seus velhos pais[2] e outros homens ilustres; um «acto de exaltação» pois a nação portuguesa não era feita de compromissos políticos; e um «magnífico acto de fé [...] na nossa vitalidade e na capacidade realizadora dos Portugueses, fé no futuro de Portugal e na continuidade da sua história [...] Estamos aqui precisamente por confiarmos nos valores eternos da Pátria», proclamou Salazar na cerimónia comemorativa da fundação (Salazar, 1940). Num apelo à participação de todos nas comemorações, Carlos Malheiro Dias escrevia no *Diário de Notícias* a 16 de Maio de 1938 que «Todos os organismos culturais e económicos, como todas as forças vivas da Nação, pelo seu patriotismo, pelo seu espírito progressivo e pela sua disciplina, aceitaram com alvoroço tudo quanto vai servir para dar alento às energias do povo português e demonstrar ao mundo o seu decidido propósito de se mostrar digno da gloriosa herança que recebeu» (*in* Programa Oficial das Comemorações Centenárias, 1940). Por isso todos deveriam participar, mesmo as multinacionais, como a Shell, «temos o dever sagrado de aplaudir, coadjuvar. Dando o melhor do nosso esforço para mostrar, a esse mesmo mundo, que o nosso Torrão Natal não morre e que acompanhará sempre os outros Povos, na senda do progresso, mas com a obrigação moral de, ao recordarmos a nossa história, pensarmos no que fomos, meditando no que somos e no que havemos de ser» (Carvalho, 1940).

---

2 O primeiro casal real.

Salazar revisitou o passado, o presente e o futuro, combinando ruptura com continuidade (Silveira, 1987). Afirmando a nação como uma entidade natural, o regime celebrava, ao mesmo tempo, tanto as elites do passado, que *nos* tornou grande, como os líderes de então, vistos como a garantia da grandeza presente e futura. A Exposição do Mundo Português de 1940 era o pico do «ano sagrado» e pretendia ser, nas palavras de Salazar, «uma síntese da nossa acção civilizadora, da nossa acção na história do Mundo, mostrando, por assim dizer, todas as pegadas e vestígios de Portugal no globo» (folheto da Exposição do Mundo Português, 1940). Como Castro, o comissário-geral da exposição, descreveu no discurso inaugural, era a primeira vez no mundo que «se expõe, em imagens e símbolos, uma civilização». Aquela «Cidade de Ilusões» era supostamente «a imagem do facto dominante do nosso génio e glória: a universalidade, [que é] a síntese e explicação do nosso destino nacional» (Castro, 1940).

Toda a exposição e os símbolos exibidos foram cuidadosamente planeados. Eles deviam contar a *nossa* história de modo a que os membros nacionais se pudessem identificar com eles, apresentando um passado glorioso e mostrando a promessa de um futuro glorioso que apenas o regime podia assegurar. Os organizadores enfatizavam a «misteriosa comunhão de amor» e o carácter quase religioso que notavam nos olhos e nos corações dos visitantes. A exposição deveria fornecer, principalmente «uma digressão de amor», onde os Portugueses podiam recuperar uma imagem de um Portugal que eles tinham esquecido mas que estava ainda dentro deles. O programa comemorativo teve um objectivo patriótico explícito e os organizadores nunca permitiram às suas audiências que o esquecessem. A exposição pretendia, assim, ensinar aos visitantes *como ser português*:

> não é apenas conhecer a tradição e amar a imortalidade da nossa Raça: é também sentir o seu apêlo e confiar na sua voz que, do Passado, nos fala para nos ensinar o Presente. Não é apenas catalogar glórias: é partilhá-las e vivê-las. Não é somente louvar e admirar – é também crer. [...] Saber ser português é orgulho e ideal, é devoção e êxtase, é sacrifício e enlevo. A lição da Exposição não pode ser outra (Castro, 1940).

A exposição – cujo arquitecto principal, Cottinelli Telmo, era claramente influenciado pela teatralidade germânica e fascista (Fagundes, 1996) – procurava atingir o nível de outras exposições internacionais, ocupando 500 000 metros quadrados na parte ocidente de Lisboa, perto da Torre de Belém, de onde as naus e as caravelas teriam partido para as aventuras marítimas séculos antes, e do Mosteiro dos Jerónimos, outro edifício de grande simbolismo em Portugal[3]. No centro da Exposição estava localizada a Praça do Império, uma das maiores praças da Europa de então. Como na Exposição Internacional de Lisboa em 1998, também em 1940, muitos dos edifícios foram planeados de modo a permanecer depois da exposição, «o que irá ajudar, por si, a perpetuar as festividades»[4]. Ao contrário da Expo'98 (ver capítulo 6), no entanto, a Exposição do Mundo Português foi concebida como essencialmente virada para o passado e para o interior da comunidade nacional. A exposição foi composta por três secções principais. Por um lado, os pavilhões da *Fundação, Formação e Conquista, Descobrimentos, Colonização e dos Portugueses no Mundo* tinham como objectivo fornecer uma «lição de história ilustrada». Por outro lado, o modo de vida camponesa era idealizada nas secções sobre as *Aldeias Portuguesas,* apresentadas como «uma agradável síntese dos nossos costumes e arquitectura rural – um pequeno Portugal onde cabe toda a alma portuguesa» e na secção da *Vida Popular*, que mostrava «todos os produtos preciosos da arte do nosso povo». A *Secção Colonial* foi, não surpreendentemente, uma das principais secções, representando não só «a obra das missões, tão notável como profícua, que levou a longínquos continentes a fé e o nome de Portugal [evocada] com ternura e unção

---

3 O Mosteiro e o rio Tejo foram descritos como «a epopeia em pedra e o poema de prata dos Descobrimentos; o caminho que chamou Lisboa, e com ela Portugal, para o mar, e a comemoração do apelo, a afirmação da conquista do oceano» (Programa Oficial das Comemorações Centenárias, 1940).
4 A Praça do Império foi planeada para permanecer como «uma doca de sonho...» Era suposto que a exibição fosse «um exemplo e manifestação dos poderes permanentes e imortais da nossa raça» e não um museu de coisas mortas (Programa Oficial das Comemorações Centenárias, 1940).

religiosa, como [também] as riquezas do solo do nosso império colonial e a caprichosa arte indígena» (folheto da Exposição do Mundo Português, 1940).

A AUTORIDADE NECESSÁRIA E A LIBERDADE POSSÍVEL

A ideia de um grande evento comemorativo em 1940 foi apresentada pela primeira vez por Agostinho Campos, ministro de Portugal em Bruxelas num artigo publicado no *Diário de Notícias* em 2 de Fevereiro de 1929, apenas três anos após o golpe militar de 1926, e numa altura em que a institucionalização do novo regime não estava ainda completa. Segundo ele, celebrar com dignidade era necessário, antes de mais, para remover «do corpo e da alma da nação o micróbio da desordem e da anarquia oriental, que há tantos anos nos invadiu [...] reconhecendo-nos todos como réus no mesmo crime de lesa-pátria, e prometendo que nos uniremos num propósito comum de penitência, de emenda e de regeneração colectiva» (Programa Oficial das Comemorações Centenárias, 1940). Desde o momento fundacional do regime salazarista, *ordem* tornou-se uma palavra-chave no discurso da nação. O principal objectivo era lutar contra a anterior *doença* da política e divisão. «Se há uma nação, esta é uma realidade muito mais alta do que a nossa casa, a nossa rua, a nossa estrada, a nossa escola» (Salazar, discurso inaugural do Secretariado da Propaganda Nacional, 1933, *in* Secretariado Nacional da Informação, 1948: 14). A abolição dos partidos políticos e das greves, a supressão das liberdades individuais, a construção de um Estado *forte* foram ideologicamente explicados, pelo regime, como necessários para acabar com a prévia agitação social e para construir o novo Portugal.

Ideologicamente, a revolução nacional de 1926 proclamou cinco verdades inquestionáveis. A trilogia básica: Deus, Nação e Família[5],

---

5 Que o salazarismo recuperou do trabalho de Pascoaes *A Arte de Ser Português* de 1915: «adoremos a Família, a Pátria, os verdadeiros Santos do Cristianismo português; e neles, adoremos, por fim, o supremo Ser Espiritual – Deus» (Pascoaes, 1915, *in* Medina, 1996: 23).

e também Trabalho e Autoridade. O Estado Novo era contrastado com o velho e decadente Estado do século XIX. Aquela era encarada como uma idade das trevas em que a grandeza moral e material do País tinha sido em grande parte perdida, com a guerra civil, com a intervenção estrangeira, com o ultimato, com a bancarrota, tendo Portugal perdido a «noção da sua grandeza, a consciência do seu valor, o seu respeito internacional – e aceitou resignadamente confinar-se ao papel de pequena nação», dissolvendo todas as suas capacidades num cepticismo negativista sistemático. Na visão do novo regime, todos os grupos seriam culpados desta situação de extremo empobrecimento da consciência nacional. «Os povos não são liderados sem fé na missão da nação». O alastrar de ideias e filosofias estranhas e estrangeiras era apontado como as razões para a desfiguração da alma portuguesa. Os líderes e governantes de *então* «viviam num feiticismo de fórmulas convencionais, a que emprestavam foros de verdades eternas: liberdade individual, igualdade, sufrágio universal, soberania popular, parlamentarismo...» como foi escrito no *Catálogo Exposição Histórica da Ocupação* (Agência Geral das Colónias, 1937: XXI-XXIII). Mas a nação teria sido salva através de uma «nova reacção dos instintos vitais e [ter-se-ia] restaurado de novo a si própria, sem nenhuma ajuda de fora. É por isso que estamos, neste ano de 1940, a celebrar com solenidade, entusiasmo, júbilo e confiança no futuro, a Fundação e a Restauração da Independência portuguesa» (Programa Oficial das Comemorações Centenárias, 1940). Os líderes de *agora* conseguiram acordar a nação do seu turpor e salvá-la da «confusão, frenesim e ruína». Igualdade, liberdade e outros valores políticos, vistos como a causa da anterior desordem, eram desvalorizados em favor do que eram considerados como os *verdadeiros princípios portugueses*: «unidade de comando, princípio de autoridade, disciplina, ausência de assembleias deliberativas, respeito pelas mais puras tradições nacionais» (Agência Geral das Colónias, 1937: XXIV), alegadamente perdidas durante a anterior era das trevas[6]. Salazar defendeu a fórmula «a autoridade *necessária* e a liberdade *possível*» (Salazar, 1946: 12). Apesar disso, o regime descrito por Caetano como uma «democracia musculada», foi obrigado a encenar uma eleição «tão livre como na livre Inglaterra» em 1945, fabricando uma «imagem aceitável ao mundo exterior» (*Diário de Notícias*, 13 de Novembro de 1998). Internamente, no entanto, os líderes proclamavam, sem constrangimentos, a sua suspeição acerca de eleições e da existência de partidos livres: «o País sabe o que deve e a quem o deve. O País sabe também que não quer perder num dia de eleição tudo quanto ganhou em 22 anos de esforço colectivo» (Carneiro, 1949: 32). Daqui que os partidos políticos tenham sido destruídos e ilegalizados em 1932. Da mesma maneira, na regulamentação Nacional do Trabalho[7] foi estabelecido que as greves deveriam ser, mais uma vez, ilegais. A Legião Portuguesa[8] e a Juventude Portuguesa[9] foram criadas. Provas de fidelidade política foram introduzidas, os trabalhadores das universidades e da administração foram submetidos a purgas, o aparato repressivo modernizado tornou-se mais complexo, efectivo e intransigente, e uma organização de propaganda e política cultural foi também criada. De acordo com Martins, a atomização política da população e a paralisia da oposição à elite hegemónica foi conseguida com um número relativamente baixo de assassínios políticos e detenções, através da gestão da *economia*

---

[6] Em África, «inacessível à corrupção das ideias estrangeiras» Portugal permaneceu fiel ao seu passado, às suas velhas tradições de séculos e aos princípios verdadeiramente portugueses sem a influência maléfica de tempos anteriores. Apesar da agitação da metrópole, era dito que Portugal continuava a aplicar os seus métodos de política tradicionais: «chefes autoritários, decididos, isentos de peias políticas na execução da sua vontade» o que terá resultado na realização das maravilhas do esforço de civilização que a Exposição Histórica da Ocupação representaria (Agência Geral das Colónias, 1937: XXIV).

[7] Semelhante em muitos aspectos à italiana fascista.

[8] Uma milícia paramilitar com o objectivo de defender a *revolução nacional* e a defesa do património espiritual nacional, baseado numa ética heróica e numa mística revolucionária.

[9] O seu principal objectivo era proporcionar uma educação nacionalista e corporativista.

de terror até ao fim. Entre 1948 e 1959, a taxa anual de *casos* políticos registados pela PIDE[10] e pelos tribunais políticos situou-se entre os 700 e os 2000. «Uma parte do seu êxito [do regime] deveu-se à actividade incansável da repressão, que não consentia demasiadas oscilações entre «excessos» e «liberalizações»» (Martins, 1998: 45).

A nação e o regime eram apresentados como um todo. Em 1940 era celebrada não só a nação, mas também o regime e os seus líderes que terão alcançado, na sua opinião, a «ordem financeira, ordem moral, ordem política», as três bases sobre as quais assentava a cúpula – a «ordem externa». Tudo isto seria a «base da renovação da nação» (Castro, 1940). As comemorações eram a celebração de um particular passado de ouro, a celebração da recuperação de valores nacionais unificadores no presente e a afirmação da fé no futuro brilhante da nação, supostamente garantido pelo regime.

O Pavilhão de Portugal de 1940 representava supostamente a paz interna do País e a apoteose da fé colectiva nacional celebrando a disciplina do espírito. A solidez do Estado era apresentada como o crédito externo do regime. Na Exposição Internacional de 1937, cujo tema geral era «Artes e Técnicas», focando a imaginação do homem moderno, o comissário-geral do pavilhão português, António Ferro, perguntava-se «o que é mais espectacular e útil para a humanidade de hoje? As peças de um motor ou as mudanças de um Estado modelo? Por outro lado, não será a gestão financeira de Salazar [...] um exemplo de técnica moderna? [...] O pavilhão português era chamado «o pavilhão da ordem». A ditadura era justificada como o meio de alcançar tal ordem: «queremos expressar através desta estátua (de Salazar) o carácter profundamente intelectual do nosso regime autoritário. Em Portugal, existe uma ditadura, se quiserem, mas é uma ditadura do professor, a ditadura da razão» (Ferro, 1937).

---

10 A polícia política do regime.

Desde as revoluções americana e francesa, a identidade nacional tornou-se um dos principais princípios de legitimidade interna e externa, tendo incentivado uma apertada associação de reinvidicações democráticas de uma «identidade nacional, em contraste com outras identidades, envolvendo a «localização da soberania no povo e o reconhecimento de igualdade [política] entre os vários estratos» (Spillman, 1997: 21). Liberdade política e progresso foram causas de orgulho e de celebração noutras nações. Mas para o Estado Novo, esta liberdade política, bem como o individualismo, a massificação, eram apontados como a razão para os males de que sofria a nação e o mundo. Desde Durkheim, que considerava que o «eleitorado de massa» poderia ser uma «ameaça à democracia», a *massa* tem sido, frequentemente, encarada como uma entidade amorfa «composta de indivíduos "atomizados"», em contraste com o *grupo* «composto de indivíduos com laços estáveis uns com os outros» (Fenton, 1984: 108-109). Salazar, já em 1958, expressava a sua desconfiança pelas massas e pela democracia popular, afirmando que «não creio no sufrágio universal [...] os homens devem ser iguais perante a lei, mas considero perigoso atribuir a todos os mesmos direitos políticos [...] Não creio na liberdade» (Salazar *in* Melo, 1997: 100). Paradoxalmente, a liberdade era, para o regime, um obstáculo à criação de um sistema político, que pudesse garantir as liberdades individuais e colectivas, afirmando que «muita opressão e todos os despotismos foram defendidos em nome de tal liberdade». A criação e a adulação pelas massas do *povo soberano*, de acordo com Salazar, não deram ao povo qualquer influência nos assuntos públicos «ou no que o povo – soberano ou não – mais precisa, que é ser bem governado». A nova ordem, para Salazar, devia ser baseada na nação, no Estado forte, num poder executivo independente do parlamento e na família encarada como a verdadeira unidade orgânica – a verdadeira base «a célula social irredutível, núcleo originário da vila, do município e, portanto, da Nação» (Salazar *in* Eliade, 1998: 164-165).

Ortega y Gasset, autor de *A Revolta das Massas*, diagnosticou que a Europa «sofria da maior crise que pode afligir povos, nações e civilizações» pois «as massas, por definição, não devem nem podem dirigir a sua própria existência e ainda menos governar a sociedade em geral» (1951: 7). A questão central para Ortega y Gasset era de que a aspiração das massas em viver sem se conformar com nenhum código moral deixou a Europa sem um código moral. Ora, no discurso da nação de Salazar, a moralidade era um assunto central.

> A Nação é para nós sobretudo uma entidade moral, que se formou através de séculos pelo trabalho e solidariedade de sucessivas gerações, ligadas por afinidades de sangue e de espírito, e a que nada repugna crer esteja atribuída no plano providencial uma missão específica no conjunto humano. Só esse peso dos sacrifícios sem conta, da cooperação de esforços, da identidade de origem, só esse património colectivo, só essa comunhão espiritual podem moralmente alicerçar o dever de servi-la e dar a vida por ela. **Tudo pela Nação, nada contra a Nação** só é uma divisa política na medida em que não for aceite por todos (Salazar, 1949: 8; negrito original).

A nação devia recuperar a sua grandeza espiritual depois do diabólico regime anterior que tinha causado a divisão. Salazar, como Mussolini em Itália, adoptou a fórmula «Tudo pela nação, nada contra a nação», tendo-a pronunciado, pela primeira vez, em 1929, enquanto poderoso ministro das Finanças (Melo, 1997). Para Salazar, o Estado social e corporativo devia ser inacessível às minorias. No modelo salazarista, o Estado devia ser tão forte que já não precise de ser violento e devia ser relacionado com as partes constituintes de qualquer sociedade civilizada, as famílias, as paróquias, os concelhos, as corporações, que deveriam ser encaradas como uma «expressão, mais fiel que qualquer outra, do sistema representativo» (Salazar *in* Eliade, 1998: 164-165).

Os princípios de autoridade e moralidade eram inseparáveis para o Estado Novo. Aqueles princípios eram ensinados às crianças na escola, tendo Salazar e a cruz lado a lado nas paredes. Desde a escola primária em diante, o princípio de autoridade era ensinado de um modo paternalista:

> A nossa Pátria é uma grande família formada por todos os portugueses, sem distinção de lugares ou de raças [...] Tributar veneração ao nosso chefe de Estado, prestar-lhe as honras devidas pelo alto cargo

que exerce, e cumprir o que ele manda é, pois, dever de lealdade para com a Pátria, que temos obrigação de amar e servir [...] Dentro da nossa família, os pais e outros superiores têm o encargo de velar pela nossa educação e por tudo o que nos é necessário para a vida. Exercem, por isso, uma autoridade a que devemos obedecer. Na grande família que é a Nação portuguesa há também autoridades que nos governam [...] Todos os portugueses devem respeito e obediência ao Governo da Nação (Ministério da Educação Nacional, 1958a: 174-178).

O objectivo final do regime era a implementação de uma nova ordem moral, uma nova sociedade, um *novo homem* (Rosas, 2001). Era vital «não criar o homem moderno, o homem diabólico, mas recriar o homem de Deus, o homem de sempre!» (Ferro, 1939).

MODERNIDADE, TRADIÇÃO E RURALIDADE

Portugal era concebido pelo regime e os seus apoiantes como uma excepção numa Europa que nas palavras de Ortega y Gasset «tinha adoptado cegamente uma cultura que é magnífica, mas não tem raízes» (1951: 141). Essa civilização que tinha criado o *mass-man* tinha por base a democracia liberal e o tecnicismo. Uma parte essencial do projecto salazarista passava exactamente pela luta contra esta civilização e a restauração do espírito da tradição portuguesa que, por exemplo, também o movimento conhecido como Integralismo Lusitano defendia[11]. As ideias principais deste influente movimento foram expressas em *A Nação Portuguesa – Revista de Cultura Nacionalista*, a sua revista, publicada desde 1914 até finais dos anos 1930, em que António Sardinha, o mais importante doutrinador do movimento, escreveu abundantemente. Caetano, que sucedeu a Salazar em 1969, colaborou activamente com o movimento e a sua revista durante algum tempo. O movimento definiu como seu principal objectivo o «restituirmos à nacionalidade a sua alma adormecida, porque uma naciona-

---

[11] O Integralismo Lusitano e as suas posições ideológicas são usadas aqui apenas como ilustração dos argumentos dos defensores da tradição e do tradicionalismo.

lidade é, sobretudo, uma *alma*, um *valor* espiritual, um *génio*» (2.ª série, n.º 1, 1922). Como Renan escreveu no fim do século XIX,

> uma nação é uma alma, um princípio espiritual. Duas coisas, que na verdade são apenas uma, constituem esta alma ou princípio espiritual. Um assenta no passado, e um no presente. Um é a posse em comum de uma rica herança de memórias; o outro é o consentimento nos dias presentes, o desejo de viver juntas, a vontade de perpetuar o valor da herança que recebemos de uma forma indivisível (1990: 19).

Para o Integralismo Lusitano, o nacionalismo era a «aspiração de rectificação mental, moral e política» numa apertada relação com o tradicionalismo (3.ª série, n.º 3, 1925)[12], pois a razão para a doença da nação e da Europa era, para o movimento, a «derrota do espírito católico» e a introdução no século XVIII de «métodos filosóficos que lá fora vêm fazendo a decadência da Europa» (3.ª série, n.º 11, 1926). O Integralismo considerava que a nação devia ser «sinónimo de *civitas*» e a «mais alta unidade social». A salvação da Europa dependia, portanto, da inversão do individualismo, da civilização materialista e da «irracionalidade dos dogmas liberais». Para dar resposta a este imperativo, o movimento defendia a submissão do «"indivíduo" ao "homem", o "particular" ao "universal", o "económico" ao "espiritual"». Todos deviam «amar o bem da pátria mais do que os nossos interesses privados». Em relação à ordem providencial, acreditava que «cada nação tem a sua missão na história» (4.ª série, n.º 5, 1926). O movimento também defendia uma «concepção orgânica e tradicionalista da nação, tomada não como um agregado de indi-

---

12 Em oposição aos integralistas, o *Seara Nova* considerava qualquer forma de nacionalismo ir contra a tradição cultural e o espírito democrático portugueses, baseado em valores universalistas. Para a revista *Seara Nova*, a solução para o estado de decadência nacional passava por uma maior abertura à cultura europeia e a recuperação da tradição cosmopolita que, na sua opinião, caracterizaram a idade das *descobertas* (Amaro, 1994). Amadeu de Vasconcelos Mariotte, feroz opositor de Sardinha, expulso em 1916 do movimento, apelidou os integralistas de «traidores» pois «num momento em que o sangue português jorra nos campos de batalha para destruir o germanismo, ousam apostulisar dentro da Pátria o nacionalismo rácico, a doutrina hediondamente germânica que conduziu o mundo aos horrores em que se debate» (1917: 7).

víduos, mas como uma unidade religiosa, moral, histórica, geografica e étnica» (6.ª série, n.º 10, tomo I, 1931).

Muitas destas ideias foram recuperadas e reafirmadas pelo regime de Salazar[57]. Como o Integralismo, o regime também promoveu a natureza religiosa da nação. Em 1940, o regime assinou a Concordata[14] com a igreja católica, que reconheceu a importância específica da igreja católica concedendo-lhe um tratamento especial[15]. A justificação era a necessidade de a compensar pelo anterior anticlericalismo republicano. Na reimaginação da nação levada a cabo pelo Estado Novo, «o debate íntimo entre a espiritualidade e a realidade» era apresentado como uma característica diferenciadora dos Portugueses em relação a outros povos.

O período de decadência era explicado pela perda do sentido de missão divina da nação. Salazar era visto e apresentado como o «reconstrutor» de Portugal, o messias que terá salvo o País[16]. Teria sido Salazar quem «viu que os Portugueses se sentiam diminuídos, acima de tudo porque não havia qualquer missão universal, merecedora das suas glórias do passado, para ser realizada». Salazar, teria sido, portanto, o líder que conduziu os Por-

---

13 No início, o programa do Integralismo Lusitano incluía a restauração da monarquia. Mas passou a apoiar Salazar e a sua «mais nobre tentativa de realização nacionalista dos nossos dias» (5.ª série, n.º 1, tomo I, 1928). Para o movimento, apenas a existência de «um único líder assegurava a unidade orgânica da nação» (6.ª série, n.º 10, tomo II, 1931). Era esse o papel do monarca. Mas o regime salazarista viria a ser um modelo que o movimento considerou «suficientemente perto» desta solução para o apoiar.

14 Uma nova Concordata foi, recentemente, assinada entre o Estado português e a Santa Sé, revendo alguns destes aspectos.

15 Apesar da enorme influência da Igreja Católica, a Concordata estabeleceu a separação entre o Estado e a Igreja (Cruz, 1999).

16 Salazar em Portugal e Getúlio Vargas no Brasil foram glorificados como os homens que fizeram com que os seus países se reencontrassem com os respectivos destinos nacionais. Salazar era o homem que «encontrou hoje, como outrora, em Portugal, a expressão do Ressurgimento Nacional» (Castro, 1940). Sob Salazar, o destino da Nação teria reencontrado novamente a sua expressão universal. Na inauguração da «Nau Portugal» em 1940, Castro apresentou Salazar como o grande piloto e guia: «As suas mãos fortes e o seu espírito, cujo génio divinatório, excedendo a simples intuição política, dir-se-ia brotar, vivo, das raízes da Raça e da História, dirigem, nos destinos da sua nova jornada, a simbólica barca, de que este galeão, mais do que uma reconstrução arqueológica, é a reconstituição ideal» (Castro, 1940).

tugueses «à descoberta da verdade, à descoberta do reino de Deus!» (Ferro, 1939). Salazar, que «soube como acordar a raça», era descrito como um «filho de camponeses, sincero e simples como a palavra do evangelho [...] com a sua alma profundamente cristã [...] teve a coragem de ensinar de novo – numa era de materialismo grosseiro – certos princípios fundamentais, sem os quais o mundo e a sua harmonia não podem durar!» (Ferro, 1939). Salazar ter-se-á definido a si próprio como «um pobre, filho de pobres». Na visão de Lourenço, nenhum outro líder foi capaz de «encontrar fórmula tão genial de identificação mítica com a sensibilidade nacional» que resultou de «séculos de verdadeira pobreza, vividas de um modo cristão como regenerador espiritual» (1978: 59). O próprio Salazar teria sido «escolhido por ele [Deus] [...] para governar a nossa nação», segundo uma carta escrita em 1945 pela irmã Lúcia, uma das três crianças que viram a Virgem Maria em Fátima em 1917 (*Público*, 20 de Abril de 1999).

A nação representava a possibilidade de dignidade e imortalidade para os seus membros. Mas a nação falava com uma única voz. A definição de identidade nacional era a definição oficial e a oposição à hegemonia espiritual do regime era encarada como um «desafio e um sacrilégio à *verdade portuguesa*» (Lourenço, 1978: 31). Tanto para Salazar como para o seu sucessor, Caetano, os princípios fundamentais de *Nação, Família, Trabalho, Autoridade e Deus* eram inquestionáveis, pois eram a garantia da ordem social, económica, política, nacional e moral. Salazar «transfere os valores da moralidade cristã para os níveis cívico e político, retirando-lhes todo o carácter religioso. Substitui a transcendência divina pela transcendência do princípio nacional, mas conserva o próprio princípio da transcendência» (Gil, 1995, 54). Apesar disso, a importância da religião na política ajuda a explicar as relações próximas com a igreja católica e mesmo as afirmações públicas de apoio a Salazar por parte do papa.

Durante o período salazarista, as opções pela ruralidade e o apelo à simplicidade da vida camponesa tendo «Deus, Nação e Família» como a trilogia ideológica básica, eram promovidas, não apenas em vários momentos comemorativos e exposições internas, mas também no modo como Portugal se apresentava em várias exposições internacionais da altura.

Portugal é um dos países que não pode ser explicado pelo modelo de Gellner de modernização e industrialização. Como vimos no capítulo 2, não só a sua identidade nacional foi criada num processo histórico lento e gradual, como foi também definida, pelo menos durante a maior parte do século XX, em oposição à industrialização e aos valores liberais e democráticos dos seus vizinhos europeus, numa espécie de *nacionalismo de reacção*. Seguindo alguns intelectuais do século XIX, que expressaram a valorização da cultura camponesa, dos estilos de vida e da paisagem rurais, Salazar usou as celebrações – e a recuperação de castelos e monumentos – para enaltecer «a ordem tradicional, o passado, o "bom velho tempo" da *pax ruris* medieva, a Ucronia medieval, o saudosismo neomedievista de muitos intelectuais salazaristas, o emblema da ordem tradicionalista da nação» (Medina, 1996: 35).

A proeminência da família patriarcal, cristã, rústica e camponesa era um dos principais valores promovidos pelo regime. O homem devia trabalhar a terra e tratar dos assuntos públicos da família. A mulher devia ser uma boa mãe e permanecer em casa, tomando conta da casa: «Meu pai trabalha desde manhã até à noite para que em nossa casa não falte o pão nem o conforto. Minha mãe cuida dos arranjos da casa» (Ministério da Educação Nacional, 1958b: 11).

O industrialismo, o progresso e a liberdade política eram consideradas forças malignas. No estilo de vida rural, pelo contrário, era possível encontrar as verdadeiras raízes portuguesas. O trabalho na terra, em contacto directo com a natureza, era valorizado pois deveria oferecer «condições mais favoráveis de vida, estabelecendo-se ao mesmo tempo, entre os elementos que participam na produção, relações mais estreitas e uma real comunidade de interesses». De acordo com o ministro da Economia, o segredo da *magnífica unidade moral* dos Portugueses era devida, em grande parte, às suas características agrícolas, o que teria, também, prevenido a luta de classes em Portugal (Fernandes, 1949: 17-18).

Apenas a vida camponesa era, portanto, considerada como incorporando as verdadeiras características da comunidade nacional: «se é certo que os países agrícolas têm nível de vida material mais modesto do que os países industriais, não é menos certo que a actividade rural comporta virtudes próprias de conservação e de estabilidade que se desconhem nos aglomerados fabris» (Fernandes, 1949: 17). A tecnologia era tida como demasiado materialista e as noções de identidade nacional promovidas pelos líderes preferiam que o País «permanecesse com simplicidade cristã, nas suas proporções humanas» (Ferro, 1937), pois «existe em nós o raro espírito de nos sentirmos contentes com aquilo que temos», nas palavras de Carmona, o chefe de Estado de então (Programa Oficial das Comemorações Centenárias, 1940).

Já a etnografia portuguesa dos anos 20 do século XX considerava que as raízes étnicas e a individualidade da nação deveriam ser encontradas no espaço rural, pois as cidades não providenciavam o necessário ambiente de tradição. A aldeia, pelo contrário:

> tem o máximo de carácter típico. Quer o seu agrupamento serrano, ou disseminação na planície, o seu aspecto, a sua taberna, o barbeiro ao ar livre, as festas tradicionais, sejam religiosas com arraiais e procissões, foguetes e touradas, sejam festas do ano agrícola, tudo isto é um livro de nacionalismo que nos enraíza mais, pelo espectáculo da ligação do homem à terra natal (Chaves, 1920: 20).

Portugal, tal como se apresentava ao mundo, era um país que depois de conhecer a grandeza e a miséria das grandes civilizações «tornou-se gradualmente, através dos séculos, um país pastoral, gentil e puro» (Ferro, 1937). Quando o objectivo era exibir Portugal, a poesia única da paisagem rural nacional era expressa sem quaisquer constragimentos:

> Não adianta procurar arranha-céus nas nossas cidades. Apenas encontrarão lares gentis e famílias solidárias sorridentes [...]. No nosso país existem fábricas, mas elas não deitam fumo sem primeiro pedir a permissão das paisagens circundantes [...] elas estão camufladas pelas flores ou [pelas] árvores (Ferro, 1937).

Os Portugueses teriam a paisagem e a doçura dos modos de vida camponeses no seu sangue «nós, os portugueses, em cada alma chora um perpétuo rouxinol e ama e ri uma perpétua cotovia» (Castro, 1940). A valorização da simplicidade dos estilos de vida rurais explica a proeminência que a reconstrução de aldeias portuguesas teve na exposição de 1940. A cultura moderna, materialista, era contrastada com o estilo de vida dos camponeses portugueses, «com os seus costumes floridos e bordados [...] [Em Portugal] não encontrarão o louco odioso e rancoroso, mas um povo sorridente e generoso» (Ferro, 1937). Uma vez que o desenvolvimento e o progresso seriam, para o regime, as causas da anterior instabilidade social, a solução apontada pelo Estado Novo envolveu, pelo menos até aos anos de 1950, a viragem do País para o seu passado, optando conscientemente pela não industrialização. A exposição de 1940 foi a celebração de tal estratégia (Ramos do Ó, 1987), representando o Portugal pacífico, camponês e espiritual. Como na Irlanda, em que um *ethos* tradicionalista, católico, rural e populista foi uma parte importante da vida pública (Hutchinson, 1987), também em Portugal, a riqueza espiritual, mais do que o progresso industrial, foi sublinhada pelo regime como a base do poder da nação.

O objectivo político do planeamento de Estado era conseguir a desejada estabilidade e a paz social, tornando o campesinato o modelo da renovação moral da nação resultando na redução da inovação e flexibilidade da economia. Vinte e três anos depois do estabelecimento do Estado Novo, o sector agrícola empregava cerca de metade da população e era o mais importante sector económico (31%), seguido pelas infra-estruturas de transporte (27%) e telecomunicações (9%) (Neves, 1994).

No entanto, quando a guerra colonial começou na década de 1960, o Estado foi obrigado a abrir a economia ao capital internacional para fazer face aos custos da guerra. Por volta de 1970 o capital estrangeiro era responsável por 29 por cento do total do investimento privado, o que se transformou num grande desafio ao Estado a partir de 1969, quando o período marcelista teve início[17]. O sistema tradicional perdeu gradualmente a sua vitalidade e os equilíbrios internos eram cada vez mais difíceis de atingir e manter (Carvalho e Brito, 1995; Ferreira, 1995; Martins, 1998; Neves, 1994; Santos, 1992).

A incapacidade do Estado para fazer a mediação entre os apoiantes do comércio livre e os proteccionistas, entre os colonialistas e os defensores da opção Europa e a luta entre os industrialistas e, ruralistas resultou numa «crise de legitimização». De acordo com Boaventura Sousa Santos, as causas desta crise podem ser encontradas no próprio regime e no seu bloqueio ideológico. «A partir de 1969, o regime viu-se confrontado com duas condições novas: a concentração do capital e o fim do colonialismo» (Santos, 1992: 23), sendo incapaz de se adaptar a ambas.

A POLÍTICA DO ESPÍRITO

Desde 1926, o passado, as virtudes dos antepassados que eram responsáveis pela «admirável história de uma raça heróica», tornaram-se o exemplo que devia ser seguido para reconstruir a fé, a dignidade e o orgulho colectivos (Sampaio, 1926). Edifícios históricos foram recuperados; celebrações e comemorações foram usadas na reinvenção da nova comunidade e na legitimização da nova ordem moral. A base histórica e providencial legitimizou ideologicamente um Estado Novo de direita antidemocrático, autoritário, corporativista (Santos, 1998). Os Portugueses deviam ser merecedores das tradições da nação e do renascimento da nação (Freire, 1966). A *política do espírito* pretendia mostrar aos Portugueses que a nação «devido ao seu renascimento [...] é merecedora do amor e dedicação dos seus filhos». Para tal, Salazar juntou uma imagem fictícia e fabricada do passado ao seu projeto político. Extraiu da história nacional as épocas de decadência e reivindicou uma alegada continuidade

---

[17] Devido à relativa abertura introduzida quando Marcello Caetano substituiu Salazar em 1969, o período é conhecido como Primavera marcelista.

o que, pouco depois, se transformou no mais credível crédito do regime (Acciaiuoli, 1991).

Um dos grandes objectivos de uma larga *política do espírito* era «defender o nosso espírito e a nossa obra, contra a infiltração de outros modos de viver, de pensar e até de sentir» (Secretariado Nacional da Informação, 1948), precisamente o contrário do que é advogado nas sociedades modernas actuais, cada vez mais plurais. O Secretariado da Propaganda Nacional foi um importante instrumento na sua implementação e na luta contra as divisões políticas, usando «todos os meios». A nação era, para o regime «a primeira realidade da nossa organização política e social». A justificação ideológica para a *política do espírito* foi a «regeneração moral» da nação. Dentro desta linha, o objectivo do Secretariado era «elevar o espírito da gente portuguesa no conhecimento do que realmente é e vale, como grupo étnico, como meio cultural, como força de produção, como capacidade civilizadora, como unidade independente no concerto das nações [...] com alegria, com sentimento, com alma [...] com verdade e com justiça» (Salazar, discurso inaugural do Secretariado da Propaganda Nacional, 1933, *in* Secretariado Nacional da Informação, 1948: 15). A *política do espírito* consistia na recuperação das *nossas* tradições populares, o *nosso* folclore, «como fonte de soberania espiritual e fonte inspiradora dos nossos artistas». Tudo o que era supostamente tradicional e verdadeiramente português era encorajado e valorizado. O uso de materiais tradicionais, como azulejos, cortiça, ferro forjado, chita, etc., era promovido. Sinalética pitoresca das ruas e estradas era usada para dar «mais graça [...] à nossa paisagem (Secretariado Nacional da Informação, 1948). Várias competições foram também organizadas, como a competição pela aldeia mais portuguesa de Portugal, que Monsanto ganhou. Sortelha, outra aldeia histórica, ficou em segundo lugar, pois aparentemente, as juntas entre as pedras da igreja de Sortelha foram consideradas muito modernas e não representativas daquilo que era defendido como sendo português. O cinema português foi igualmente protegido e usado (Guimarães, 1987; Torgal, 1996).

Na ideia de nação do regime, a comunidade nacional foi reconstruída como uma comunidade moral. O regime reivindicava ter recuperado aquela dimensão moral no que Mircea Eliade (1998) chamou «revolução espiritual», retirando o exemplo a seguir da idade de ouro dos *descobrimentos*, em que os heróis nacionais tornaram a nação grandiosa usando a cruz e a espada. Os feitos do novo regime eram comparados aos desses antepassados. Como tal, ao celebrar a história nacional e os heróis nacionais, o regime estava a celebrar-se e a legitimizar-se a si próprio com um forte apelo à história nacional e a suposta recuperação da missão histórica nacional. Como Francisco Machado escreveu no catálogo da Exposição Histórica da Ocupação:

> Curado do cepticismo e salvo das desordens e da penúria, unido, consciente das suas virtudes e dos seus deveres [o país], possui uma situação financeira desafogada e uma ordem social inalterável, tem um chefe obedecido com fé e um sistema político que lhe permite mandar assim realizar, numa total convergência de esforços, a nossa missão histórica (Agência Geral das Colónias, 1937: XXV).

Nesta visão romantizada da história, o passado era o exemplo a seguir. De acordo com Eduardo Lourenço, poucos outros países construíram uma imagem tão *idílica* acerca de si próprios como Portugal (Lourenço, 1978). Isto foi levado ao extremo pelo regime que encorajava activamente um *regresso* a um passado tão maravilhoso. O culto dos mortos era, para o regime, a mais forte raiz do sentimento patriótico: «é inconcebível uma nação sem o sedimento fundamental deste culto. [...] Pelos seus feitos, a nação se reergueu e nobilitou, criando a possibilidade da sua grandeza futura e o alicerce da sua própria autonomia (Agência Geral das Colónias, 1937: 233). O culto do passado foi mobilizado para impressionar os corações dos membros da nação. Isso deveria encorajar «um orgulho construtivo consciente» em vez de mera «contemplação doentia» (álbum *Portugal 1940*). Os portugueses deviam encontrar no passado os modelos de virtude e heroísmo necessários à mudança no presente, como os antepassados tinham feito, sob o signo da cruz e da espada.

Daqui a importância de todo o programa comemorativo promovido no âmbito desta *política do espírito*.

O CARÁCTER ESPIRITUAL (E RELIGIOSO) DA NAÇÃO

Como o comissário-geral da exposição de 1940 relembrou na inauguração do Pavilhão de Portugal, *fé* eram as «letras de oiro que fizeram uma Pátria e que ainda hoje a resumem» (Castro, 1940).

De acordo com Eduardo Lourenço, o regime usou habilmente a mitologia patriótico-clerical. A imagem do país era uma imagem «cristã, harmoniosa, paternalista e salazarista, suave, grande defensor da civilização ocidental anti-marxista» (1978: 32-32). Nação e religião eram inseparáveis. A história portuguesa tem sido, frequentemente, afirmada como uma experiência religiosa e os Portugueses têm sido, consequentemente, imaginados como um *povo escolhido*. O próprio Cristo teria intervido directamente no destino nacional, ajudando a nação a lutar contra o invasor *infiel*. A expansão ultramarina foi explicada em 1940 como a materialização da sua missão divina de espalhar a palavra de Deus e a extensão do processo da reconquista católica da Península Ibérica aos Muçulmanos. O regime também promoveu uma legitimidade religiosa do império. Religião era, assim, mobilizada pelo regime salazarista como uma importante dimensão na definição da comunidade nacional. A unidade e a coesão da nação portuguesa têm sido explicadas pelo domínio de uma única religião e moralidade. «Português, logo católico» é uma fórmula famosa de descrever os Portugueses. Salazar estava interessado em «aproveitar o fenómeno religioso como elemento estabilizador da sociedade e reintegrar a Nação na linha histórica da sua unidade moral» (Salazar, 1954: 212). Para Salazar, religião era um «factor político da maior transcendência» (Salazar, 1949: 18-19), procurando, no seu discurso de identidade nacional, legitimizar a definição católica de identidade, dadas as consequentes e manifestas vantagens políticas (Martins, 1990).

Camões foi dos primeiros a estabelecer o carácter miraculoso e religioso da identidade nacional. Eduardo Loureço escreveu que «celebrando [Camões], nós celebramo-nos, como entidade colectiva». Lourenço encara os Portugueses como um caso único entre as nações cristãs do Ocidente, na medida em que não é pedido a «nenhum inglês, alemão, ou francês que se identifique com os heróis que os representam. Nenhum espanhol, imitando o seu herói arquétipo se quixotisa ao ponto de se tornar o cavaleiro da triste figura [...] Apenas os Portugueses, como tal, e com uma determinação e exaltação camoniana são, oficialmente *heróicos*» (1978: 164-168). Não é, portanto, de estranhar que a herança de Camões tenha sido reivindicada por diferentes grupos em diferentes momentos[18]. A história nacional é frequentemente vista como uma experiência religiosa, mas o anterior regime levou este aspecto ao extremo. Salazar proclamou a santidade das comemorações desta história nacional miraculosa nas celebrações da Fundação em Guimarães, a cidade que é tida, geralmente, como o berço simbólico da nação: «Esta é a grande festa de Portugal! Este é o momento sagrado das almas Portuguesas! Este é o passo puríssimo da Raça na sua marcha secular» (Salazar, 1940).

No repertório dos mitos nacionais, como vimos no capítulo 2, uma mão divina sempre ajudou os Portugueses quando a sua independência esteve em risco, começando pela fundação nacional. O momento sagrado das comemorações foi também apresentado como o momento indicado para renovar as promessas de independência, que resumiriam o esforço de militância política permanente da *raça*, para reconstruir a sua identidade nacional, integrando o passado sagrado, como os líderes ordenavam, como

---

[18] Em finais do século XIX um *Estudo Político-Moral* de «Os Lusíadas», um texto de leitura nas escolas, apresentou o significado político, social e moral do centenário para Portugal, sublinhando o carácter eminentemente democrático do trabalho de Camões (*Portugal e Camões. Estudo Político-Moral nos Lusíadas*, 1880: 10)

o chefe de Estado, Carmona (Programa Oficial das Comemorações Centenárias, 1940).

A importância do momento era ainda maior num ambiente internacional de guerra: «a celebração religiosa de imortalidade[19], da qual Portugal brota, seria legítima, lógica, oportuna em qualquer tempo da Europa [...] é ainda mais, com uma mais viva [...] realidade espiritual, durante a guerra» (Castro, 1940).

PORTUGUÊS, LOGO CATÓLICO

Religião e política eram inseparáveis para o regime. O regime autoritário estabelecido em 1926 teve, desde o início, uma base de sustentação ideológica dominantemente católica. Foi, portanto, tipificado por alguns opositores como clerical-fascista e classificado por alguns observadores como um nacional-catolicismo (Cruz, 1999). O Portugal salazarista dos anos 1940 era para Egerton um exemplo para o mundo e uma alternativa quer à esquerda quer à direita, com a possibilidade de *cristianizar* a política e a vida social e mesmo económica. Afirmando Salazar como o sucessor do princípe Henrique, o modelo português com a «supremacia do vital elemento espiritual» era a alternativa às democracias, aos estados totalitários e ao comunismo. Esta unicidade do modelo português era apresentado como um exemplo para o mundo com:

> um Estado baseado em princípios cristãos, que assegura ao indivíduo aqueles direitos inalienáveis que são seus como filho de Deus; um Estado em que, devido a esta cláusula, os interesses da comunidade são considerados sempre como superiores aos do indivíduo; um Estado em que a ordem é mantida por uma autoridade baseada no interesse nacional, que não está à mercê de classe ou de facção (1943: 20).

---

19 Esta imortalidade viria do passado. Mas expressava-se também uma forte confiança no futuro. Mesmo antes da guerra, em 1939, António Ferro, proclamou essa confiança durante a inauguração do Pavilhão Português na Feira Mundial de Nova Iorque: «Portugal só deixará de o ser, quando o Mundo se acabar!»

A dimensão espiritual da nação era mobilizada como parte da legitimização do Estado Novo. Salazar não constituía apenas a cabeça patriarcal da nação. Ele próprio era apresentado como tendo, também, legitimidade divina. O grande *pecado* do anterior regime era visto como tendo sido a separação da moralidade do governo e da política. A Igreja católica defendeu o modelo português como sendo bastante diferente dos «nacionalismos exagerados» estrangeiros e dos regimes totalitários. Portugal era, pelo contrário, um exemplo de «nacionalismo equilibrado»[20], encabeçado por um «legítimo e autêntico representante da causa católica [...] Salazar é apontado como o criador da síntese política, catolicamente mais perfeita, entre o liberalismo e o comunismo, o líder da "solução portuguesa da crise que agita os povos", solução "original e equilibrada"» (Pita: 1995: 354).

Ao contrário do que aconteceu em 1940, nas comemorações do quinto centenário dos Descobrimentos portugueses, a Igreja católica organizou um programa autónomo de comemorações para celebrar os *Cinco Séculos de Evangelização e Encontro de Culturas* (Conferência Episcopal Portuguesa, 1989). Apesar desta separação, que de alguma forma pretendia mostrar a separação actual entre Igreja e Estado, a dimensão religiosa da comunidade de história e destino continua a ter uma importância assinalável.

Nos finais do século XX, o processo de modernização de Portugal acelerou e a sua imagem tradicional como um país católico tem mudado. A identificação dos indivíduos como católicos decresceu nas últimas quatro décadas, enquanto o número de muçulmanos duplicou. Mais de 95 por cento da população, nos censos dos anos 50 e 60, eram católicos. Mais recentemente, essa percentagem desceu para 77,9 por cento, sendo o Norte a zona com o maior número de católicos (*Diário de Notícias*, 10 de Maio de 1998). De acordo com Braga da Cruz, ser um católico praticante favorece a preferência pela pertença ao local onde os indivíduos cresceram ou a região de nascimento ou onde habitam corrente-

---

20 A expressão «nacionalismo intransigente mas equilibrado» era usado por Salazar para caracterizar a posição portuguesa no mundo (Salazar, 1935).

mente. Pelo contrário, os não católicos sentem-se sobretudo europeus ou cidadão do mundo em geral. O catolicismo parece portanto «favorecer mais o provincialismo do que o cosmopolitismo» (Cruz, 1989: 80).

Apesar do número de pessoas que se identificam como Católicos estar a diminuir, ser católico é, ainda, uma parte importante da portugalidade, e a Igreja católica tem ainda uma posição proeminente e influente[21].

Particularmente importante tem sido a devoção dos portugueses à Virgem Maria devido ao *fenómeno de Fátima*, que parece ter reemergido com a revelação do último dos três *segredos* revelados nas aparições aos pastorinhos. A *mensagem* de tais segredos é, politicamente, a mais influente das aparições oficialmente reconhecidas do século XX. A sua narrativa apresenta a persistência dos marginalizados e dos que não têm poder, pois Lúcia (que faleceu em 2005) e os seus primos Jacinta e Francisco tiveram de enfrentar a desaprovação dos que detinham o poder, tanto no Estado secular da Primeira República como na Igreja, quando repetidamente relatavam que a Senhora pedia a consagração do mundo ao Imaculado Coração de Maria em troca da paz mundial e da conversão da Rússia (Matter, 2001)[22].

---

21 No primeiro referendo realizado em Portugal, 50,91 por cento dos portugueses que votaram (apenas 32% dos eleitores) rejeitaram a legalização do aborto nas primeiras fases da gravidez. O Norte católico votou contra a legalização, enquanto o Sul votou a favor. A Igreja católica fez campanha contra o aborto e o mesmo bispo que comparou o aborto ao holocausto disse que o resultado foi uma «vitória da vida sobre a morte» (*Diário de Notícias*, 29 de Junho de 1998).

22 O último sobrevivente das três crianças, Lúcia, registou o que ficou conhecido como os *três segredos de Fátima*. Os primeiros dois já tinham sido revelados e incluíam uma visão do Inferno e a previsão da morte de Francisco e Jacinta, o fim da Primeira Guerra Mundial e o alastramento do comunismo. O último *segredo* que, sob muita especulação, se tornou um dos grandes exemplos da teoria da conspiração do século XX, foi revelado em Maio de 2000 numa peregrinação especial do papa a Fátima, como parte das celebrações do Jubileu comemorando o início do terceiro milénio da cristandade. O *terceiro segredo* foi relacionado com a tentativa de assassínio, em 1981, do papa João Paulo II, um forte defensor do culto mariano (Matter, 2001).

A permanente significância deste fenómeno no imaginário português foi ilustrada pelas manifestações de júbilo e até de nacionalismo fervoroso de alguns portugueses presentes em Roma quando, em Outubro de 2000, o papa devotou o terceiro milénio a Nossa Senhora de Fátima. Para eles, era a própria «nação portuguesa que era glorificada em Roma» (*Diário de Notícias*, 9 de Outubro de 2000).

Tudo isto ilustra, de alguma forma, a manutenção das fórmulas de identificação que, durante o Estado Novo se estabeleciam na famosa expressão *Fátima, Fado e Futebol*, sendo Fátima o referente a esta dimensão religiosa, *Fado* a canção nacional, cuja melancolia e fatalismo era apropriado ao projecto nacional do regime em preservar o País como uma sociedade rural e religiosa, e Eusébio, igualmente um símbolo nacional, considerado «património do Estado» e como tal impedido de jogar num país estrangeiro (*The Economist*, 16 de Outubro de 1999; *Diário de Notícias*, 31 de Março de 1999). José António Saraiva, dando-se conta da importância constante desses «três F» escreveu no seu editorial do *Expresso* que «Portugal não mudou tanto como as pessoas normalmente pensam» (*Expresso*, 4 de Dezembro de 1999), uma repetição de uma ideia similar expressa quando Veiga Simão, ministro da Educação de Caetano, derrubado pelos militares, se tornou, ironicamente, ministro da Defesa do Governo de António Guterres no final da década de 1990 (*Expresso*, 3 de Janeiro de 1998).

Apesar da dimensão espiritual ter perdido muita da sua importância no discurso dominante da nação, a história portuguesa é frequentemente interpretada como uma experiência religiosa baseada nos valores do humanismo e do universalismo. Esta *religião civil* tem em *Os Lusíadas* de Camões um dos seus textos fundamentais. É uma *religião do mar* que tem nos seus heróis – os descobridores como Pedro Álvares Cabral ou Vasco da Gama – os seus santos veneráveis. Em locais como Belmonte, local de nascimento de Cabral, quando a primeira missa no Brasil é comemorada no feriado municipal, a 26 de Abril, a população presta uma dupla veneração à imagem de Nossa Senhora da Esperança, que terá estado presente nessa missa de 1500, e ao seu herói tão importante para a história nacional, tornando difícil a distinção entre o religioso e o profano.

Na Expo'98 que foi, para os organizadores, um símbolo do desenvolvimento económico e da prosperidade conseguidos, esta dimensão religiosa da história nacional foi também mobilizada e combinada com a visão de Portugal como uma sociedade moderna, democrática, liberal e progressiva (ver capítulo 6).

A FAMÍLIA NACIONAL – A NAÇÃO COMO UMA PESSOA COLECTIVA

A família nacional foi definida por Salazar em 1940, usando a fórmula «a minha pátria é a língua portuguesa», tendo por base a língua e o sentimento.

> Não se é português senão pelo sentimento e pela língua. São assim portugueses todos quantos, espalhados pelas cinco partes do globo, falam e sentem em português – quer reconheçam a soberania portuguesa, quer vivam sob o domínio dessas potências que seguiram nas estradas da terra as pisadas de Portugal» (Salazar, 1940, *in* Secção de Propaganda e Recepção da Comissão Executiva dos Centenários, 1940).

Esta definição permitiu a inclusão de todos os que reconheciam e valorizavam os símbolos que eram mobilizados, como os brasileiros, apelidados, nas palavras do cardeal-patriarca, como «irmãos» e não como estrangeiros no «solar da raça», pois «a nossa história é apenas o prefácio da vossa, e aí, sob a luz brilhante do Cruzeiro do Sul, continuais na mesma língua, na mesma Fé, no mesmo sangue, uma epopeia que quisestes escrever só por vossas mãos» (*in* Programa Oficial das Comemorações Centenárias, 1940). A relação entre Brasil e Portugal, «irmãos num amor comum pela independência», foi apresentada como exemplar desde a separação que teve lugar de um «modo sem precedentes na história» (Castro, 1940), «não como o escravo que recupera a liberdade, mas como filho que se emancipa ao atingir a idade própria» (Fonseca, 1942). Sendo um de *nós*, Brasil, «glória do génio político [português]» (Salazar, 1940), foi o único país estrangeiro a participar na Exposição do Mundo Português com um pavilhão oficial. As celebrações e a exposição foram concebidas como sendo tão inclusivas como produtoras de exclusão, pois os valores *estrangeiros* celebrados por outras nações foram excluídos das definições oficiais da identidade nacional.

Nas *histórias* contadas pelos líderes da nação, a individualidade da nação era explicada como sendo baseada na natureza, no território, na economia e na sua defesa, mas ainda mais importante, nos sentimentos espontâneos, em torno dos quais, os indivíduos se teriam unido. A pátria portuguesa era, para eles, não apenas um «território e uma raça». Era, sobretudo, um ideal e uma unidade moral, aos quais os nossos antepassados se comprometeram. Portugal seria no presente uma unidade moral que integra todos os territórios além-mar – por causa da acção dos antepassados. Isto foi algo que os líderes da nação proclamaram em todos os *grandes momentos* da nação, quer em 1940 quer em 1960 quando o infante D. Henrique foi celebrado (Comissão Executiva do V Centenário da Morte do Infante D. Henrique, 1960, 1961). A nação tinha supostamente um único modo de sentir e pensar e o regime reivindicava ser o representante exclusivo da herança do passado e da dimensão espiritual da nação que lhe dava um carácter distinto de unidade e durabilidade, como o chefe de Estado proclamou:

> É uma alma e um corpo mas é mais alma do que corpo [...] todos os portugueses, desde o início, caminharam para um objectivo comum, como se estivessem predestinados a cumprir a mesma missão (Programa Oficial das Comemorações Centenárias, 1940).

Noções de pureza de sangue foram também mobilizadas no discurso da nação e a *família* portuguesa deveria estar orgulhosa não apenas nos seus oito séculos de idade[23] mas também porque

---

23 O chefe da Igreja, no dia da abertura da comemoração centenária, comparou Portugal às velhas civilizações, citando Heródoto sobre um episódio em que os padres egípcios lhe terão dito: «vos outros sois crianças» (Programa Oficial das Comemorações Centenárias, 1940).

a nação, através das suas muitas vicissitudes, permaneceu livre da «confusão de raças» o que permitiu que «do primeiro ao último, os próprios chefes tinham nas veias o mesmo sangue português» (Presidência do Conselho de Ministros de Portugal, 1938: 1[24]).

Afirmando a realidade *natural* e *imemorial* da nação, a elite podia mascarar os seus interesses pessoais e maximizar a legitimidade, fazendo reivindicações em nome da nação. A Exposição do Mundo Português foi, assim, apresentada como um «conto de fadas», em que a história nacional era celebrada como algo sobrenatural. A mobilização do passado era particularmente útil para o projecto dos organizadores das comemorações de recrear a atitude de patriotismo como uma «religião civil», como os antepassados tinham feito: servir a nação de um modo transcendental, como uma ideia religiosa, com tenacidade e abnegação (Agência Geral das Colónias, 1937). Fé, combinada com génio, terá produzido um Estado que a idade moderna caracteriza de «loucura». E terá sido essa loucura que permitiu os heróis nacionais realizar actos de heroísmo físico e moral, que surpreenderam o resto do mundo. Essa era, para Salazar, uma herança gloriosa, pelo que Portugal tinha «a responsabilidade e o dever de a manter» (Salazar, 1940).

Na imaginação da nação durante o duplo centenário, sobressai uma preocupação explícita com a integração e a unidade nacional. Com efeito, a unidade nacional era um dos mais importantes valores a ser louvados em todas as ocasiões. Henrique Galvão, director técnico da Primeira Exposição Colonial Portuguesa em 1934, afirmou num relatório que tinha sido um grande triunfo nacional o facto de que a Primeira Exposição Colonial

---

[24] Esta nota oficial do presidente do Conselho de Ministros de 26 de Março de 1938 foi mandada imprimir pela Comissão Executiva da Colónia no Rio de Janeiro como o «primeiro passo no grande movimento patriótico dos portugueses de todo o Brasil para a comemoração do oitavo centenário da Fundação de Portugal e terceiro da Restauração da Independência». Foi feito um apelo explícito à participação de toda a nação portuguesa: «a província, as ilhas, todos os domínios têm que participar».

Portuguesa «conseguiu reunir em volta de um ideal e de uma ideia portuguesas [...] todos os portugueses» (livro da Primeira Exposição Colonial Portuguesa, 1934: 6). Em três meses, cerca de um milhão de portugueses visitaram aquela exposição. Falar em nome da nação era um poderoso recurso para ultrapassar a oposição interna e induzir a aceitação de «tudo [...] de boa vontade». Muitos apelos foram feitos a todos os «corações» portugueses no continente e nas ilhas, ou nos territórios além-mar para celebrar a nação e os antepassados em 1940: «Este dia é de todos porque cada um [...] representa uma família, um nome do passado, modesto ou nobre, celebrado ou desconhecido, alguém que na sucessão dos séculos serviu o seu País com préstimo, brilho e heroísmo» disse o Presidente Carmona (*in* Programa Oficial das Comemorações Centenárias, 1940).

As estátuas do século XIX começaram a representar homens e mulheres comuns da nação, mostrando que a nação é feita da união de muitos indivíduos (Lerner, 1993; Sobral, 1999). Esse foi também um recurso para o Estado Novo português: a alegada unidade do povo foi simbolicamente representada no grande monumento do Padrão das Descobertas: «À frente o infante; seguem-se os guerreiros, os monges, os poetas, todo um povo numa largada ideal e simbólica em demanda de Deus e do Espaço: resumo e alegoria da História» (Castro, 1940). A exposição de 1940 foi apresentada como uma grande festa nacional não apenas para os residentes em Portugal, mas para todos os portugueses no mundo para partilhar a mesma fé e o optimismo acerca da «vitalidade do povo português e do seu engenho criador» que através dos séculos têm sido postas em prática «em grande parte desinteressado e a favor dos outros povos da terra» (presidência do Conselho de Ministros de Portugal, 1938: 12).

Patriotismo, uma arma ideológica dos republicanos[25] é transformado em «*nacionalismo*, uma forma de exaltação da realidade nacional, não ao serviço do suspeito "povo" [seguindo Rousseau],

---

25 Como vimos, os republicanos usaram o centenário da morte de Camões como uma importante arma ideológica nos conflitos com os monárquicos.

mas da *Nação* como uma totalidade orgânica, uma personalidade histórica com os seus direitos e deveres» (Lourenço, 1978: 29). Na inauguração de uma exposição de arte e de um monumento evocativo de Pedro Álvares Cabral, Reynaldo dos Santos afirmou «o que garante a independência de um país, através das vicissitudes da história, não é apenas o domínio de um território, mas a consciência de uma personalidade colectiva» (Santos, 1940: 11). Esta noção de nação foi expressa no livro da 4.ª classe usado nas escolas primárias de Moçambique, descrita como «uma união fraternal das almas» de todos os *co-cidadãos*, «grandes ou pequenos, ricos ou pobres, europeus, africanos, indianos, de Macau ou de Timor», unidos «em redor de ideias sempre vivas de amor e engrandecimento da pátria, da união racial, da cooperação de todos para o bem comum». Pátria era ainda definida como «tudo o que nos faz palpitar os corações, é a nossa História, é a unidade dos nossos territórios e da nossa gente. A Pátria é o azulado dos nossos céus, é o suave sol que nos alumia, são os formosos rios que nos regam, as matas que nos sombreiam e os férteis chãos que para todos os lados se nos espraiam» (Serviços de Instrução de Moçambique, 1962: 186-187).

A Constituição de 1933 proclamou que «a soberania é baseada na nação» (Melo, 1997). Durante as celebrações, como em todos os discursos da nação, a nação foi apresentada como uma personalidade, como um organismo vivo, como uma comunidade representando muito mais do que a simples soma dos indivíduos. Os organizadores da Exposição do Mundo Português davam conta de que mesmo durante a visita à exposição, os indivíduos actuavam como um todo, como uma colectividade espiritual que mantém

> uma compostura que não esconde a alegria; um quási silencioso, ardente recolhimento, que não exclui o entusiasmo nem o interesse. Há certamente o ruído e a festa – mas há qualquer coisa de íntimo, de respeito instintivo, de espiritual comedimento nessa efusão dos passos e das vozes. Há uma compostura natural, voluntária, colectiva. A multidão sente, na ressonância da sua grande alma – fusão de milhares de almas – o clima de poesia, de ternura, de sagrada e votiva exaltação deste resumo do Portugal, que é afinal um resumo de nós próprios (Castro, 1940).

A totalidade da nação, «fusão de almas», foi representada nos símbolos nacionais como a bandeira nacional ou o Hino nacional. Nação, como um todo moral e territorial com uma vocação histórica específica, era um dos valores supremos para Salazar, e o nacionalismo era a «base indestrutível do "Estado Novo"» (Salazar *in* Medina, 1996: 38). Na escola, as crianças aprendiam este catecismo cívico nacional. Elas aprendiam que a bandeira nacional «diz a todos os portugueses que acima das nossas vidas, das nossas famílias, das nossas paixões e interesses, está a Pátria pela qual tantas gerações se sacrificaram» (Ministério da Educação Nacional, 1958a: 158). Essa era a razão por que todos deviam consagrar o seu amor e o seu sacrifício à bandeira. Do mesmo modo, o Hino nacional era apresentado como uma fonte inspiradora nas almas individuais para «os sentimentos de amor à pátria e de fidelidade em servi-la, mesmo [...] à custa da sua própria vida». Morrer pela nação era, assim, o valor supremo. Como Deus, a nação estava acima de tudo e todos, mesmo acima da vida individual dos cidadãos. Os líderes do regime davam o exemplo. Lutar por Portugal em nome de Salazar, era para António Ferro, o director do Secretariado da Propaganda Nacional, o *Docteur Goebbels* português (Baptista, 1996; Henriques, 1990), uma causa pela qual valia a pena morrer, desde que «Salazar viva, para que o Estado Novo se realize completamente, para que Portugal seja grande» (António Ferro *in* Secretariado Nacional da Informação, 1948: 21). O regime reconheceu nos símbolos nacionais um importante papel como símbolos da unidade da nação. Através da identificação com esses símbolos, era possível transcender as individualidades. Portanto, uma compostura especial e determinadas regras eram exigidas aos cidadãos nacionais em respeito por aqueles símbolos, como o hino ou «a voz da Pátria», como as crianças aprendiam nos livros escolares:

> Ouvimo-lo em dias tristes? – O coração ganha logo coragem, e aumenta a nossa fé no engrandecimento da Pátria imortal. Cantamo-lo em horas de vitória? – O céu e a terra portuguesa ficam logo em festa, e despertam e fortalecem-se em nossas almas os sentimentos de amor à Pátria e de fidelidade em a servir, até nos lances mais arriscados, à custa da própria vida» (Ministério da Educação Nacional, 1958a: 183).

Através do culto dos símbolos nacionais, a nação celebra-se a si própria rotinamente, criando um sentido de identidade e pertença comum, relembrando aos membros a sua herança comum (Billig, 1995; Smith 1991).

Para os organizadores portugueses, os grandes eventos nacionais pretendiam ser momentos em que a nação era transformada em algo «palpável», capaz de produzir uma «explosão de bom orgulho nacional» e sentimentos comoventes nos visitantes e momentos em se criava «um sentido de orgulho íntimo e saudável, cujas expressões eram claras, agradáveis e, por vezes, deliciosas». Todos os cidadãos de todos os grupos eram apresentados como fazendo parte de uma única comunidade imaginada. Usando a figura de uma grande família, não artificial e não o resultado de compromissos políticos e conflitos de interesses pessoais, os fortes sentimentos e lealdades que as famílias individuais provocam são mobilizados. Salazar fez uma analogia explícita entre a nação e as famílias: «nações, como nas famílias e os indivíduos», deviam ser guiados por um ideal supremo, «que domine ou guie a actividade espiritual e as relações com os outros homens e povos». A grandeza das nações e o valor da sua projecção no mundo dependeria do poder de tal ideal (Salazar, 1940).

Falar e actuar em nome da *nação-família* tornou-se uma forte fórmula legitimizadora do novo regime. Apenas o regime defenderia o interesse nacional. Aqueles que contestavam a sua definição hegemónica de identidade nacional estariam, portanto, a actuar contra a nação. Quando o Secretariado da Propaganda Nacional foi inaugurado em 1933, Salazar tornou claro que o seu objectivo específico era o de ultrapassar os interesses pessoais de diferentes homens, grupos ou classes e referir tudo para o caso nacional e corrigir os seus «aspectos deformados». Para Salazar, aquele que age em nome da nação não

> tem partidos, nem grupos, nem escolas [...] É preciso combater sem tréguas, ainda pelo interesse nacional, o gravíssimo erro da sua [aqueles que, segundo Salazar, persistem em não servir a nação] posição antinacional [...] A batalha que o secretariado vai travar contra o

erro, a mentira, a calúnia ou a simples ignorância, de dentro ou fora, há-de ser travada à sombra desta bandeira (Salazar, discurso inaugural do Secretariado da Propaganda Nacional, 1933, *in* Secretariado Nacional da Informação, 1948: 16).

Censura e polícia política foram instrumentos de repressão permanente justificados como os meios de assegurar que a nação falasse a uma única voz, reprimindo as aspirações individuais de liberdade e prosperidade. A nação estava acima de tudo, pelo que tais aspirações deviam ser submetidas ao todo. Salazar, a cabeça da nação, devia ser respeitado como um pai, como qualquer chefe de família devia ser respeitado. No processo de constantemente relembrar os cidadãos da sua identidade, a «carta patriótica» é largamente usada na retórica da nação para lutar contra os inimigos nacionais que existem no exterior ou no interior. «A retórica da carta patriótica evoca raiva contra aqueles que causam o "nosso" abandono da "nossa" herança, do "nosso" dever, do "nosso" destino» (Billig, 1995: 101). Para Salazar, ninguém podia questionar a realidade da nação e quem fala em seu nome. Aqueles que se opunham ao regime não eram tidos como patrióticos e, portanto, «quem não é patriota, não pode ser considerado português» (Salazar, 1949: 9).

Portugal podia estar orgulhoso pois o poder do espírito português tinha transformado um país geograficamente pequeno numa «fonte de luz» para o mundo. Na retórica dos discursos da nação, tais feitos tinham sido alcançados porque a família nacional permaneceu unida através de todas as vicissitudes históricas. Os portugueses deviam amar a sua nação como amam as suas famílias pois *nós*, a nação, era apresentada como uma família inquestionável. Esta foi uma ideia de novo expressa nos livros escolares: «Não há outro povo no mundo mais amigo da sua pátria como os portugueses» (Ministério da Educação Nacional, 1958a: 147); «Nós temos uma Pátria e, assim como as nossas mães são as melhores de todas as mães, a nossa Pátria deve ser para nós a melhor de todas as Pátrias [...] como nós amamos muito as nossas mães, amemos também a nossa Pátria, que é a grande mãe de todos nós!» (Serviços de Instrução de Moçambique, 1962: 1). A nação era ainda apresentada como sendo uma força positiva viva, ao serviço da qual o povo melhor podia servir a Deus.

A CELEBRAÇÃO DA *RAÇA CIVILIZADORA*

Ideologicamente, a família portuguesa não era apenas a família de irmãos e irmãs, falando a mesma linguagem, amando a mesma *mátria* e obedecendo a uma única cabeça patriarcal. Era também a *raça* portuguesa com o seu destino universal de *civilizar* as outras raças «atrasadas». Esta constitui uma forte imagem do Portugal salazarista. Na grande celebração da nação de 1940, os organizadores reclamaram a existência de uma «civilização portuguesa-atlântica», em contraste com uma civilização hispânico-ocidental, uma civilização anglo-saxónica ou uma civilização germânica.» A permanência de uma individualidade étnica, não apenas geograficamente independente, mas espiritualmente viril e fértil, era expressa e provada pelo «sentido maternal e criativo dessa civilização» (Castro, 1940).

Ao estabelecer a fronteira em redor dos seus membros, a nação podia diferenciar-se dos *outros* estranhos e termos como *a raça* ou *raça civilizadora* eram frequentemente usados para identificar a nação, em contraste com as *raças atrasadas*, denotando uma forte identificação racial da nação. Na opinião dos líderes do Estado Novo, a decadência da nação tinha também causas na decadência fisiológica da *raça* quando esta se tornou decadente e impura, pela mistura com o sangue *negro* estranho, como se podia ler em *A Nação Portuguesa*: «nenhum povo da Terra foi mais dono de homens do que nós fomos. E esses rebanhos encarvoados, trazidos aos milhares, se não puderam dominar-nos pelas leis, transfundiram-se no sangue, gerando mestiços e deprimindo a energia moral da *raça* (n.º 6, 1914). Mais tarde, em 1932, nesta mesma revista do movimento do Integralismo Lusitano, alguém, escrevendo acerca da questão dos povos indígenas africanos, se perguntava «é então a Europa a civilizar o sertão, ou será o sertão a descivilizar a Europa?» (7.ª série, n.ᵒˢ 5 e 6, 1932). No entanto, como parte da legitimização idelógica do império, o Estado Novo negou qualquer definição etnocêntrica da identidade nacional. O império teria, isso sim, dado ao País «uma dimensão mágica» representando «espaços compensatórios» para o pequeno País. Ideologicamente era afirmado que Portugal nunca fez conquistas ou teve colónias[26]. Os Portugueses, como era dito, apenas tinham feito do oceano «uma ponte entre o Portugal continental e o Portugal de além-mar, entre a nossa realidade e o nosso sonho. D. Henrique, o navegador, e os seus seguidores, apenas descobriram o Portugal escondido além do *Mare Tenebrae*, coberto no mistério de África ou Ásia» (Ferro, 1939), tornando os braços do país tão longos que abraçavam o mundo inteiro.

Apesar da máquina repressiva do regime, algumas vozes críticas continuaram a expressar oposição acerca da situação real na metrópole ou nas colónias. Esta oposição era expressa secretamente em Portugal e mais abertamente pelos opositores políticos no exílio. Acerca da situação nas colónias, Henrique Galvão escreveu num *Relatório sobre problemas dos nativos nas colónias portuguesas apresentado à assembleia nacional em sessão secreta (1947)* que em alguns locais «só os mortos estão realmente isentos do trabalho forçado [...] Se quisermos ser realistas, a situação é pelo menos tão desumana como era nos tempos da completa escravatura» (*in* Medina, 1996a: 243). No entanto, a ideia de que os portugueses praticam e defendem um imperialismo diferente, mais humano, um *colonialismo anticolonial* permaneceu a ideia dominante[27]. Quando a guerra colonial começou nos anos 1960 e Portugal reagiu «imediatamente e em força», o país tornou-se internacionalmente mais isolado. Para Salazar, Portugal estava «orgulhosamente só». A abertura do País viria a ser uma das características mais contrastantes no modo como o regime democrático celebrou Portugal nos anos 1990.

---

26 O termo *colónias* seria mais tarde substituído pelo termo *províncias ultramarinas*.
27 Esta ideia é explorada mais à frente.

De acordo com Alexandre (1995), dois mitos tiveram um papel central no apoio ao projecto colonial. A crença de que as colónias tinham uma riqueza imensa não explorada. Uma vez explorada por Portugal, o país podia recuperar o estatuto de grande potência. O outro mito era a noção de que o império constituía uma herança sagrada e, portanto, indivisível ou inalienável. Portugal era apresentado não apenas como o «historiador do Mundo»; Portugal era também «criador de povos». A ideia expressa na Grande Exposição do Mundo Português de 1940 era de que a unicidade do génio português não deu apenas uma nova expressão geográfica ao Mundo, desvendando novos mundos. Portugal também os «formou, moldou, educou, soube preservar». Em concordância com o modo nacional de *sentir*, Portugal «soube exercer até ao fim a sua missão paternal; não soube somente criar, soube desbravar, unificar, transfundir sangue e alma». A maravilhosa história universal portuguesa e os numerosos traços da sua civilização no mundo era a razão pela qual aqueles que falavam em nome da nação, reclamavam que «a Pátria de Portugal foi o Mundo» (Castro, 1940). Para os líderes da nação, essa missão *civilizadora* não tinha chegado ao fim. Em 1969, Marcello Caetano, o sucessor de Salazar reafirmou que Portugal não se podia render e uma das razões, para ele, era o «drama das independências prematuras» e a «impreparação total dos povos de África para constituírem e gerirem Estados do tipo que lhes querem impor e cujas estruturas e funcionamento democráticos carecem totalmente de afinidades milenários costumes de governo tribal» (Caetano, 1969).

Quando a dissolução dos impérios teve início, a necessidade de legitimizar as ambições imperiais do Estado Novo aumentou, pelo que foi adoptado um discurso inclusivo, contrastando com a identificação fortemente baseada em factores raciais anteriormente promovida – por exemplo, pelo movimento integralista. Por volta dos anos de 1960, os alunos aprendiam que Portugal era um país multicontinental, maior do que a Espanha, a França, a Alemanha e a Itália juntas, onde o Sol nunca se punha, onde os outros povos se integravam com base em princípios multirraciais e não discriminatórios, formando parte da mesma unidade *pátria*:

> Muitas raças – Uma Nação Brancos, negros, amarelos e mestiços. Todos são Portugueses. (Serviços de Instrução de Moçambique, 1962: 7).

A natureza não racista, humana e universal do império era reproduzida nos livros escolares através, por exemplo, da ilustração de uma figura maternal da nação abraçando ambos os filhos, um negro e um branco. Apesar de Portugal ser concebido como um país *multicontinental* e *multirracial*, a homogeneidade da metrópole não reflectia tal diversidade, pois os *outros diferentes* permaneceram distantes, o que ajuda a explicar que uma das principais *atracções* da Primeira Exposição Colonial e da Exposição do Mundo Português tenha sido a reconstrução de aldeias indígenas das diferentes partes do império referidas no panfleto da exposição como um «maravilhoso cenário das nossas possessões ultramarinas com o realismo da presença dos seus nativos». Estas *mostras humanas* eram comuns em exposições coloniais internacionais da altura (Greenhalg, 1988, 1989). Num relatório acerca da Primeira Exposição Colonial Portuguesa era dito que, para muitos, a principal motivação para visitar a exposição era «vamos ver os pretos»[28] (livro da Primeira Exposição Colonial Portuguesa, 1934: 5). A presença ao vivo «dos pretos» representava os «milhões de súbditos, que educamos e civilizamos» (Agência Geral das Colónias, 1937: XVIII). Era a prova material da nossa «vocação missionária» de expandir a fé, através da qual os portugueses teriam trazido ao mundo «a luz da civilização cristã». A colonização era descrita como uma «tendência racial» (Programa Oficial das Comemorações Centenárias, 1940)

---

[28] Durante trabalho de campo, um homem que tinha terminado a sua visita à Expo'98 confessou que esta particularidade da Exposição de 1940, que também tinha visitado, teve, para ele, um maior impacto do que qualquer outra coisa na Expo'98.

dos portugueses e as comemorações de 1940 foram também a celebração de tal «tendência racial», enquanto, mais uma vez, a dimensão espiritual lhe deu uma característica de que nenhum outro povo se podia orgulhar. Num ambiente internacional de guerra, a paz interna era um exemplo para o mundo, não apenas a paz no continente, mas também em todo o *mundo português*. Era também a afirmação dos *nossos* direitos históricos e espirituais ao império que era um império *moral* e, portanto, um exemplo a ser seguido por outras potências coloniais. No discurso legitimizador da dominação colonial, era dito que *eles*, os povos sob a nossa dominação, eram parte do *nós*, pelo que *nós* não estamos completos sem *eles*. No entanto, o *nós* dominador era uma *raça* da qual as outras *raças atrasadas* eram excluídas. Apesar disso, era negada qualquer essência imperial ou racial ou espírito nacionalista de Portugal.

> O imperialismo português é muito diferente dos outros imperialismos europeus e isto por se absorver na preocupação altruísta da cristianização das raças atrasadas [...] [A expressão «Império Português»] corresponde ao imperativo da raça e representa apenas a nossa consciência que Portugal tem agora do seu destino histórico e do seu papel de principal defensor do património espiritual da Humanidade (Azevedo, 1935).

Quando o mundo se preparava para a guerra, a ocasião era aproveitada para afirmar a indivisibilidade do império pois «as nossas colónias são para o velho corpo da nação como que os arcos butantes de um monumento gótico, resistindo invencivelmente a todos os temporais e a todos os cataclismos!» (Agência Geral das Colónias, 1937: 233). Em 1939, em Nova Iorque a soberania de Portugal sobre o império foi claramente expressa como algo «dogmático e inquestionável» (Ferro, 1939). Depois da guerra, quando o regime teve de enfrentar as crescentes pressões para a descolonização, era mais uma vez afirmado que «o império é um todo indissolúvel, pelas afinidades espirituais e pela solidariedade dos interesses. Essa concepção há-de exprimir-se, também, na unidade da economia, pela coordenação dos recursos e dos esforços» (Fernandes, 1949: 14).

De acordo com o Presidente Carmona, os Portugueses estavam orgulhosos do facto de que durante a criação de três impérios – no Oriente, no Brasil e em África – «ocupámos [essas áreas], mas tão humanamente o fizemos e com um sentido tão vivo da personalidade humana que convizinhámos dos homens de outras civilizações, nunca levantando entre eles e nós qualquer barreira que significasse diferença deprimente. Disso nos têm acusado, mas nós pensamos que valem mais as ideias impressas no coração do que as expressas nas filosofias, e, porque ideias de bondade e de humanidade viviam em nós, não tiveram a sorte das concepções que se fazem e desfazem mas a das que perduram e se projectam pelos tempos fora. Toda essa expansão extracontinental foi feita mais com o coração do que com a espada[29]» (*in* Programa Oficial das Comemorações Centenárias, 1940).

Colonialismo era uma parte fundamental do projecto político do regime. Como parte da sua legitimização, as anteriores imagens de nojo em relação aos negros e poluição do sangue foram substituídas por uma imagem de uma nação multirracial. Esta ideia irá permanecer como parte significativa da identidade nacional, apesar da permanente identificação fortemente racial como mostram, por exemplo, as celebrações do Dia da Raça.

A NAÇÃO E O UNIVERSALISMO PORTUGUÊS – UM EXEMPLO PARA O MUNDO

Nos discursos da nação, uma reivindicação importante, por parte do regime, na forma como representava o País, era clamar por um lugar honroso no mundo das nações. Portugal era apresentado não como um pequeno país, mas apresentado e imaginado como «maior até do que o seu próprio Império» (Agência Geral das Colónias, 1937: 103). Em contraste com o resto do mundo,

---

[29] O Acto Colonial, que regulava constitucionalmente a actividade colonial, também postulava que tal actividade era sujeita aos «princípios que se integram na sua tradição humanitária e civilizadora» (Agência Geral das Colónias, 1937: XIX)

as comemorações apresentavam um quadro de uma comunidade nacional pacífica, multicontinental, um exemplo para todo o mundo seguir. A guerra teria causado alguns problemas à organização da exposição em 1940, mas tornou a comemoração histórica ainda «mais sagrada».

Salazar explicava o «milagre português» a jornalistas, escritores e outros intelectuais europeus, mas, internamente, raramente e apenas em momentos especiais dava entrevistas. O regime também encarava as grandes exposições internacionais como um modo efectivo de proclamar a nova realidade[30]. Quando o Secretariado para a Propaganda Nacional foi criado, um dos objectivos estabelecidos era o de lutar contra a «ignorância» e o modo «injusto» como Portugal era referido na área internacional (Secretariado Nacional da Informação, 1948).

A história nacional foi co-celebrada com a história universal, que «sem nós teria sido, pelo menos, diferente». Portugal era retratado como tendo sido sempre um elemento positivo na história e nunca um destrutivo e o país que mais contribuiu para a história universal com o sangue dos seus filhos. Um pequeno país, obedecendo à sua missão universal conseguiu «irradiar fachos de luz que iluminam o mundo» (Salazar, 1940). A afirmação de uma identidade nacional aglutinadora era um objectivo muito importante de todo o programa comemorativo, dando aos Portugueses «confiança em si próprios através da evocação de oito séculos de história mundial e através da solidez e eternidade da independência» portuguesa. Mas o reconhecimento internacional era também importante para a elite da velha «nação civilizadora». Um lugar honroso no mundo era merecido pelos seus «serviços à civilização e o contraste entre os nossos recursos sempre diminutos e os [...] feitos admiráveis» (Programa Oficial das Comemorações Centenárias, 1940) e por «uma das

---

[30] O Secretariado era responsável pela representação portuguesa, nomeadamente, na Exposição Internacional de Paris, 1937; na Feira Mundial de Nova Iorque, 1939; em Genebra, 1935; em duas Exposições de Arte Popular em Espanha, em Madrid, 1943, e em Sevilha, 1944, e muitos outros eventos internacionais e nacionais.

obras mais vastas e valiosas para o património colectivo da Humanidade de que algum povo se poderá ufanar» (Presidência do Conselho de Ministros de Portugal, 1938: 1-2).

O mundo tinha assim uma grande dívida a Portugal, por ter redesenhado o mapa mundial. Os Portugueses, habituados a dominar o tempo e o espaço, foram os «historiadores do mundo», pertencendo ao «número limitado dos povos que escreveram a história do mundo». Os *descobrimentos* eram, no discurso do comissário-geral da exposição, «um dos maiores factos, não da história portuguesa, mas da história do mundo» e numa «das mais maravilhosas páginas do espírito humano [...] a civilização mediterrânica transformou-se na civilização atlântica. Podemos dizer com orgulho, sem exagero nem ênfase, que a Europa moderna nasceu aqui» (Castro, 1940: discurso na inauguração do Pavilhão dos Descobrimentos). A história nacional era, portanto, vista como «a primeira expressão do idealismo universal no Mundo».

No discurso salazarista da nação, não era apenas o passado glorioso que devia ser um exemplo para o mundo. Também o Portugal dos anos 1930 era merecedor da admiração do mundo. Para António Ferro, Portugal era um exemplo «numa Europa desordenada, inquietante, queimada pelos ideais mais opostos, pela chama dos nacionalismos justificados mas delirantes, labaredas vermelhas, sangrentas, de Moscovo» (António Ferro, discurso inaugural do Secretariado da Propaganda Nacional, 1933, *in* Secretariado Nacional da Informação, 1948: 19). Em 1940, quando Portugal comemorou o duplo centenário, o ambiente internacional era de guerra. Mesmo assim, o programa de celebrações foi levado a cabo[31].

Aqueles que tinham tido a ideia e organizado a exposição queriam lutar contra o esquecimento internacional em nome do papel de Portugal no mundo. Tal como em 1940, a projecção international do País foi também um dos principais objectivos para a organização, em 1998, de uma grande exposição internacional.

---

31 A abertura da Exposição estava planeada para Maio de 1940, mas foi inaugurada a 23 de Junho de 1940. O atraso foi explicado pelos inconvenientes causados pela guerra.

Em 1940, no entanto, uma das dimensões da identidade nacional mais mobilizadas foi a religiosa. Daqui que, no discurso oficial da nação, os *outros* não cristãos tenham sido apontados como culpados pela decadência nacional. Tal decadência teria assim, não só causas internas, mas também externas. O papel internacionalmente diminuído de Portugal dever-se-ia portanto às «grandes forças anticristãs que se instalaram primeiro na Holanda e depois na Inglaterra [...] a fim de se apoderarem do ouro e governarem o mundo, têm procurado apagar da história tão altos feitos» (Programa Oficial das Comemorações Centenárias, 1940). Com a realização da exposição, era também afirmada a esperança de que «na nova civilização, não continental, mas intercontinental que será a civilização de amanhã, Portugal regresse ao seu destino histórico e geográfico e à universalidade [...] que o mar fez dar frutos» (Castro, 1940).

Ferro apresentou Portugal, com a sua ordem interna exemplificada no Estado Novo, como uma «obra de arte contemporânea» e um exemplo para o mundo agitado que «não precisa de inventar novas fórmulas de morte, mas novas razões para viver. Precisa, portanto, antes de mais nada, de redescobrir a moralidade, a sabedoria e o amor» (Ferro, 1937). António Ferro, o comissário-geral da representação portuguesa na Exposição Internacional de Paris em 1937 e da Feira Mundial de Nova Iorque em 1939, nunca se cansou de proclamar ao mundo o carácter único da ordem portuguesa num mundo em desordem. Contra o crescente automatismo global, ele afirmava que «para nós, as mais belas máquinas, são ainda as máquinas de Deus: os homens. Os nossos esforços deveriam, portanto, ser empregues em aperfeiçoá-las, tornando-as merecedoras do seu criador» (Ferro, 1937). Em 1939, mais uma vez, naqueles tempos «tão cruelmente utilitários, quando o negócio é a alma do mundo», Ferro afirmava o «desejo espiritual de um mundo melhor – talvez menos progressivo, mas certamente mais civilizado» (Ferro, 1939).

O mundo que Portugal teria salvo das trevas da Idade Média[32] estava, mais uma vez, a viver uma grande crise, uma «crise de espí-

---

[32] Lisboa e Portugal eram, nas palavras de Castro, «portas do Universo». O rio Tejo foi comparado, como «rio sagrado da humanidade» aos rios Ganges e Nilo (Castro, 1940).

rito», pelo que a supremacia portuguesa do espírito e a «confiança na lei» eram, um exemplo para a Europa destruída pelos *conflitos materiais* e para um mundo dividido pela violência.

Num mundo agitado, Portugal era uma casa limpa, arrumada, gloriosa, «capela enfeitada com rosmaninho» e protegida por Deus da tempestade (Castro, 1940). Nas exposições internacionais que precederam a guerra, os países estavam já envolvidos em mostrar o seu poder e a sua força, tentando intimidar-se uns aos outros. Portugal não estava interessado nesta *exibição de poder*. A principal contribuição para a história universal era através do exemplo da paz interna, conseguida «pelos meios mais simples e honestos» (Ferro, 1937). Portugal estava apenas interessado em exibir «a nossa força [que é] acima de tudo espiritual: e a força espiritual é quase suficiente para nos garantir a imortalidade» (Ferro, 1939)[33].

CONCLUSÃO

O ciclo liberal terminou em Portugal depois de oitenta anos de liberalismo e de vinte anos de «demagogia republicana». De acordo com Mircea Eliade, Salazar apercebeu-se de que o momento era «propício para uma reintegração da política portuguesa no espírito da sua tradição e da sua história» (1998: 161).

A celebração da história e do destino nacional era ao mesmo tempo a celebração do regime. A identidade nacional e a sua questão básica «quem somos nós?» implicam continuidade histórica e a diferenciação que vem da consciência de formar uma comunidade com uma cultura comum, num território geográfico. O Estado Novo afirmava-se a si próprio como a única garantia de tal continuidade. De acordo com Eduardo Lourenço, o Estado

---

[33] Para os responsáveis pelo Pavilhão Português em Nova Iorque: «É a reivindicação destes valores, destes valores eternos [...] que é a alma do pequeno Pavilhão Português na Feira Mundial de Nova Iorque, este pavilhão que não deve ser medido em termos de superfície, mas sim em profundidade espiritual» (Ferro, 1939).

Novo tentou adaptar o País à sua natural e historicamente evidente modéstia. O resultado foi, no entanto, uma fabricação sistemática de uma *lusitanidade exemplar*, cobrindo o presente e um passado escolhido. Na visão de Renan «esquecer, eu iria mesmo mais longe e dizer erro histórico, é um factor crucial na criação de uma nação» (1990: 11). Portugal era apresentado pela elite do Estado como um país sem problemas, um oásis de paz, um exemplo para as nações, «arquétipo da solução ideal que conciliava capital e trabalho, ordem e autoridade, com o desenvolvimento harmonioso da sociedade» (Lourenço, 1978: 31). Portugal vivia numa disneylândia política, na qual as comemorações representavam importantes instrumentos de propaganda, «banquetes publicidade [...] destinados a influenciar as mais delicadas consciências da democracia ocidental» (1978: 147). A Exposição do Mundo Portugês, em 1940, foi o epítome de tais banquetes representando uma operação de encenação ideológica e, especialmente, uma mostra iconográfica onde os grandes temas da mitologia salazarista são exaltados e esteticamente emblematizados, constituindo o mais significante evento cultural do processo de construção ideológica do Estado Novo (Fagundes, 1996: 383-384).

A Exposição de 1940 era destinada principalmente aos membros nacionais, mas tinha, também, como alvo a comunidade internacional. Num mundo em guerra, o regime e a ordem que ele supostamente assegurava eram apresentados como exemplos. A imagem da nação e do império como uma nação moral e um império moral foi construída e exibida. O salazarismo foi, segundo Eduardo Lourenço «a versão coerente de uma impotência económico-social colectiva» (1978: 50) e só a revolução de 1974 destruiu a imagem ideológica dos Portugueses como um povo idílico, passivo, amorfo, humilde e respeitador da ordem estabelecida, devolvendo aos cidadãos os direitos cívicos comuns a outras democracias ocidentais. O país patriarcal, tradicional, antidemocrático e anticapitalista, virado para o passado, dá lugar a uma sociedade em modernização, capitalista, democrática, europeia pós-colonial. Apesar de este novo Portugal ser feito de muitas vozes, o Estado continua a mobilizar símbolos e repertórios de identidade nacional apropriados à construção de uma imagem *positiva*. Eduardo Lourenço considera este processo necessário, particularmente para «um povo sem problemas de identificação étnica e histórica, mas perturbado em profundidade pela questão da sua *identidade* e da sua *vocação* num mundo em acelerada e imprevista metamorfose» (1978: 129). No entanto, no presente, os meios e contextos dessa mobilização são significativamente diferentes, como veremos nos próximos capítulos.

CAPÍTULO 5
TRADIÇÃO, MODERNIDADE E MUDANÇA SOCIAL NO PORTUGAL PÓS-REVOLUCIONÁRIO

> *Parece que Portugal, de tempos a tempos, se ausenta da Europa.*
>
> JOSÉ MEDEIROS FERREIRA, citando um embaixador em Lisboa

INTRODUÇÃO

Toda a nação é constantemente reimaginada e reproduzida de maneira diferente correspondendo a novas necessidades ou experiências históricas. Neste processo, as elites culturais e políticas têm um papel fundamental na mobilização de repertórios adequados (Parekh, 1995).

Nas últimas décadas, Portugal esteve envolvido na construção de uma sociedade capitalista moderna, depois de meio século em que as visões dominantes da nação promoverem o contrário. A revolução de 1974 abriu um novo ciclo na vida da nação[1]. Tornou-se numa nação pós-colonial com meio milénio de envolvimento além-mar atrás de si. Em 1986 Portugal aderiu à Comunidade Europeia, contribuindo significativamente para o seu desenvolvimento económico. Em paralelo com a mudança social, a questão da identidade nacional tem assumido uma importância fundamental. Não só devido ao fim do projecto impe-

---

[1] A agenda política do Exército que tomou o poder em 1974 era conhecida pela famosa fórmula da *Política dos três D*: descolonização, democratização e desenvolvimento.

rial, mas também devido ao processo de integração europeia que parece ultrapassar o quadro europeu de Estado-nação forjado ao longo dos últimos dois séculos e que tem levado, nos últimos anos, em Portugal, a um importante processo de (re)imaginação da nação (Cruz, 1989). Um problema em particular se coloca aos Estados-nação como Portugal, apostados na construção de um espaço transnacional: como gerir e conciliar a diversidade cultural, as identidades locais com a identidade nacional e a possibilidade de uma identidade europeia[2].

As sociedade modernas requerem que todos desempenhem diversos papéis, de tal maneira que pode existir o perigo de alguns sofrerem do que Gillis chama de «multiphrenia», a condição de ter demasiados *selfs* conflituais, demasiadas identidades» (Gillis, 1994: 4). Portugal parece, no discurso das elites, não querer perder a sua *tradicional vocação atlântica*, como mostra o comprometimento com a CPLP. Nalguns casos, no entanto, esta vocação atlântica pode estar em contradição com o novo papel europeu. Por exemplo, apesar de ter assinado o Acordo de Schengen, Portugal recusa uma gestão centralizada dos fluxos migratórios alegando especificidades históricas e culturais (Leitão, 1997).

Apesar dos *ventos de modernização* e da tendência em apresentar os grandes projectos como *desígnios nacionais*, devemos, também, esperar que as populações locais reajam diferentemente à mudança, podendo incluir, em alguns casos, resistências face à alteração dos modos tradicionais de vida trazida pelos

---

[2] A discussão sobre a inclusão no texto constitucional da União Europeia de qualquer referência às raízes judaico-cristãs gerou algum debate em toda a Europa. Em Portugal, o cardeal-patriarca de Lisboa D. José Policarpo terá dito: «preocupa-me uma Europa que perde a sua identidade cultural [...] Virá quem lha imponha [...] os irmãos islâmicos são de uma fidelidade muito grande à sua cultura» (*Expresso*, 27 de Setembro de 2003). Muita da literatura sobre a integração europeia tem chamado a atenção para o facto de que a dificuldade de emergência de uma identidade europeia assenta na permanência dos sentimentos nacionais e numa limitada oferta da União Europeia de repertórios comuns que inspirem o entusiasmo colectivo (Calhoun, 1997; Hansen e Waever, 2002; Pagden, 2002; Smith, 1996a). Noutro local discutimos isto com maior profundidade (Almeida, 2004).

processos de modernização. Os laços das pessoas em relação à sua nação podem ser expressos numa variedade de tipos de nacionalismo e em diferentes crenças em relação à modernidade e modernização.

Neste capítulo passaremos em revista os principais aspectos desse processo de mudança social rápido, ocorrido no Portugal pós-revolucionário, fundamental para percebermos a sociedade portuguesa e a forma como os Portugueses se vêem a si próprios e ao mundo.

O *25 DE ABRIL* E A MUDANÇA SOCIAL

A revolução de Abril de 1974 tem sido frequentemente celebrada enquanto momento *refundacional* de Portugal, conduzindo à liberdade, democracia e à prosperidade económica. Este período da história portuguesa, pelas suas especificidades, tem captado também muita atenção por parte de comentadores e intelectuais. Uma das razões tem a ver com o facto de, entre 1974 e 1977, Portugal ter vivido uma euforia revolucionária, ultrapassando os discursos conservadores e as grandes hegemonias de «Pátria, Família, Autoridade» do anterior regime (Barreira, 1994).

De um momento para o outro, depois de décadas de silêncio, instalou-se na sociedade Portuguesa uma opinião pública com liberdade de expressão. Durante décadas, qualquer oposição ao regime era reprimida e os Portugueses foram sujeitos a uma *anestesia cívica*, não permitindo que se exprimissem em relação às profundas desigualdades e injustiças sociais e ao constante atraso económico. Em 1974, no entanto, depois da *Revolução dos Cravos*, teve lugar uma erupção de movimentos sociais antes adormecidos. A sociedade civil iniciou um diálogo com a esfera política, o que era, até aí, um dos maiores tabus do regime salazarista. Neste processo, as pessoas habituaram-se a expressar o não conformismo e a ter a opção de escolha entre aceitação e rejeição de causas, experimentando sensações e emoções não antes sentidas.

O movimento social popular que se seguiu imediatamente ao golpe de Estado

> foi sem dúvida o movimento social mais amplo e profundo da história europeia do pós-guerra [...] Foi este movimento social que impediu que a crise de hegemonia iniciada em 1969 se resolvesse definitivamente a favor da burguesia industrial-financeira [...] A crise do Estado transformou-se numa crise revolucionária, a qual durou até 25 de Novembro de 1975 (Santos, 1992: 27-28).

Depois de um período de instabilidade política com uma sucessão de governos, as décadas de 1980 e 1990 foram, de uma maneira geral, períodos de prosperidade económica e estabilidade política. Isto deveu-se, em grande parte, ao impacto dos programas de convergência económica com a Europa, implementados depois da adesão de Portugal à Comunidade Europeia em 1986 (Barreira, 1994; Barreto, 1996; Reis, 1994).

HIPERIDENTIDADE OU CRISE DE IDENTIDADE

Por vezes, os debates em torno da identidade nacional portuguesa têm assumido a forma de *crise de identidade*, explicada como a ausência de um *espírito de missão*, de um *projecto nacional* (Leão, 1998; Quadros, 1989, 1992). Durante 500 anos o império foi o *projecto nacional* de Portugal. Quando esse projecto nacional terminou em 1974, provocou, na terminologia de António Quadros, outra dessas *crises* de identidade. Daqui que este pensador aponte a necessidade de recriar um projecto nacional na «dupla relação com [...] os povos de língua lusófona e as nações europeias ou o ocidente euro-americano» (1992: 239).

Portugal saiu de décadas de isolamento e projecto imperialista para um processo de integração europeia num espaço de tempo relativamente curto. Para Manuel Braga da Cruz, apesar de tudo, «Portugal parece ter saído do processo de descolonização sem particulares problemas de identidade nacional, e parece ter entrado no processo de europeização e de regionalização com uma consistente adesão à soberania nacional e com uma equilibrada e solidária consciência cívica e nacional» (Cruz, 1989: 104-105).

Segundo muitos comentadores, um dos maiores desafios que o processo de unificação europeia enfrenta diz respeito à conciliação da construção europeia com a ênfase numa experiência e identidade europeia comum, contrapondo a Europa ao resto do mundo em vez de sublinhar as diferenças entre os membros, com a persistência das identidades nacionais (Calhoun, 1997; Pagden, 2002; Smith, 1996a).

Em Portugal, a reivindicação de uma forte identidade nacional tem sido frequente nos discursos e nas políticas da identidade. Como Billig (1995) observa, tal reivindicação é, talvez, mais relevante do que a própria questão «o que é a identidade nacional?». Em Portugal, isto tem sido feito de uma maneira quase obsessiva[3]. De tal maneira que, segundo Eduardo Lourenço, Portugal tem um problema não de *crise* de identidade mas de *hiperidentidade*, que se manifesta numa «fixação quase mórbida de contemplação [...] da *diferença* que nos caracteriza, pelo que nos pensamos muito distintos de outros povos, nações e culturas»[4]. Por causa do que Eduardo Lourenço chama de *euforia mítica* em relação a si próprio e ao seu passado, em qualquer entidade transnacional, Portugal terá sempre uma *identidade*, que é menos a vida e a capacidade colectiva da nação do que o privilegiado actor histórico da aven-

---

[3] Toda a nação reclama o direito de se afirmar como natural, única e diferente. Tal como outras nações, Portugal reivindica uma identidade nacional ancestral e quase natural. Falar em nome da continuidade é importante para quem quer que fale em nome da nação, sobretudo quando a comunidade atravessa um processo de reconstrução, reflectindo as mudanças gerais de ambiente, novas ameaças ou desafios.

[4] Num relatório sobre opinião pública, é referido que, em comparação com outros europeus, os Portugueses tendem a ter dos *outros* uma imagem geralmente menos positiva do que a média dos outros países europeus. É também dito que acontece o oposto em assuntos relacionados com as atitudes de intolerância e racismo (Carrilho, 1998).

tura europeia no mundo[5] (Lourenço, 1994). Como um jornal espanhol escreveu, num número especial dedicado a Portugal, «o mistério de Portugal é o mistério da sua desproporção» (*Byn Dominical*, 22 de Abril de 2001). Em 1999, os eventos em Timor--Leste[6] e a transferência de soberania de Macau marcaram o *regresso a casa* de Portugal, retornando às originais fronteiras ibéricas, depois de séculos de história expansionista (Boorstin, 1992). A corrente reimaginação da nação engloba, ao mesmo tempo, a celebração do seu passado glorioso e da renegociação da posição de Portugal no mundo de Estados-nação em que a tradicional *vocação atlântica* é combinada com a *opção europeia* para o progresso económico.

A RECONSTRUÇÃO DE UM PROJECTO POLÍTICO – *O REGRESSO A CASA*, A DESCOLONIZAÇÃO E A MODERNIZAÇÃO

Descolonização foi uma das principais mudanças históricas que Portugal viveu nas últimas décadas. Tal facto representou uma quebra com uma tradição de vários séculos em que, como vimos, a identidade nacional se formou e moldou. Depois da II Guerra Mundial, assistiu-se a um fenómeno de dissolução dos impérios coloniais europeus. A Carta das Nações Unidas foi aprovada em 26 de Junho de 1945, e no seu artigo 73.º os poderes coloniais eram obrigados a estabelecer nas suas colónias «sistemas de autogoverno de acordo com as aspirações políticas das populações» (Correia, 1994: 41). Portugal acordou tarde para este fenómeno. O fechamento do país sobre si próprio, que Salazar pro-

---

[5] José Medeiros Ferreira, dizia, há tempos, citando um embaixador em Lisboa, que de tempos a tempos, Portugal «ausenta-se da Europa» (*Diário de Notícias*, 31 de Agosto de 1999).
[6] Que marcaram o início do processo que levaria à declaração de independência a 19 de Maio de 2002.

moveu, preveniu uma preparação apropriada para o inevitável processo de descolonização (Antunes, 1980). O regime tornou-se ainda mais isolado devido à guerra colonial e teve de enfrentar condenações sucessivas pelas Nações Unidas, começando com a resolução 1514 (XV) da Assembleia Geral, *Declaração acerca da Concessão de Independência aos Povos e Países Coloniais* em 1960. Portugal foi também expulso de organizações internacionais e sofreu muitas derrotas diplomáticas. Os seus aliados tradicionais tornavam-se mais e mais desconfortáveis com a inflexibilidade, em relação às colónias, da mais velha das ditaduras restantes na Europa não comunista. Foi o último império colonial do mundo ocidental, depois de lutar uma guerra em três frentes africanas contra movimentos de libertação apoiados por países do terceiro mundo (Correia, 1994; Reis, 1994). Mas Salazar permaneceu «orgulhosamente só». Mesmo sem Salazar[7], o regime resistiu à descolonização e a todas as tentativas de liberalização. No entanto, a necessidade de capital para financiar o esforço de guerra impôs uma certa abertura ao capital externo. Gradualmente, África perdeu a sua importância económica para Portugal e por volta da década de 1970, mais de metade do comércio externo português era feito com os países da EFTA[8]. A guerra colonial contribuiu, no início, para juntar as várias facções apoiantes do regime e para justificar o seu carácter repressivo e autoritário. Mas a recusa de uma solução política negociada com os movimentos de libertação e o crescente descontentamento dos militares e o seu medo de se transformarem em bodes expiatórios numa situação sem um fim levou, progressivamente, a um impasse.

Apesar de o Estado Novo ter lutado contra as vozes discordantes, estudantes, católicos, sindicalistas e activistas armados intensificaram a sua oposição à guerra, tendo a convergência da oposição sido formalizada no III Congresso da Oposição Democrática em 1973 e numa posição conjunta dos Partidos Comunista e Socialista (Reis, 1994). Os conflitos de libertação das

---

[7] Por razões de Saúde, Salazar abandonou o poder em 1968. Viria a morrer em 1970.
[8] Associação de Comércio Livre de alguns países europeus.

colónias aumentaram a oposição interna do regime de um modo que levaria à conquista da liberdade pelo próprio povo da metrópole (Correia, 1994). A repressão cultural e política levada a cabo pela *polícia política* e por outros meios como a censura acabariam por ser insuficientes para assegurar a sobrevivência do regime.

O trauma de guerra levaria à «substituição do mito da defesa do império e da civilização cristã e ocidental pelo mito oposto do anti-imperialismo e da libertação nacional» (Reis, 1994:18). Descolonização era uma das prioridades no famoso programa dos *três D* das forças militares que finalmente derrubaram o regime. Mas na fase inicial, existiu alguma indecisão acerca do que fazer com o império. Desacordos emergiram entre os militares acerca da definição de uma alternativa política, que pudesse conduzir à independência das colónias. Como Correia descreve, o general Spínola, o presidente escolhido para a *Junta*, disse na televisão que «a sobrevivência da Nação soberana no seu todo pluricontinental» devia ser assegurada. Depois de extensivas discussões, o que foi incluído no programa político da *Junta* foi a seguinte expressão inócua e ambígua acerca da questão colonial: «lançamento dos fundamentos de uma política ultramarina que conduza à paz» (Correia, 1994:50-51). A indecisão e a confusão foram, de acordo com o general, causadas pelo ambiente confuso e inquietante do período revolucionário. Pouco depois, as conversações com os movimentos de libertação iniciaram-se e as colónias tornaram-se países independentes depois de um apressado e confuso processo de descolonização.

Com o fim do império, 500 000 ou 600 000 residentes em África tiveram de ser evacuados das turbulentas ex-colónias africanas. Para alguns comentadores, a integração rápida e pacífica desses grupos de *retornados* mostrou uma grande capacidade de adaptação e flexibilidade na sociedade portuguesa. Essas capacidades foram também expressas no derrube do Estado Novo num golpe militar não violento ou na superação democrática de tentativas revolucionárias, também sem violência (Barreto, 1995; Conde, 1998).

A INTEGRAÇÃO EUROPEIA
E O DESENVOLVIMENTO ECONÓMICO

O *25 de Abril* marcou o início da construção da democracia e a integração europeia de Portugal. De 1976 a 1985 Portugal viveu um período de instabilidade política e económica generalizada. Em 1986, juntamente com a Espanha, Portugal aderiu a um *clube* de países com antigas e sólidas instituições democráticas. Consolidar a jovem democracia portuguesa era um dos principais objectivos políticos da integração europeia, tanto em termos de princípios organizativos do poder político como quanto ao estabelecimento de direitos e garantias para todos os cidadãos, mas também nas dimensões social e económica. Liberalização económica e política social tornaram-se as maiores referências para a nova elite política. A integração europeia transformou-se num tipo de substituto para a expansão ultramarina. No entanto, a opção europeia encontrou alguma oposição por parte do Partido Comunista Português e da extrema-esquerda, de um lado, e algumas franjas nacionalistas, de outro lado.

A dinâmica de democratização e abertura política foi, apesar de tudo, irreversível.

> O ideal democrático e a abertura ao mundo foram simbolizados em grande parte pela Europa. Esta deu um sentido concreto, visível, enraizado, palpável às aspirações por liberdade. [...] Deu significado territorial e geográfico aos horizontes incertos da democracia e da economia aberta. Foi substituto real de glórias passadas. [...] Para além da vizinhança, da simpatia e das afinidades, a Europa foi segurança» (Barreto, 1995: 853).

Um maior envolvimento na sociedade europeia foi, também, um meio de ultrapassar conflitos que são uma manifestação de sociedades fechadas, dando às elites dominantes novas e mais relevantes funções do que aquelas que tinham na sociedade tradicional portuguesa (Ferreira, 1995).

Em 1986 um único partido consegue uma maioria política absoluta. O Governo de Cavaco Silva foi o mais longo governo democrático dos últimos dois séculos. Em 1982 e 1989, duas revisões da Constituição de 1976 eliminaram a maioria dos princípios colectivistas. Economicamente, o *take off* da economia portuguesa tinha começado nas décadas de 1950 e 1960. No entanto, a integração europeia deu um impulso decisivo. Um programa de privatizações, de acordo com o modelo europeu, teve início em 1989 e está ainda em curso. Sob um programa especial para a convergência da economia portuguesa, grandes quantidades de capital foram canalizadas para um dos Estados membros mais pobres. Esta nova fonte externa de riqueza permitiu o começo do que se pode considerar uma nova *idade de ouro* para a economia portuguesa depois de 1986, que incluiu um vasto programa de modernização de infra-estruturas como saneamento básico, estradas, telecomunicações e alguns grandes projectos de investimento público.

O CRESCIMENTO ECONÓMICO E A CONSTRUÇÃO DE UMA SOCIEDADE CAPITALISTA

Para muitos comentadores sociais, a característica mais surpreendente do Portugal moderno é o ciclo de mudanças sociais, políticas e económicas que começaram nos anos de 1960, acompanhando uma renovação parcial do pensamento político. A dinâmica social de mudança criada pela abertura ao capital e mercados estrangeiros não era compatível com a natureza fechada e rígida do regime e do seu aparelho institucional conservador, autoritário e repressivo, pelo que teve início, durante a *primavera marcelista* uma tendência de recomposição socioprofissional da população, incluindo literacia, a mudança de estilos de vida, novas condições económicas, políticas e sociais, a expansão e a democratização do sistema escolar e a definição de políticas sociais que garantem a universalidade e a gratuitidade do acesso a direitos sociais como a saúde e segurança social (Almeida *et al*, 1994; Barreto,

1996; Carapinheiro e Rodrigues, 1998; Reis, 1994; Stoer, 1986; Viegas, 1998). Esta recomposição socioprofissional foi também uma consequência da urbanização e da emergência do sector dos serviços como o sector económico dominante. Com efeito, o sector que mais se tem expandido tem sido o das profissões intelectuais, científicas e técnicas. Em 1960, ocupava apenas 2,8 por cento da população activa. Em 1970, 4 por cento. No final da década de 1990, quase 20 por cento da população estava empregada neste sector (Almeida *et al*, 1994; Carapinheiro e Rodrigues, 1998).

Este processo surpreende não apenas pela profundidade mas também pela rapidez das mudanças. Outros países com mais experiência acerca do Estado-providência e com tradição democrática conseguiram em 50-60 anos o que Portugal alcançou em 20-30. Em muitos indicadores demográficos, culturais e sociais, os Portugueses estão agora mais parecidos com os seus vizinhos. Esta *revolução* causou mudanças nas taxas de nascimento, mudanças no consumo, a diminuição da mortalidade infantil, a implementação do sufrágio universal, a transformação da relação entre Estado e Igreja, a criação de uma classe média, a abertura de fronteiras a pessoas e bens, a educação de massas e a dissolução de um império. O país está, a vários níveis, irreconhecível quando comparado com o que era na primeira metade do século XX (Barreto, 1995, 1996; Conde, 1998).

Apesar de as expectativas e aspirações terem aumentado mais do que as condições materiais, económicas e tecnológicas, o período que se seguiu à adesão de Portugal à União Europeia foi um período de crescimento. Entre 1985 e 1990, o PIB *per capita* cresceu cerca de 25 por cento (Almeida, 1995; Carvalho e Brito, 1995). Comparado com a Europa, o PIB *per capita*, que era em 1986 cerca de 35 por cento da média dos Estados membros da UE, cresceu para cerca de 50 por cento em 1997. O consumo privado *per capita* cresceu, no mesmo período, de menos de 60 por cento da média europeia para cerca de 75 por cento (Ministério do Equipamento, do Planeamento e da Administração do Território, 1998).

As mudanças das últimas décadas têm sido multifacetadas e, por vezes, contraditórias e paradoxais. Quanto aos indicadores demográficos, as principais tendências têm sido a *litoralização*, a urbanização e a desertificação rural. A migração de pessoas para os grandes centros urbanos da faixa costeira resultou no abandono do interior rural, o que intensificou as assimetrias regionais. Eventos culturais como a Lisboa 94 – Capital Europeia da Cultura e a Expo'98 contribuíram para o reforço, num plano simbólico-cultural, da velha dominação geográfica da região de Lisboa (Conde, 1998).

MODERNIDADE E TRADIÇÃO

Para Cavaco Silva, Portugal era um «oásis». Para outro primeiro-ministro, António Guterres, o Portugal do fim do século XX era um país «na moda». Tais opiniões devem-se a uma enorme evolução da economia portuguesa, especialmente desde a adesão de Portugal à Comunidade Europeia. Nos sectores económicos, teve lugar uma viragem completa. Em poucos anos o sector terciário passou de último a primeiro empregador. Como resultado, a indústria nunca foi, em Portugal, o sector principal no que toca à população empregada. Nas mais avaçadas economias, houve uma evolução gradual dos três sectores de actividade, mas este padrão não se repetiu em Portugal. De um país cuja maioria da população estava empregada no sector da agricultura, Portugal transformou-se, num relativamente curto período de tempo num país cujo sector de serviços ocupa mais de metade da população activa (Almeida *et al*, 1994; Machado e Costa, 1998; Martins, 1998).

> Os novos condicionalismos de uma economia cada vez mais aberta provocaram uma verdadeira destruição de economias locais, de subsistências rurais, de actividades semiartesanais, de empresas familiares e de circuitos de troca e comércio rudimentares mas socialmente efectivos (Barreto, 1996: 59).

A transformação no espaço rural foi também causada pelas novas preocupações agro-ambientais e também pela política agrícola comum desde 1994, o que levou a uma reinvenção e a uma revalorização social e simbólica da ruralidade que oscila entre «o regresso ao passado e o desejo do futuro» (Joaquim, 1993, *in* Conde, 1998; Reis e Lima; 1998).

As dinâmicas dos processos de modernização económica criaram, no entanto, formas extensivas de exclusão social que persistem. Portugal é, entre os países europeus, o país com a maior proporção de pobres na população (Capucha, 1998). As tendências económicas de competitividade global e transferência de capital para áreas de mão-de-obra barata, a modernização acelerada dos processos produtivos, associado à precaridade do trabalho são alguns dos factores. A persistência de antigas situações de pobreza e o aparecimento de novas, cristalizando-se num *terceiro mundo interno* dos excluídos, parcialmente localizados em regiões em declínio, destrói a crença de que o crescimento económico geraria por si a eliminação da pobreza e da exclusão social. Alguns grupos como os mais idosos, e também grupos étnicos e culturais minoritários, são os mais vulneráveis. À medida que a prosperidade atinge algumas áreas do País, outras mantiveram-se, em plena década de 1980, uma fonte de fluxos migratórios internos para as grandes áreas metropolitanas e para pequenos centros urbanos (Santos, 1992) e internacionais como, por exemplo, para países como a Suíça.

Apesar de tudo, a sociedade portuguesa do fim do século XX contrasta com a sociedade patriarcal, tradicional e rural que Salazar promoveu. Nesta sociedade do Portugal contemporâneo, parece haver dois grandes protagonistas sociais: por um lado, os empresários e os quadros gestores, principalmente masculinos, com limitadas qualificações, comparativamente mais velhos; por outro lado, os profissionais intelectuais e científicos altamente educados, mais jovens e progressivamente *feminizados*. A constituição destes grupos sociais que ocupam os lugares dominantes da estrutura social e que, de modo geral, gozam de mais recursos na vida pessoal e têm, frequentemente, mais poder para influenciar o curso da vida política, é o resultado de dois factores. A actividade empresarial e a educação universitária. Estes são os meios institucionais responsáveis por uma grande parte da mobilidade social ascendente das últimas três décadas (Almeida *et al*, 1994; Machado e Costa, 1998).

Todas as dinâmicas de transformação das estruturas sociais do País foram seguidas por transformações nas atitudes e comportamentos, nas relações sociais e modos de vida. Com o crescimento económico da década de 1960, depois de décadas de estagnação, e o consequente crescimento de classes médias, emergiram aspirações sociais e culturais e novas exigências de consumo, qualidade de vida e lazer. A euforia revolucionária criou um ambiente de camaradagem e solidariedade com a sempre presente mão do Estado.

Mas os anos 1980, com o fim da ênfase nos ideais colectivos e colectivistas, fizeram sobressair o direito à privacidade, os objectivos individualistas e a competição por empregos. Dos anos 1970 para os anos 1990, assistiu-se a uma mudança ideológica do «Che Guevara para o Narciso», da «revolução para a reflexão», da «ganga para a camisa e gravata», representando atitudes radicalmente opostas. As taxas de divórcio aumentaram grandemente e emergiram debates públicos em relação a temas como o aborto. A sexualidade deixou também de ser um tabu. A estrutura da família também mudou para incluir uma combinação de características de modernidade e tradicionalismo (Almeida *et al*, 1998; Almeida e Wall, 1995). A posição tradicionalista do homem dentro de casa e na família mudou. A mudança dos valores também inclui um crescimento do interesse, quase uma obsessão com a astrologia, curandeiros e bruxaria. Este fenómeno de procurar saber a futura sorte pessoal está relacionado com a incerteza e insegurança das comunidades em mudança (Almeida, 1995; Almeida *et al*, 1995; Barreira, 1994; Barreto, 1996).

DE UMA SOCIEDADE *DUAL* A UMA SOCIEDADE PLURAL

As mudanças sociais e económicas rápidas não eliminaram o *dualismo* na sociedade portuguesa. O termo foi introduzido por Adérito Sousa Nunes para descrever os aspectos contrastantes da sociedade portuguesa no Estado Novo, em que as diferenças não eram apenas baseadas na classe social, mas tinham, também, uma base territorial. A faixa costeira, com algumas características de sociedades capitalistas, foi a que mais sentiu os processos de urbanização, modernização e literacia. A população que vivia nesta zona teve um contacto mais fácil com o mundo exterior, com o acesso a modernas fontes de informação e modelos de consumo. O interior do País, por outro lado, permaneceu, de maneira geral, tradicional e patriarcal, onde as tradições familiares eram a base das relações sociais e onde se cultivavam valores similares aos do *Antigo Regime*. Com elevadas percentagens de auto-suficiência, esta sociedade era largamente imune à protecção social do Estado dos maiores serviços públicos, média, informação e cultura. De acordo com Barreto, este dualismo não apresentava um significativo desafio ao Estado-nação, sendo, antes, evidência de diferenças de ritmo de mudança numa sociedade excepcionalmente coesa. Esta dualidade representa uma sociedade em desaparecimento e uma outra a emergir. «As duas sociedades, apesar de ligadas uma à outra, seguiram caminhos diferentes, uma corria na direcção do futuro, outra deixava-se extinguir» (Barreto, 1995: 843).

As duas sociedades coexistiram – e pode argumentar-se que ainda coexistem – no mesmo país mas em diferentes áreas geográficas. Este *dualismo* na sociedade portuguesa tem lugar, no entanto, no seio de um todo racial, étnico, linguístico, religioso e cultural. A homogeneidade étnica do País permaneceu, apesar do estatuto imperial da nação. Esta rara permanente unidade na história durou desde a expulsão forçada dos Judeus, há cinco séculos, e foi sublinhada pelo pequeno tamanho do País e pela sua posição geográfica periférica (Martins, 1998).

Hoje, quer o *dualismo* quer a tradicional homogeneidade etnocultural estão a mudar. As *duas sociedades* vivem, hoje, lado a lado nas áreas metropolitanas do Porto e de Lisboa e, mais recentemente, em algumas cidades do interior, onde *bairros de lata* persistem em demonstrar que o dualismo perdeu a sua dimensão regional. Hoje é um fenómeno muito mais social e económico.

Há, ainda, evidência crescente de pluralidade: na população, nas características étnicas e culturais, nos comportamentos religiosos, na vida política, na organização do Estado, na competição económica e na organização civil. Esta pluralidade emergente implica desafios particulares e, no que toca à crescente diversidade etnocultural, especialmente visível nalgumas áreas metropolitanas, muitos comentadores continuam a chamar a atenção para o facto de que a sociedade portuguesa permanece mal equipada (Cabral, 1998).

PORTUGAL E O SISTEMA INTERNACIONAL DE ESTADOS-NAÇÃO

Desde 1974, uma das principais preocupações é a integração económica, política e militar no sistema internacional, ou, como Bruneau escreveu, no «Sistema Ocidental «evitando, assim, quer a ameaça do comunismo quer o regresso do antigo regime de direita. O padrão de modernização de Portugal desde o golpe de 1974 tem sido, por isso, em parte determinado pela integração intencional numa grande variedade de actores junto com outros países mais ricos e modernos» (Bruneau, 1984: IX). Portugal aproveita todas as oportunidades para mostrar os seus novos compromissos de integração na comunidade internacional, como a presidência da União Europeia, em que o *Plano de Lisboa* foi apresentado como um instrumento essencial conseguido pelas autoridades de Lisboa, para assegurar a competitividade da Europa na *nova economia*. Portugal tem-se também empenhado na participação em algumas missões militares da ONU. A presidência da Assembleia Geral da ONU, o recente convite a Durão Barroso para presidir à Comissão Europeia, entre outros cargos desempenhados por portugueses em organizações internacionais, são apresentados como devidos ao prestígio de Portugal enquanto país plenamente integrado na comunidade internacional, ultrapassando o quadro anterior do «orgulhosamente sós».

Para Telo, uma característica da sociedade portuguesa que a torna única na idade contemporânea é o facto de Portugal, através da sua história, «ir buscar ao sistema internacional recursos e meios que multiplicam a sua força e lhe permitem abalançar-se a missões e estratégias aparentemente muito acima do seu peso relativo, tanto internas como externas» (Telo, 1997: 652). Alguns exemplos são a manutenção da soberania e da independência durante as guerras contra Napoleão, juntamente com o facto de que a derrota francesa terá começado na Península Ibérica. Portugal também conseguiu achar um meio de resolver o défice comercial e viver acima dos seus recursos. Ao contrário de outros países europeus como a Espanha ou a Alemanha, manteve um vasto império mesmo durante a *corrida a África*. Portugal tem sido parte do conjunto de países na vanguarda da evolução do sistema internacional devido às relações privilegiadas com as potências que dominam o Atlântico. Os diferentes regimes políticos portugueses encontraram um muito importante apoio externo. O País foi convidado a participar como membro fundador das principais organizações internacionais. Finalmente, foi o primeiro império europeu em África em 1415 e o último em 1975. Quando os projectos nacionais não estão de acordo com a evolução internacional e com os valores frequentemente aceites, o «fim inevitável é uma crise traumática, com a qual surge a reconciliação com as realidades internacionais» (Telo, 1997: 652). Isto foi o que aconteceu durante a década de 1890 ou mais recentemente com a guerra colonial devido à política de recusa da autodeterminação.

Para outros autores, Portugal é visto como uma sociedade semiperiférica no sistema mundial internacional. Sousa Santos aplicou o conceito de Wallerstein de semiperiferia para descrever a sociedade portuguesa, especialmente desde o século XVIII, quando Portugal teve um papel de país *central* em relação às suas colónias e o papel de periferia em relação aos maiores centros de acumulação capitalista. Para Santos, o desaparecimento do império colonial não implica o desaparecimento da sua posição semiperiférica, pois as suas condições internas – sociais, política, económica e cultural – não desapareceram ou mudaram automaticamente. As sociedades semiperiféricas são sociedades intermediárias no duplo sentido de que apresentam estágios intermédios de desenvolvimento e têm funções na gestão de conflitos entre as sociedades centrais e periféricas causadas pela desigualdade na apropriação da mais-valia produzida mundialmente (Santos, 1992). Usando a linguagem de Wallerstein, Portugal seria o «país mais periférico do centro». Esta é uma das razões que o torna um caso especial. Por um lado pertence geográfica e politicamente, à Europa, à OCDE, à União Europeia e à NATO, ou seja, a um dos centros económicos e políticos mundiais mais importantes. Existem influências deste centro em termos de cultura, mentalidade, ambições e expectativas. Por outro lado, no campo das actividades criativas, capacidade económica, formação técnica, poder competitivo, criação de riqueza e talento organizativo, a assimilação é muito mais lenta. «Às aspirações próprias do centro, correspondem as debilidades da periferia» (Barreto, 1996: 60). Isto acontece porque nas últimas três décadas, as expectativas das pessoas cresceram a um ritmo diferente e mais rápido do que a modernização das infra-estruturas materiais.

A perda do império colonial, o estabelecimento de um regime democrático e a centralidade do Estado no sistema produtivo são vistos neste quadro como um processo de renegociação, conduzido pelo Estado, da sua posição no sistema mundo depois de as condições em que a sua anterior posição se baseava se terem extinguido, quer no plano económico quer no plano político (Santos, 1992). A transferência de soberania de Macau pode ser vista como parte destas renegociações. Pela primeira vez em muitos séculos as fronteiras políticas do País são apenas europeias. Mas a criação da CPLP e a celebração da universalidade na Expo'98 ou as comemorações dos *Descobrimentos portugueses* representam uma tentativa de reafirmar a posição intermediária do País. Nas Opções *Estratégicas* do Governo em 1993, uma das prioridades na política externa era «afirmar a presença de Portugal no mundo» com uma referência especial à cooperação com os países lusófonos (Moreira, 1995: 313). Este papel é defendido por muitos. Para Ferreira, por exemplo, não é bom que os interesses nacionais sublinhem apenas o seu papel europeu. «Não se trata, assim, de um dizer não à opção europeia, mas sim da possibilidade de não ter de se dizer não à vertente atlântica» (1995: 303).

A VOCAÇÃO ATLÂNTICA E A OPÇÃO EUROPEIA

Durante o regime salazarista, era popular um mapa da Europa que tinha sobrepostas aos países europeus as colónias portuguesas. Um dos objectivos era mostrar que Portugal não era um pequeno país. Hoje é reclamado o mesmo, usando para tal o argumento de que Portugal é um dos membros da União Europeia. Depois do *regresso a casa* de Portugal ao seu rectângulo ibérico, a Europa representa a promessa de alargamento da «micro-sociedade» portuguesa para um espaço social mais vasto e para a sua nova «paideia nacional» (Quadros, 1992).

A integração europeia acelerou a modernização e o desenvolvimento económico de Portugal. O crescimento real do PIB foi em 1998 de 4,2 por cento, bem acima da média europeia. Também ganhou acesso ao euro com relativa facilidade. Inflação de cerca de 2 por cento e taxas de juro de cerca de 5 por cento estão longe dos números de dois dígitos de há não muito tempo. O mesmo se pode dizer em relação à taxa de desemprego. Os fundos da União Europeia têm sido os grandes responsáveis pela boa *performance* económica dos anos 1990, o que tornou o país «quase irreconhecível em relação ao país em dificuldades que aderiu à Comunidade Europeia em 1986» (*Financial Times*, 28 de Outubro de 1998). Para Eduardo Lourenço, Portugal tem corrido atrás da Europa durante um século; uma corrida cheia de dificuldades para ultrapassar o seu atraso científico, económico e tecnológico. Mas uma corrida que oferece, hoje, a possibilidade de diálogo e de trocas com a nova Europa em construção. Para o pensador, este reaproximar do velho Portugal ancorado nos hábitos de nação imperial à Europa resultante de três revoluções industriais em que quase não participou, é complexo, difícil, cheio de resistências e armadilhas (Lourenço, 1988).

Os Portugueses parecem orgulhosos, sobretudo, da sua experiência histórica comum e da revolução de Abril que resultou na democratização do País (Almeida, 2001). No entanto, numa altura em que a natureza do regime parece não estar em causa, prosperidade e desenvolvimento económico têm uma crescente importância na *conversa* política de identidade nacional, sendo que tais debates rodeiam o projecto europeu. De um discurso do «orgulhosamente sós», o projecto europeu acolhe, hoje, o apoio da maior parte da elite política. As décadas de 80 e 90 do século XX foram, de uma maneira geral, períodos de prosperidade económica, o que se deveu, em grande parte, ao impacto dos programas de convergência económica com a Europa. No discurso de grande parte das elites, parece haver um grande desejo de mostrar um Portugal plenamente integrado no sistema internacional de Estados-nação e comprometido com o projecto de construção europeia. Neste sentido, a Expo'98, por exemplo, foi, como veremos adiante, o símbolo da visão do Portugal moderno, democrático, liberal e progressivo, tentando combinar a opção europeia com a tradicional vocação atlântica[9].

Os projectos da Expo'98 ou do Euro[10] revelam um Portugal mudado aos actores internacionais, ao mesmo tempo que são apresentados como projectos unificadores da comunidade nacional. Os símbolos da mudança continuam a transformar a paisagem, como a série de novas estradas, novas pontes, como os 18 km da Ponte Vasco da Gama, linhas de Metro, centros comerciais ou a arquitectura exuberante da Expo'98, agora renomeada *Parque das Nações*, uma zona de lazer e cultura. Neste complexo, muitas das características da Exposição Mundial, incluindo um dos maiores oceanários do mundo, o Pavilhão da Utopia e a marina mantêm-se como atracções permanentes, como que a relembrar à comunidade nacional o *projecto comum* da Expo'98. A organização do Campeonato Europeu de Futebol de 2004, foi também apresentado, como um desafio unificador da comunidade nacional.

UNIDADE E DIVERSIDADE

Muitos dos Estados-nação têm-se tornado culturalmente mais diversos. Numa amostra de 132 Estados-nação, apenas 12 são Esta-

---

[9] Este é um tema que desenvolvemos também noutro local (Almeida, 2004)
[10] Sobre o Euro, ver AAVV (2001), Burgoyne e Routh (1999) e ainda Almeida (2004).

dos compostos por um grupo homogéneo. Há mais de 1000 povos ou grupos que não expressam lealdade em relação ao Estado em que vivem (Moreira, 1996). A Europa é, também, cada vez mais *colorida* e culturalmente diversa. Em 1981 foram identificadas mais de 50 minorias nos países da OCDE (Souta, 1997). Portugal, com uma imagem tradicional de nação cultural, étnica, linguística e religiosamente homogénea, é frequentemente apresentado como exemplo quase perfeito de um Estado-nação em que existe uma coincidência entre a unidade política e a unidade cultural (Gellner, 1983, 1994; Smith, 1991). Se, como o historiador José Mattoso (1998) argumenta, a nação foi em grande medida uma construção do Estado, devido, em particular, a uma tradicional forte centralização, quase podemos dizer que a criação se virou contra o criador quando o processo de regionalização, previsto na Constituição de 1976, foi sujeito a um referendo nacional e rejeitado pelos Portugueses. O constante discurso de coesão e unidade natural da nação, e também as imagens de violência através da Europa e na vizinha Espanha, tiveram, provavelmente, algum tipo de influência no resultado do referendo. Assim, Portugal permanece como uma das nações europeias mais centralizadas. Por exemplo, apenas 9 por cento do orçamento é gasto pelas autoridade locais em comparação com 25 por cento ou mais em muitos países da UE (*Financial Times*, 28 de Outubro de 1998).

Os discursos da nação são, normalmente, acompanhados de um discurso de união e coesão, reproduzindo a imagem de unidade cultural à custa, algumas vezes, do reconhecimento de particularismos culturais locais e regionais. Por exemplo, foi preciso esperar pela democratização e pela europeização do País para assistirmos ao reconhecimento, na Lei 7/99 de 29 de Janeiro, do direito a preservar e promover a língua mirandesa[11], enquanto património cultural, instrumento de comunicação e de reforço de identidade da terra de Miranda[12]. Outros dois exemplos exempli-

---

11 A propósito da diferença entre um dialecto e uma língua, O'Leary refere que «há mais do que mero humor na tese de que uma língua se diferencia de um dialecto pois a primeira tem um exército e uma marinha» (O'Leary, 1998: 66).
12 O direito à sua aprendizagem é regulamentado pelo Despacho Normativo n.º 35/99 do Ministério da Educação.

ficam como a elite pode controlar as concepções que se tornam, em dado momento, as ideias dominantes de nação, que podem mudar consoante o tempo histórico e o grupo que está nessa posição: os *touros de morte* – proibidos por Salazar por serem um costume bárbaro que ia contra a essência do povo português que o antropólogo Jorge Dias (1950: 34) exprimiu na conhecida fórmula: «para o Português, o coração é a medida de todas as coisas»; e o *kola son jon* – uma dança cabo-verdiana proibida durante o regime salazarista, pois era considerada, pela administração colonial, uma dança libidinosa dados os exuberantes ritmos e movimentos dos corpos. Ambas as práticas foram proibidas por Salazar pois iriam contra aquilo que *nós* somos, contra a concepção ideológica que o regime tinha da nação e, agora, ambas são defendidas e promovidas, tal como o *mirandês*, como parte importante das respectivas culturas.

A crescente diversidade cultural, fruto de fluxos populacionais, representa, também, um desafio ao Estado-nação, sobretudo num país como Portugal, em que a ideologia luso-tropicalista adquiriu uma importância fundamental na forma como o País se identifica como nação e como os Portugueses se vêem a si próprios (Venâncio e Moreira, 2000; Venâncio, 1996). O processo de homogeneização levado a cabo pelo Estado, que incluiu, historicamente, a expulsão de *outros*, parece ser um processo permanente. Ainda recentemente os políticos portugueses deram às escolas primárias um *kit patriótico* com o objectivo de aumentar nas crianças a consciência da sua nação com 91 836 km^2, uma bandeira, um hino e uma Constituição. No dia da distribuição, o Presidente da República visitou um local onde a origem diversa dos habitantes era evidente e apelou directamente à união, independentemente da origem, «hoje todos vivemos sob a mesma bandeira e hino», símbolos que «nos identificam como Portugueses na nossa relação com o mundo». Sublinhando a importância de tais símbolos, apelou às crianças para cantarem sempre que possam o hino e a não terem vergonha de ser Portugueses (*Diário de Notícias*, 3 de Outubro de 2000). A integração dos imigrantes foi um dos principais temas do discurso do Presidente da República durante as celebrações do Dia Nacional de Portugal, em 2002, reconhecendo a sua importância do tema para a actual sociedade portuguesa. Os dias nacionais são, frequentemente, ocasiões para a (re)construção do projecto nacional e para a (re)afirmação da coesão da comunidade, mesmo em velhos Estados-nação, há muito estabelecidos, como Portugal. O Dia de Portugal, de Camões e das Comunidades Portuguesas foi, por exemplo, uma ocasião aproveitada pelo presidente para afirmar que «não podemos dar direitos políticos a minorias que recusam os nossos valores e não acatam as nossas leis. Queremos receber dignamente, isso sim, os cidadãos livres que escolham partilhar o nosso destino colectivo e respeitar a nossa ordem jurídica» (11 de Junho de 2002).

CONCLUSÃO

O fim das fronteiras entre membros do grupo Schengen, o estabelecimento de um mercado único e a chegada do euro constituem mudanças psicológicas assinaláveis para o Portugal que viveu isolado durante décadas. Neste seu *regresso a casa*[13], Portugal enfrenta novos papéis à medida que se envolve na integração europeia que podem ser, por vezes, contraditórios. Ao mesmo tempo que assume compromissos com o *projecto europeu*, o Estado português continua a promover a homogeneização interna através do sistema educativo e através da enorme celebração da *sua* história, dos *seus* heróis e do *seu* destino nacional. Apesar da adesão ao projecto europeu, os Portugueses têm uma visão de si próprios, em grande parte, virada para o passado e, como noutros povos, centrada na nacionalidade. Segundo Braga da Cruz, a ideia de um passaporte europeu a substituir o passaporte nacional é aceite por 78,2 por cento dos portugueses. Dado que a média europeia, em finais da década de 1980, se situava

---

13 Influenciado decisivamente, como noutras rupturas da vida portuguesa, pelos militares que, ao contrário do que as forças americanas fizeram no Vietname, deslegitimizaram a guerra, recusando-se a servir o regime e causando o seu colapso.

em 88 por cento, apenas o Reino Unido e a Dinamarca tinham opiniões menos favoráveis do que os Portugueses com 78 por cento e 62 por cento respectivamente (Cruz, 1989). Estes e outros factos deixam transparecer a ideia de que, apesar da grande mudança estrutural ocorrida no pós-25 de Abril de 1974, há assuntos em que a mudança dos Portugueses não é tão aparente, como na sua atitude de afirmar o inquestionável valor da nação e a dificuldade em abdicar da sua identidade e soberania em favor do projecto europeu.

No processo de centralização e fragmentação que a Europa actualmente atravessa, o Estado-nação é simultaneamente «minado» e tornado mais saliente. Em muitos países, os sentimentos nacionais continuam bem entrincheirados e não serão ultrapassados pura e simplesmente por se fechar os olhos a tais sentimentos, deixando a exclusividade na defesa de tais sentimentos a partidos e movimentos extremistas. Esta parece ser uma das razões para o crescimento dos partidos de extrema-direita na Europa em finais da década de 1990, cuja agenda populista faz apelos e foca temas que outros partidos e movimentos mais envolvidos com o projecto europeu não abordam. O grande desafio para a construção de um espaço *pós-nacional* na Europa é, portanto, a conciliação do projecto universalista europeu e as lealdades das pessoas para com as suas nações. Estes factos, juntamente com outras condições, nomeadamente o aumento da imigração e o sentimento de insegurança, pode criar as condições propícias a um crescimento da extrema-direita, como tem acontecido nalguns países europeus. Nestes casos, a extrema-direita tem captado o apoio de franjas importantes da população, aderindo a ideais contrários aos próprios ideais universalistas que estão na base do sistema democrático ocidental. Este crescimento da extrema-direita constituiu um fenómeno que não apanhou, de resto, de surpresa quem se tem dedicado ao seu estudo e às condições sociológicas que estão na sua origem (Husbands, 1983).

David Corkill é de opinião de que a aceitação e mesmo o entusiasmo que quer Portugal quer a Espanha demonstraram em relação à união política europeia e à cedência de soberania, é evidência de que a «Península Ibérica demonstra que o nacionalismo do centro e da periferia pode coexistir com o supranacionalismo na forma de identidades plurais» (Corkill, 1996: 155). Mas o sucesso do novo projecto nacional dependerá, certamente, da gestão destes assuntos e da capacidade de conciliar os diversos papéis que Portugal é chamado a desempenhar enquanto sociedade moderna integrada no sistema internacional. No capítulo seguinte, é explorada a forma como as elites nacionais mobilizam, nos grandes rituais nacionais que têm tido lugar em Portugal, os valores considerados mais apropriados aos desafios correntes da comunidade nacional.

CAPÍTULO 6
A CELEBRAÇÃO DO PASSADO E A REIMAGINAÇÃO DA NAÇÃO NO PORTUGAL PÓS-REVOLUCIONÁRIO

Na minha geração nós estávamos «orgulhosamente sós».
Hoje estamos orgulhosamente com os outros.

JORGE SAMPAIO

INTRODUÇÃO

A identidade nacional precisa de ser reafirmada e reconstruída de tempos a tempos. Os ritos e dias nacionais têm um papel crucial no processo de manutenção da nação. Tal como todas as nações, Portugal também tem os seus dias nacionais em que a nação é abertamente *hasteada* aos cidadãos nacionais. Este programa anual de celebrações em Portugal inclui a celebração do Dia de Portugal, de Camões e das Comunidades Portuguesas a 10 de Junho[1], a celebração da Implantação da República em 1910 a 5 de Outubro, a celebração da Restauração da Independência em 1640 a 1 de Dezembro e a celebração da *Revolução dos Cravos* de 1974 que derrubou o regime do Estado Novo a 25 de Abril.

Durante mais de uma década, celebrar o quinto centenário dos *Descobrimentos* foi uma prioridade política, via um grande programa de comemorações. No final da década de 1990, dois momentos principais foram celebrados: o quinto centenário da *descoberta do caminho marítimo para a Índia* em 1998 e a *descoberta do Brasil* em 2000. Em 1998 Portugal organizou uma grande exposição internacional como parte das celebrações. Na Expo´98, como

---
[1] Esta data foi celebrada, durante parte do regime salazarista, como o *Dia da Raça*.

na Exposição do Mundo Portugês de 1940, o passado, o presente e o futuro são recombinados. As glórias do passado são revisitadas de modo a servirem como exemplo para o presente e para o futuro.

Em qualquer nação, o passado mais valorizado, as *idades de ouro*, tem de ser celebrado com glória, de modo a que a comunidade nacional possa ser merecedora desse passado e dessa herança ancestral. As nações não só renovam o interesse no seu passado e na mobilização das co-memórias em celebrações particulares, como também parecem prestar renovada atenção aos seus monumentos, aparentemente numa tentativa de ultrapassar o efémero. Hespanha, o presidente da Comissão Nacional para as Comemorações dos Descobrimentos Portugueses justificou, numa entrevista a uma revista especializada em história que pouco resta do espectáculo efémero de outras celebrações passadas em Portugal tais como as comemoraçõess de 1960 (Hespanha, 1998). Os líderes políticos parecem querer, com estes processos de comemoração, deixar impressões duradouras e mesmo imortalidade através de grandes construções, como o grande Centro Cultural que o Governo de Cavaco Silva construiu por ocasião da primeira vez que Portugal assumiu a presidência da Comunidade Europeia em 1992, ou a Expo'98 para celebrar os *Descobrimentos portugueses* ou, noutras paragens, a Pirâmide de Paris ou mesmo a Millennium Dome de Londres, apesar das suas vicissitudes.

Neste capítulo analisamos a forma como a nação saída do 25 de Abril de 1974 tem sido reimaginada explorando, em especial, o papel do processo de comemoração dos 500 anos dos *Descobrimentos* portugueses e da organização da Expo'98.

A CONTINUIDADE HISTÓRICA E A REDEFINIÇÃO DA NAÇÃO

No processo de reimaginação da nação, decorrente do processo de mudança, a mesma história que outros regimes celebraram tem sido largamente usada pelo regime democrático para mobilizar a comunidade nacional. É uma história gloriosa, uma *era de ouro* de santos e heróis que, como todas as eras de ouro de todas as nações, «dá significado à sua promessa de restauração e dignidade. Portanto, quanto mais rica e cheia for essa etno-história, mais convincente se torna a sua reivindicação e mais fundo pode tocar nos corações dos membros da nação» (Smith, 1991: 161). Daqui a importância que o programa comemorativo teve nas agendas políticas das últimas décadas em Portugal.

A mobilização de alguns símbolos e valores durante as recentes comemorações foi um instrumento útil para as elites na gestão de alguns desafios à comunidade nacional como a construção europeia ou o aumento de diversidade cultural. Foi um recurso usado para elevar a confiança, o orgulho e a consciência nacional, mas também um veículo para transmitir uma mensagem à comunidade internacional, como parte do processo de reimaginação da nova posição de Portugal no mundo. Uma preocupação especial nas visões expressas para o vasto público nacional, foi o de apresentar um Portugal diferente daquele que foi representado na Exposição do Mundo Português em 1940. Os líderes não deixaram lugar para dúvidas e as diferenças foram claramente estabelecidas no discurso de abertura pelo Presidente da República, Jorge Sampaio:

> Portugal fez do mar, o caminho para se encontrar consigo próprio, com os outros, com o mundo [...] Portugal encontrou no 25 de Abril a democracia, um sentido de abertura e renovação [...] Encontrou-se de novo com o universalismo, abertura ao exterior, comunicação com os outros [...] na minha geração nós estávamos orgulhosamente sós. Hoje estamos orgulhosamente com os outros (Jorge Sampaio, discurso inaugural da Expo'98).

A Expo'98 foi usada, lembrando a *era de ouro* das navegações portuguesas, para «ganhar consciência de que para progredir é necessário projectar-nos para fora e não permanecer agarrados a um qualquer isolamento (José Torres Campos, *in* Parque Expo'98, 1998b). Desde 1974, Portugal tem tentado ultrapassar o «longo período de atraso e isolamento das tendências e processos que caracterizaram o mundo moderno» (Bruneau, 1984: VII).

No discurso das elites políticas, ambos os tempos históricos são constantemente contrastados. Ambas as exposições, de 1940 e de 1998, foram apresentadas como símbolos dos respectivos regimes, pelo que as próprias exposições – mesmo celebrando a mesma história – foram, também, claramente contrastadas. Em 1998 o regime democrático tinha, finalmente, a sua exposição. De acordo com os organizadores, a exposição *democrática* nada tinha a ver com a exposição de 1940 e outras «que se queriam profundamente didácticas e instrutivas, e que fixaram, da República ao Estado Novo, o conjunto de valores em que se formaram muitas gerações de portugueses e em que se conformou a imagem consensual do País divulgada no exterior» (Parque Expo'98, 1998a).

Desde 1974, *liberdade* e *democracia* têm sido palavras-chave nos discursos políticos e o regime salazarista é, frequentemente, encarado como uma *idade de trevas* do Portugal moderno.

A Expo'98 e as recentes comemorações dos Descobrimentos, como a Exposição de 1940 e as comemorações do Bicentenário da altura, foram a afirmação de um projecto político comum, dando--lhe força ao sublinhar as memórias e experiências comuns do passado. Celebrando a história nacional, a *comunidade nacional de história e destino* é reconstruída e reafirmada. Celebram-se, como se celebraram no passado, os valores do universalismo e da abertura, redefinindo a relação tradicional dos portugueses consigo próprios e com o mundo. Na nova narrativa de modernidade, muitos dos repertórios mobilizados são semelhantes aos de 1940, o que mostra a sua persistência e importância na identidade nacional portuguesa. As idades de ouro são relembradas para ser exemplos de virtudes passadas de forma a inspirar a geração corrente.

A história, particularmente os usos e as representações ou pseudo-representações de algumas partes do passado, desempenha um papel fundamental na construção de discursos de identidade nacional. Enquanto algumas épocas são celebradas como *idades de ouro*, outras são desvalorizadas como *idades das trevas*. Para o regime salazarista, a Primeira República era uma dessas *idades das trevas*. Para o regime democrático, a *idade maligna* foi o anterior longo período de ditadura. Por essa razão, os organizadores da Expo'98 relembraram a organização pioneira de uma Exposição Internacional no Porto em 1865, uma das primeiras, se não a primeira exposição internacional fora de Londres e Paris, ao mesmo tempo que desvalorizavam a Exposição de 1940. Ideologicamente, a exposição de 1940 era o símbolo da *idade das trevas* do Portugal moderno. Com a Expo'98 «a vontade de inovação, o progresso tecnológico, a competição e a qualidade» foram encorajados. Daqui que, de acordo com os responsáveis de uma exposição evocativa da atitude pioneira de 1865, «a melhor forma de honrar os inovadores de há mais de um século é reproduzir, hoje, no nosso comportamento diário, a vontade que eles tinham de fazer de Portugal um país moderno e próspero!» (*Porto 1865 – Uma Exposição. O Cristal de Ferro*, 1994: 4).

Como vemos, a celebração da história tem sido uma parte importante da agenda política dos vários regimes políticos. A importância da história é defendida como «uma das mais importantes bases da memória colectiva e, portanto, da consciência de identidade». Alguns mitos são criados «exactamente para apoiar a fé na eternidade ou mesmo a sacralidade da pátria» (Mattoso, 1998: 103). Por isto, quando um projecto de reforma da educação previa a redução nas horas de ensino da História, o historiador José Mattoso defendeu o papel da história na construção da cidadania:

> A história é necessária para a aquisição da noção de tempo, data e contexto [...] sem o qual não é possível exercitar uma profissão, mesmo tecnológica, nem mesmo ser um cidadão consciente e responsável [...] Não faz sentido explicar isto ao ministro da Educação de um país em que, durante os últimos quinze anos, a Comemoração dos Descobrimentos foi um dos seus principais objectivos» (*Público*, 13 de Abril de 1999).

De facto, um grande programa de comemorações para o quinto centenário dos *Descobrimentos portugueses* foi lançado em 1987 pelo Governo português. No entanto, para a Comissão Nacional, responsável pela organização de tais celebrações, a identidade nacional nunca esteve em questão.

> Portugal... ao contrário de outros países que podem organizar comemorações, não tem necessidade de afirmar a sua identidade nacional. Tem uma identidade nacional definida há oito séculos; as suas comemorações não são tanto acerca da afirmação de identidade nacional, mas sim acerca de moldar a sua fisionomia (Moura, 1989, *in* Vakil, 1996: 35).

O processo de celebração foi parte de um processo de reconstrução em que a nação tem sabido «modernizar radicalmente os termos de uma concepção do seu relacionamento hoje com tantas áreas do mundo em que esteve presente», como Vasco Graça Moura escreveu no guia do Pavilhão de Portugal na Expo'92, apresentando-se a nação como um exemplo a seguir na sua relação com o passado (*Diário de Notícias*, 1992a). Como vimos atrás, Billig (1995) salienta a importância de reivindicações deste tipo afirmando uma forte identidade nacional. Toda a nação reivindica o direito a afirmar-se como natural, única e diferente. Tal como outras nações, Portugal reivindica uma identidade nacional ancestral e quase natural. Reivindicar continuidade é importante para quem quer que fale em nome da nação, mesmo quando a comunidade atravessa um processo de reconstrução, reflectindo mudanças no contexto geral, à medida que a comunidade enfrenta novos desafios ou ameaças. Como na década de 1940, a mais recente redefinição de identidade nacional em Portugal integra, assim, visões reconstruídas do passado. Como vimos no capítulo 5, Portugal atravessou importantes mudanças nas últimas duas ou três décadas. Tornou-se uma nação pós-colonial com meio milénio de história expansionista atrás de si. Em 1986 Portugal aderiu à Comunidade Económica Europeia, facto que deu um ímpeto significativo ao desenvolvimento económico. De acordo com Braga da Cruz (1989), três circunstâncias concorrem na importância que a questão da identidade nacional assumiu recentemente em Portugal: a descolonização, o processo de integração europeia que parece ultrapassar o quadro de Estados-nação europeus construído ao longo dos últimos dois séculos, e o processo de regionalização nacional, proclamado na Constituição de 1976. Em relação a este último aspecto, tal proposta foi recusada em referendo popular. Em relação aos dois primeiros, a reimaginação da nação reflecte de facto uma renegociação da posição de Portugal no mundo de Estados-nação em que a tradicional *vocação atlântica* e a *opção europeia* são combinadas. De facto, a integração europeia e a relação com o mundo lusófono agora reunido numa Comunidade de Países de Língua Oficial Portuguesa (CPLP) têm sido duas grandes prioridades na agenda política portuguesa.

A CELEBRAÇÃO DO PASSADO – O QUINTO CENTENÁRIO DOS *DESCOBRIMENTOS*

Em Portugal, a reivindicação de uma forte identidade nacional tem sido uma constante nas políticas de identidade. A celebração da *idade de ouro* dos *Descobrimentos* foi usada não para afirmar mas para remoldar a identidade da comunidade. De acordo com Quadros, os «Portugueses têm reflectido pouco em relação ao que é Portugal» tomando a noção de Portugal quase por garantida. A percentagem de portugueses que declara que amam muito Portugal e que declaram uma clara afeição pelos símbolos nacionais como a Bandeira, o Hino ou a história, é das mais altas da Europa (Quadros, 1992). Um estudo europeu mais recente concluia que as juventudes portuguesa e grega eram as mais entusiásticas acerca da história dos seus países. José Machado Pais explica que «em países com menor desenvolvimento económico, mas com um passado histórico considerável, como Portugal e a Grécia, as identidades olham-se permanentemente no espelho do passado», ao contrário dos países mais desenvolvidos onde as identidades são projectadas no futuro. Uma grande conclusão desse estudo era a de que existe, por exemplo, a tendência para o «branqueamento» do colonialismo: em vez de associá-lo a uma forma de exploração, os Portugueses associam o passado imperialista a viagens aventureiras de descoberta do oceano pelos antepassados, cujos destinos são cantados através do fado. De acordo com José Machado Pais, isto revela uma «consciência histórica que reflecte a rede ideológica que a constrói» (*Diário de Notícias*, 15 de Julho de 1999).

Não foi, portanto, uma surpresa, quando 96 por cento de uma amostra de 213 visitantes portugueses da Expo'98 mostraram o seu apoio às celebrações *dos Descobrimentos portugueses*, que relembram a história e sublinharam a importância e o papel dos Portugueses na história da humanidade, dando *novos mundos* ao mundo.

Numa outra questão, era pedido aos respondentes que seleccionassem e ordenassem os três aspectos em que, na sua opinião, os Portugueses mais deveriam sentir orgulho. Apesar de a mensagem ideológica da Expo'98 ser um mensagem de modernidade e de futuro[2], os resultados, como se pode verificar na tabela 1, confirmam o lugar proeminente do passado e, em particular, da *idade de ouro* dos *Descobrimentos* no imaginário nacional.

Cento e oitenta e três inquiridos, ou 85,9 por cento da amostra, indicaram os *Descobrimentos* na sua resposta. A larga maioria destes ordenou os *Descobrimentos* como o motivo número um para o orgulho português. A revolução democrática é o segundo motivo de orgulho mais indicado, seguindo-se a língua portu-

TABELA 1
Razões de orgulho para os Portugueses (escolha múltipla) (em percentagem)

	1.º	2.º	3.º	Total
Descobrimentos	67,6	13,1	5,2	85,9
A revolução de 25 de Abril de 1974	8,9	20,7	18,8	48,4
A língua portuguesa no mundo	4,7	16	14,6	35,3
As ligações históricas com outros povos	4,7	12,7	14,1	31,5
A Expo'98	4,2	8,5	16,4	29,1
A participação na construção europeia	1,4	8,9	12,7	23
O modo de ser português	3,3	9,4	2,3	15
A descolonização	0,9	3,3	4,2	8,4
A unidade nacional	1,4	2,8	2,3	6,5
O desenvolvimento económico	0,9	0,9	2,8	4,6
O passado colonial	0,9	2,3	0,9	4,1
Outros motivos	0	0	0,9	0,9

---

2 Ver mais à frente.

guesa no mundo com 35,3 por cento de respostas positivas, as ligações com outros povos (31,5%), a Expo'98 (29%), a participação portuguesa na construção europeia (23%) e o modo de ser português (15%). A descolonização, a unidade nacional, o desenvolvimento económico e o passado colonial são os motivos de orgulho menos apontados pelos inquiridos.

O que emerge destes resultados é que embora Portugal esteja num processo de construção capitalista, a comparação com outros países é ainda muito desfavorável. Os Portugueses permanecem, portanto, orgulhosos sobretudo de aspectos históricos e culturais, não se registando, portanto, alterações siginificativas dos resultados de um estudo de 1978, apenas quatro anos após a revolução de 1974 (Bruneau, 1984) e de um outro feito pelo Instituto Português de Ciências Sociais no final da década de 1980 (Cruz, 1989) acerca de nacionalismo e patriotismo[3] na sociedade portuguesa. Numa altura em que a natureza do regime e do sistema socioeconómico ainda estavam em questão, o orgulho nos factores históricos e culturais contrastava com uma pequena ênfase colocada nos resultados da revolução de 1974 como o governo, a descolonização e a Constituição. Nestes estudos, um papel especial dos *Descobrimentos* na identidade nacional de Portugal foi, portanto, confirmado. Como Cunha Leão escreveu, os *Descobrimentos* e a colonização são os principais factores que explicam a definição portuguesa. Eles são a «razão da nossa individualidade», diz Leão, seguindo Latino Coelho: «Portugal é nação desde o dia em que saiu a cruzar os mares» (Leão, 1998: 208).

Recebendo tal apelo popular, os *Descobrimentos* foram celebrados em vários momentos fundamentais do século XX. Tanto a celebração dos *Descobrimentos* (Vakil, 1996), como a celebração de Camões (Freeland, 1996) – que imortalizou as façanhas dos navegadores portugueses, especialmente Vasco da Gama, dando-lhes a força de mito – tiveram início no século XIX, quando os republi-

---

3 Definido como um «sentimento difuso e não organizado de pertença e de afeição nacional e patriótica» (Cruz, 1989: 77).

canos e os monárquicos se envolviam em conflitos sobre as definições de identidade nacional. De acordo com Vakil, essa idade de ouro era celebrada segundo quatro pontos de referência. O primeiro era uma interpretação positivista da história, em que Portugal desempenhou o papel de salvador da Europa da dominação muçulmana e como um dos pioneiros da modernização com a abertura do mundo. O segundo está relacionado com a questão colonial, afirmando os direitos históricos portugueses em relação às colónias. O terceiro era a ênfase nas diferenças da história e carácter nacional e com a afirmação de uma identidade cultural portuguesa distinta dos *outros* (espanhóis). *Nós* fomos pioneiros, *nós* fomos descobridores e o *nosso* objectivo era o espalhar da palavra de Deus e da civilização; *eles* (espanhóis) eram os nossos seguidores e *eles* eram selvagens conquistadores. No entanto, Vakil identifica uma tendência alternativa celebrando o «génio ibérico» e os paralelismos em ambas as expansões, particularmente a ideia de missão espiritual e civilizacional. A quarta dimensão está relacionada com o famoso complexo do «velho do Restelo». Este complexo representa o criticismo permanente em relação ao presente (Vakil, 1996: 44-46).

Como vimos no capítulo 4, algumas destas dimensões foram reafirmadas durante as celebrações de 1940. Quanto às recentes celebrações, elas tiveram lugar de acordo com quatro objectivos estratégicos. Internamente, procuravam aumentar o conhecimento da história portuguesa e dos povos e culturas com quem os portugueses entraram em contacto durante a expansão ultramarina e promover os valores da curiosidade e da abertura ao novo e aos outros, do universalismo e do humanismo. Externamente, as celebrações tiveram como objectivos a promoção da língua e cultura portuguesa no mundo e a promoção da imagem de Portugal (Programa Estratégico da Comissão Nacional para as Comemorações dos Descobrimentos Portugueses).

A Comissão Nacional para a Comemoração dos Descobrimentos Portugueses[4] celebrou, assim, os feitos da navegação portuguesa

---

4 Recentemente desmembrada.

de finais do século xv «quer como um facto histórico de significado universal, quer como empreendimento português com significado nacional» (Programa Estratégico da Comissão Nacional para as Comemorações dos Descobrimentos Portugueses: 2). Como em 1940, essa contribuição dos antepassados foi celebrado como um avanço técnico fundamental que deu ao mundo a sua actual forma geográfica. Alguns dos tópicos mobilizados pela Comissão Nacional na consciência pública foram, de facto, o avanço tecnológico e científico, a imaginação e a bravura, a curiosidade e a abertura aos outros, universalismo e humanismo, valores que estão de acordo com os recentes discursos sobre a modernidade portuguesa. As comemorações deveriam não apenas aprofundar e difundir o conhecimento do passado português, mas também estimular «atitudes da comunidade face ao futuro e promover objectivos da diplomacia portuguesa no mundo, nomeamente no plano cultural» (Programa Estratégico da Comissão Nacional para as Comemorações dos Descobrimentos Portugueses: 3).

Através das celebrações da *idade de ouro*, o passado e o presente são de novo recombinados. Apesar das semelhanças no processo, há algumas diferenças em relação aos objectivos e contextos dos dois processos de comemoração. As celebrações do duplo centenário de 1940 foram principalmente voltadas para o passado. Portugal viveu sob um regime conservador e autoritário durante quase meio século e, como consequência, os padrões de vida e de educação estão, ainda, longe dos dos seus vizinhos europeus. Os Portugueses têm também uma *reputação* de passividade e apatia política que pode não ter sido criada somente pelo Estado Novo (Bruneau, 1984). Face a este contexto – a idade maligna do Portugal contemporâneo – as celebrações do quinto centenário dos *Descobrimentos*, e particularmente a Expo'98, foram direccionados, pelo regime democrático, para o futuro, mobilizando toda a comunidade nacional na construção do Portugal moderno. As campanhas da Expo'98 insistiram no convite aos Portugueses para «visitarem o futuro». As comemorações foram planeadas para projectar do presente para o futuro «como um convite a repetir a aventura [do passado], a ousar de novo. A recriar, nos tempos de hoje, a atitude de curiosidade que leva à descoberta e à inovação técnica[5] científica, para restabelecer um espírito de saudável autoconfiança nas possibilidades próprias», como Hespanha escreveu no editorial de *Oceanos* (1996, n.º 28), a revista da Comissão Nacional para a Comemoração dos Descobrimentos Portugueses.

A EXPO'98 E A DEFESA DO PATRIMÓNIO DA HUMANIDADE: «OS OCEANOS: UMA HERANÇA PARA O FUTURO»

Cerca de 160 países e organizações não governamentais participaram na Expo'98, o que consituiu um recorde, em parte justificado pela universalidade do tema «Os Oceanos». Tal tema permitiu aos organizadores apresentarem Portugal como um dos guardiões deste património da humanidade. Em 1940, Portugal foi apresentado como o guardião da herança espiritual da humanidade. Em 1998 foi dito que, «com a realização da Exposição Mundial de 1998 é por Portugal, uma vez mais, que passa o futuro dos oceanos» (Comissariado da Exposição Mundial de Lisboa, 1994a). A Expo'98 combinou a celebração puramente histórica, como tinha acontecido com a Expo'92 de Sevilha, com o tema da relação entre homem e o ambiente. Ultrapassando o optimismo expresso na Exposição Internacional Okinawa em 1975 Portugal foi apresentado ao mundo como um campeão das preocupações ecológicas acerca da exploração intensiva dos recursos marinhos pelo que Mega Ferreira, no Guia Oficial da Expo'98 apresentou Lisboa como «a capital dos Oceanos».

Ao organizar grandes eventos, muitas nações têm como objectivo afirmar uma posição ou ganhar um *espaço* na comunidade internacional. Portugal usou a narrativa da Expo'98 para

---

5 Em Junho de 1998, uma bandeira portuguesa foi levada a bordo da nave especial *Discovery*, associando aquele voo com a viagem de Vasco da Gama.

se apresentar ao mundo como um país plenamente integrado no sistema mundial de Estados-nação e um dos que está na vanguarda da salvaguarda das preocupações ecológicas da comunidade internacional, ao mesmo tempo que celebrava a sua história e destino particulares. Portugal lançou na UNESCO em 1993 a ideia de 1998 como o Ano Internacional dos Oceanos, tendo sido aprovada pela ONU em 1994[6]. Portugal celebrou a sua cultura e a sua história, que sempre foram influenciados pelo mar, mas o tema dos oceanos foi um «excelente catalizador» para a mobilização nacional e internacional, projectando Portugal «como um Estado responsável e activo na comunidade internacional aos níveis educacional, cultural e científico da protecção dos oceanos», como escreveu o ministro António Costa no Guia Oficial da Exposição. Os responsáveis pela exposição também expressaram o desejo de que a Expo'98 se transformasse num fórum de reflexão acerca dos oceanos e que ela «será relembrada e se fará sentir na vida da cidade, do País e da comunidade internacional para além de 1998» (Lisbon International Exposition Commission, 1993: 4).

O *ENCONTRO DE CULTURAS* UNIVERSAL

Uma das imagens mais associadas à celebração dos *Descobrimentos* e da própria realização da Expo'98, foi a do *encontro de culturas* como um dos principais legados do passado para a comunidade nacional do presente. Segundo a Comissão Nacional, nomeada pelo Governo, a comemoração dos *Descobrimentos*, entendidos por Vasco Graça Moura, como um «grande movimento de expansão europeia virado para a comunicação com todos os povos do mundo», devia ser um «vasto movimento de motivação e de identificação nacional» (*Oceanos*, n.º 1, 1989). Este facto teria tornado os Portugueses acostumados a lidar com as diferenças raciais e culturais, mas os organizadores das celebrações

---

[6] Pela primeira vez na história, uma exposição mundial e um ano internacional tinham o mesmo tema.

mobilizaram este repertório simbólico para promover não apenas o «compreensão ecuménica entre os povos», mas também a «projecção da imagem de Portugal no mundo» (Hespanha, in *Oceanos*, n.º 28, 1996).

Em 1940, as celebrações do passado foram usadas para legitimizar a natureza imperial do regime. Uma das características mais marcantes do Portugal pós-colonial é a crescente diversidade cultural trazida por crescentes fluxos de imigração. Neste contexto, o tema do *encontro de culturas* assumiu uma relevância particular na construção da nação como uma entidade multicultural, universalista, humanista e não racista. Como Hespanha reconheceu, isto resultou na continuidade da ideia geral acerca da expansão portuguesa, no sentido da sua glorificação, e na reafirmação de velhos modos de ver os Portugueses como diferentes na era pós-colonial. O tema do *encontro de culturas* «era politicamente adequada, além de que correspondia – e ainda hoje corresponde – à visão, do senso comum, de que os Portugueses eram diferentes dos outros povos» (Hespanha, 1998: 11)[7]. Tal como o Estado Novo, o regime democrático mobilizou uma imagem particular do passado para reconstruir a nação. Como nos anos 40 do século XX, uma dimensão espiritual apropriada ao presente foi enfatizada, como a ideia dos Portugueses possuindo uma *vocação* particular para o universalismo e para as relações com outros povos. Os contextos são, no entanto, marcadamente diferentes. Em 1940, esses *outros povos* eram, sobretudo, súbditos coloniais de Portugal. Nos finais do século XX, inícios do século XXI, este repertório simbólico é mobilizado para dar uma imagem de um país como fazendo parte do sistema internacional de Estado-nação e, particularmente, parte de um grupo de países independentes unidos pela cultura, língua e religião.

Nos discursos inaugurais da Expo'98, o *universalismo* e o *humanismo* foram as mais repetidas palavras-chave. Na mensagem oficial do Guia Oficial da Expo, Portugal foi descrito pelo Presidente Jorge Sampaio como «um país com uma história de

---

[7] Este aspecto será explorado mais à frente.

muitos séculos, uma língua de muitos povos, uma cultura de muitos horizontes», pelo que poderia reivindicar um papel para o próximo século que será «o tempo da comunicação, da solidariedade, do diálogo entre civilizações, continentes, religiões, culturas, e povos» (Parque Expo'98, 1998b). No «ano de Portugal [...] um ano de portugueses mais orgulhosos em ser portugueses», a Expo'98 foi considerada pelo primeiro-ministro a oportunidade para retomar «o processo de comunhão entre diferentes povos e civilizações» (Parque Expo'98, 1998b). Uma nação que reclama uma posição no mundo deve falar em nome da universalidade enquanto protege os seus interesses particulares, numa combinação de tendências centrípetas particulares e tendências centrífugas universais. A *nossa* nação deve, portanto, ser imaginada com as suas particularidades, mas deve também ser imaginada como uma nação entre outras nações. Neste aspecto, a *celebração familiar* de 1940 contrasta com o *encontro de culturas* de 1998.

Também em Sevilha em 1992, onde o tema era explicitamente os *Descobrimentos*, a representação portuguesa tinha por objectivo não só «avivar as cores do passado», mas também «convencer o mundo de um futuro luso, não menos prestigiado» (*Diário de Notícias*, 1992b). A visão universalista da história portuguesa foi claramente expressa na mensagem de Mário Soares, Presidente da República da altura, decrevendo os Descobrimentos como encontros de povos salientando terem sido «o primeiro passo na criação de um só mundo e de um melhor entendimento entre homens que partilham um destino comum, ao mesmo tempo que plantaram as sementes da solidariedade internacional. Celebrar as viagens portuguesas e os contactos culturais resultantes, representaram, acima de tudo, para o chefe de Estado da altura, Mário Soares, «um apelo aos valores da fraternidade e da solidariedade, da convivência pacífica entre os homens e do espírito de entreajuda» (*Diário de Notícias*, 1992a)

As comemorações dos *Descobrimentos* e a presença portuguesa em exposições internacionais como Sevilha'92 ou a organização da Expo'98 e outros megaeventos, foram úteis, tal como as celebrações de 1940, para reclamar um lugar de honra no mundo das nações e um papel-chave no diálogo entre as nações relembrando, como escrevia Cavaco Silva, primeiro-ministro de então, «ao mundo de hoje a longa e rica história de um pequeno país, que um dia se lançou por mares nunca dantes navegados para dar novos mundos ao mundo, conseguindo lançar as sementes de sociedades onde raças diferentes e credos diversos podem conviver em harmonia» (*Diário de Notícias*, 1992a).

A tolerância, um dos valores que tradicionalmente Portugal tem celebrado como uma herança do passado, dessa «maravilhosa experiência» de interacções culturais baseadas num modelo de «expansão sem dominação» como caracterizado no Guia da representação portuguesa em Sevilha'92. Durante a expansão, a substância da presença portuguesa foi, para Luiz Thomaz, baseada no «comércio que, contrastando com a dominação, pressupunha igualdade [e solidariedade entre] os seus participantes e liberdade nos contratos» com «vantagens para ambos os lados». Isto corresponde a uma visão generalizada do passado de Portugal, que é frequentemente contrastada na visão do senso comum, com a devastação causada pelos espanhóis no Peru ou no México.

Este repertório de imagens e mitos dos Portugueses como os colonialistas mais humanistas, que já tinha sido mobilizado pelo Estado Novo para legitimar o império colonial, foi novamente reconstruído também pela sua utilidade na transição para uma sociedade pós-colonial em que, depois do processo de descolonização, Portugal se envolveu num período de *reflexão* em relação ao seu passado colonial. Neste processo de reconstrução da nação, foi frequentemente reafirmado que «a ideia imperial [em Portugal] é, de certo modo, adventícia e de importação», o que deveria explicar não apenas «o milagre da expansão de um tão modesto povo por uma tão vasta área, como o da persistência da sua presença durante séculos, a despeito da fragilidade inata das suas estruturas organizativas» (Luiz Thomaz, in *Diário de Notícias*, 1992a).

Tal como em muitos exemplos, em 1992, em 1998 e em 2000, imagens particulares do passado foram mobilizadas para servir os propósitos de quem fala em nome da nação. Valores de cultura, da língua, da cooperação e comunicação têm sido apontados como um património permanente do passado que é mobilizado nestas ocasiões especiais em que se reafirma que «a dinâmica do Portugal de hoje é uma dinâmica de contacto por excelência, que reassume e reorganiza na contemporaneidade uma herança tão rica e tão pluralista» (Comissariado de Portugal para a Exposição Universal de Sevilha, 1992a: 15-17).

Esta narrativa do contacto da Expo'92 foi repetida e aprofundada em Lisboa'98, celebrando um encontro entre a Europa e o Oriente, tornado possível através da viagem pioneira de Vasco da Gama, colocando-o no quadro de um diálogo civilizacional entre os dois hemisférios através dos séculos seguintes, sublinhando os modos como a Europa e o Oriente se transformaram em parceiros principais no diálogo planetário do século XXI (*Oceanos*, n.º 3, 1990). Mesmo se indirectamente, na exposição, cujo tema principal era *Os Oceanos*, a história portuguesa e os *Descobrimentos* fizeram parte da narrativa da exposição.

O exemplo da Lisboa do passado – «um dos centros económicos e culturais mais importantes da Europa» –, permitiu combinar todas as imagens mobilizadas de contacto, tolerância, universalismo e cosmopolitismo. Uma cidade «aberta ao mundo, cosmopolita, [onde] se cruzavam todas as raças, culturas e hábitos. Gentes de todos os continentes. De todos os oceanos» (Comissariado da Exposição Mundial de Lisboa, 1994a). As campanhas publicitárias televisivas combinavam precisamente o oceano como veículo para o encontro dos diversos povos. Esta suposta herança de universalismo esteve também patente no pavilhão de Portugal em que se ofereceu uma nova perspectiva dos *Descobrimentos* no fim do milénio. Como a comissária de Portugal na Expo'98 escreveu no Catálogo Oficial, a representação portuguesa deveria contrastar com as visões expressas em grandes exposições do nosso século. O Pavilhão de Portugal deveria representar, não uma visão estilizada do passado de um povo, mas uma história de descoberta mútua (Parque Expo'98, 1998a).

AS LUTAS IDEOLÓGICAS NA DEFINIÇÃO DA IDENTIDADE

Como mostra a recente discussão em torno do uso da palavra *revolução* durante as celebrações dos 30 anos do 25 de Abril de 1974, a identidade da comunidade é um campo sujeito a grandes lutas ideológicas.

A história das exposições internacionais mostra que estes megarrituais «não apenas favorecem as reaproximações entre povos; eles também são uma ocasião para renovar a união de cidadãos do mesmo país» (Villechenon, 1992: 19). Reconhecendo uma deslocação ideológica profunda em experiências recentes de representação de Portugal no País e no estrangeiro[8], quando em comparação com as experiências do Estado Novo, de acordo com a comissária do Pavilhão de Portugal, Simonetta Luz Afonso, a representação portuguesa na Expo'98 apresentava uma visão dos Descobrimentos como

> um espaço de confluência de múltiplos discursos, privilegiando o sincretismo das mais variadas formas culturais e a inscrição numa mesma visão integradora das diferentes realidades sociais, económicas, geográficas, técnicas, científicas, religiosas, que se constituíram a partir das grandes viagens de Quinhentos, não perdendo nunca de vista o papel pioneiro desempenhado pelos Portugueses e, simultaneamente, o seu lugar no mundo de hoje (Parque Expo'98, 1998a).

A exposição foi pensada para ser um evento unificador para o povo português, procurando uma base consensual que fosse o mais alargada possível. Durante 1998, o sucesso da Expo'98, a admissão na eurolândia e a atribuição do Prémio Nobel da Literatura a José Saramago, aumentou algo ao sentido de autoconfiança de Portugal, um país visto de fora como um país no qual os intelectuais sentem que o país foi negligenciado, enquanto vivendo

---

8 Por exemplo a XVII Exposição de Arte, Ciência e Cultura, Európália 91-Portugal, a representação portuguesa em Sevilha e Génova em 1992 e todas as realizações culturais promovidas pela Comissão Nacional para as Comemorações dos Descobrimentos Portugueses.

na sombra imediata de Espanha e na sombra maior de França, Grã-Bretanha e Alemanha» (*The Times Literary Supplement*, n.º 4933, 17 de Outubro de 1997: 26). Como o *The Times Literary Supplement* teve ocasião de sublinhar, até José Saramago ganhar o Prémio Nobel, todos os anos os jornais portugueses incluíam artigos indignados que lamentavam o facto de que Portugal teria sido, uma vez mais, desprezado na atribuição do Prémio. Para superar as limitações de um pequeno país, Portugal tem seguido «uma estratégia agressiva de promoção cultural» que incluiu, entre outros, o Európália 1991 Lisboa'94 e Porto'2001 como Capital Europeia da Cultura, a Feira do Livro de Francoforte que, em 1997, teve Portugal como o seu tema central.

Como vimos nos resultados atrás apresentados, para muitos visitantes, a Expo'98 foi um motivo de orgulho de relativa importância. Em muitos casos, quando um país participa ou organiza, pela primeira vez, grandes eventos internacionais como os Jogos Olímpicos ou um Campeonato internacional de Futebol – como o Euro'2004 –, uma onda de orgulho nacional é provocada. A emoção dos poucos atletas de Timor-Leste era visível quando eles entraram no Estádio de Sydney para as Olimpíadas 2000 como participantes independentes, tendo sido aclamados com uma ovação por todos os que assistiam. Por razões específicas, poucos terão sentido isto tão profundamente como os Portugueses. O ano de 1992 ficou conhecido como o «ano espanhol» pois, para além da Exposição Universal, a Espanha organizou, também, os Jogos Olímpicos. No caso da Expo'98, para promover a participação o mais alargada possível dos cidadãos no ritual de nacional, os organizadores apresentaram o projecto nacional, como uma grande celebração do destino nacional. Todo o português foi chamado a assegurar o sucesso do evento. Uma campanha específica apelou à empatia dos cidadãos para com os turistas que visitaram o País. No caso do Europeu de Futebol, campanhas semelhantes repetiram a mesma mensagem e apelaram à participação dos cidadãos nacionais no «projecto nacional».

Os grandes rituais nacionais representam a procura de consensos. O Presidente da República escreveu no Guia Oficial que a Expo e os múltiplos programas que o acontecimento inspira e dinamiza «reflectem o cruzamento do passado e do futuro», do que recebemos e do que temos de acrescentar e legar» e acrescentou que «A Expo'98 constitui um encontro de muitas vozes, um fórum planeta, um projecto da humanidade (Parque Expo'98, 1998b). Mas estes rituais são também o resultado de tendências conflituais. O próprio Pavilhão de Portugal patrocinou uma série de livros e conferências sobre Portugal (AA. VV., 1998; Jackson, 1997; Lourenço, 1997; Rosas e Rollo, 1998a, 1998b, 1998c; Russel--Wood, 1997) em que foram apresentadas diferentes visões e abordagens sobre o Portugal contemporâneo.

Em relação à organização da Expo'98, apesar de algumas discordâncias políticas em relação a alguma das componentes do projecto, pareceu haver um largo consenso em relação ao facto de ser a imagem da nação a estar em jogo e a depender do sucesso da exposição. Na organização do Europeu de Futebol, mais uma vez, foi utilizada a mesma fórmula. Apesar de algumas tendências contraditórias e algumas vozes contestárias durante a concepção e a construção, a Expo'98 foi o resultado da conciliação de tais tendências. Durante o planeamento e construção, tiveram lugar alguns debates em relação à orientação política ou à definição de prioridades, tendo diferentes interesses específicos assumido protagonismo e importância em diferentes fases do projecto. No entanto, o resultado final integrou a procura de uma base comum entre a meta do autofinanciamento e a criação de um projecto cultural e de lazer de alta qualidade; entre o objectivo de contar com a participação do maior número possível de países e o esforço para garantir que as representações estrangeiras permaneceriam fiéis ao tema central dos oceanos; entre as escolhas artísticas e arquitetónicas; ou os compromissos entre as representações das diferentes regiões de Portugal num único Pavilhão do Território; ou o modelo global de representação portuguesa dividida na visão universalista e cosmopolita do Pavilhão de Portugal, na mensagem económica do Pavilhão do ICEP[9] e na mensagem política do Pavilhão do Território com a frente

---

9 Uma entidade governamental cujo objectivo principal é promover o investimento, o comércio e o turismo em Portugal.

coberta com enormes imagens de mulheres anónimas para dar ênfase ao papel das mulheres na sociedade portuguesa (Ferreira, 1998). Outra mensagem política fundamental do Pavilhão do Território foi a coesão na diversidade, simbolizada na inscrição da palavra Portugal, manuscrita por Fernando Pessoa, ampliada 1000 vezes e formada com pedras oriundas de 38 locais diferentes no país[10].

O modo como os organizadores exibiram Portugal e celebraram o destino nacional, reflectiu algumas preocupações em retratar uma visão integrativa politicamente correcta de Portugal capaz de alcançar consensos entre os diferentes cidadãos e grupos, apresentando uma definição unificadora de identidade nacional[11]. Porém, a Comissão Nacional para a Comemoração dos Descobrimentos Portugueses reivindicou que as celebrações, ao contrário de anteriores operações de propaganda, foram levadas a cabo com o «rigor da investigação científica» (Programa Estratégico da Comissão Nacional para as Comemorações dos Descobrimentos Portugueses: 2).

Os discursos sobre a nação envolvem um discurso de poder. Como vimos anteriormente, o cartão patriótico é geralmente usado por aqueles que estão no poder para legitimar a afirmação de uma visão dominante: a nossa visão é a visão patriótica e correcta. Quando questionado sobre as tentativas para estabelecer uma nova visão de Portugal, que vai contra o velho e mítico modo de encarar a identidade nacional, representando, portanto, uma ameaça potencial, Hespanha respondeu que

> esta confusão está ligada a uma outra, mais geral e mais importante, que é a definição do que seja patriotismo, do que constitui ou deve constituir, honrar Portugal. [...] Um patriotismo de redoma, isto é,

---

10 A representação nacional incluía ainda os pavilhões das regiões autónomas dos Açores e da Madeira. Macau, na altura ainda sob adiminstração portuguesa, esteve representado com um pavilhão independente. Também Timor-Leste esteve representado num pavilhão independente.
11 Se, em séculos passados, o etnocentrismo europeu foi dominante, hoje assiste-se a uma tendência oposta que inclui a expressão de uma consciência de culpa em relação aos massacres que ocorreram, por exemplo, durante a colonização dos países da América Latina (Renaud, 1998).

> um patriotismo que não pode viver com a verdade histórica, sobretudo com aquela verdade que não é agradável, é um patriotismo fraco e não um patriotismo forte (Hespanha, 1998: 11-12).

Definir identidade nacional é um campo exposto a fortes conflitos ideológicos. A magnificência das comemorações do *ano espanhol* «causou alguma perturbação entre quantos duvidam da capacidade lusitana em *rentabilizar* o passado» (M. Bettencourt Resendes, in *Diário de Notícias*, 1992a). Politicamente, quer o PSD quer o PP, na altura na oposição, expressaram no Parlamento as suas opiniões de que «na Expo'98, [o quinto centenário da] a descoberta da rota marítima para a Índia não era suficientemente valorizado» (*Diário de Notícias*, 21 de Maio de 1998). Outros grupos de pressão, como o SOS Racismo, também discutiram os repertórios simbólicos mobilizados por aqueles que falaram para a nação.

O SOS Racismo organizou uma conferência internacional, com o sugestivo título de *«Em tempos de Expo há outras histórias para ser contadas»* com o objectivo de lutar contra

> a progressiva asfixia da população na passividade, acelerada profusão de «entretenimentos» espectaculares, tipo superprodução, que, com os seus ecrãs gigantes, fogos de artifício, procissões, comemorações, condecorações, celebrações e outros actos ditos culturais foram invibilizando ou tornando invisíveis outros actos de cultura, outras culturas, outras realidades não «culturais» (Abril em Maio e SOS Racismo, 1998: 15).

Especificamente, quiseram expressar desacordo em relação à «reinstalação de um discurso nacionalista, versão *soft*, que tem vindo a colocar na sombra uma boa quantidade de passado incómodo», de que o Pavilhão de Portugal e o tema dos *Oceanos*, que teve no Oceanário, uma das atracções principais, é um exemplo.

A retórica do encontro/contacto de culturas que tem substituído o velho discurso sobre os descobrimentos do anterior regime também é criticado porque «manifesta um desejo utópico de retratar a história e as relações entre diferentes comunidades ao nível global, como sendo uma relação sem poder, sem conflito» (Almeida, 1998: 237).

Quando a Espanha apresentou no pavilhão na Expo'98 um retrato do rei Filipe II a desembarcar em Lisboa, parte da elite intelectual numa «Carta de 98 portugueses preocupados», criticando a administração da Expo'98 pois «não celebra [com dignidade suficiente] os Descobrimentos portugueses, como seria legítimo, natural e desejável». Crítico da representação espanhola, este grupo de portugueses sublinhou que

> Esta não é uma manifestação de nacionalismo tardio e nostálgico de uma afirmação imperial [...] incompatível com a realidade do mundo de hoje e com as regras de sociabilidade entre os povos [...] Mas preocupa-nos que a afirmação imperial que o Estado Novo usou, prejudicando a verdade histórica, tenha sido substituída por uma atitude igualmente grave de desdém sistemático da nossa história [...], como se nós tivéssemos vergonha [...] a afirmação da nossa própria identidade é indispensável a nós portugueses e para todos relacionados com o mundo que Portugal criou. Nesse processo [de globalização], os que não têm passado não têm futuro! Se nós deixarmos que o passado nos seja roubado, nós deixamos roubar o nosso futuro! [...] Ninguém respeita um povo que não se respeita a si próprio (*Público*, 4 de Abril de 1998).

O que é, hoje, território português teve de ser conquistado aos Muçulmanos e também aos Espanhóis. No Península Ibérica, o nacionalismo português foi o único que conseguiu criar o seu próprio Estado enfrentando a hegemonia de Castela. Outros, como o País Basco, a Catalunha ou mesmo a Galiza ainda reagem contra a supremacia castelhana. Em 1580[12], porém, Portugal perdeu o seu *nariz e as suas orelhas*, recuperando a sua inde-pendência apenas sessenta anos mais tarde. Mas recordar tais eventos é especialmente doloroso para a *intelligentsia*, pois no caso de uma nação, as *orelhas* ou o *nariz* perdidos aparecem sem-pre na face de uma terceira nação. Lembrar esse capítulo da his-tória é também doloroso porque representa o fim da *idade de ouro* e o começo de um longo período de decadência.

---

12 A pintura exposta no pavilhão espanhol representava o momento de desembarque em Lisboa do novo rei de Portugal.

EXIBIR O PORTUGAL PÓS-REVOLUCIONÁRIO

Como um símbolo da renovação económica portuguesa, a Expo'98 fez também parte dos grandes investimentos em infra-estruturas na grande área de Lisboa, renovando uma área, geograficamente privilegiada, mas que estava há muito tempo negligenciada. Em 1940, Castro disse no discurso inaugural da Exposição do Mundo Português que «quando Portugal se começou a afastar do seu destino [...] Lisboa começou a afastar-se do Tejo» (Castro, 1940). Como em 1940, a localização da Expo'98 também representou uma reconciliação simbólica da cidade com o rio Tejo e, de um modo mais geral, de Portugal com o seu destino. A Exposição foi usada como um «catalisador de coordenação» e de renovação urbana, deixando uma herança significativa de «equipamento colectivo moderno e funcional». A zona ribeirinha da Expo'98 veio transformar um solo improdutivo e esquecido de Lisboa numa futurística zona empresarial, residencial e de lazer que deixa Lisboa melhor preparada para a «saudável competição entre grandes pólos urbanos que parece desenhar-se como futuro para uma Europa em processo acelerado de unificação política, económica e, sobretudo, cultural» (Parque Expo'98, 1998b).

A Expo'98 tornou-se um símbolo do novo Portugal. Como vimos atrás, a revolução de 1974 é realçada como um dos eventos mais importantes na história recente portuguesa. Em 1974 Portugal era a mais longa ditadura não comunista e o único Estado que se caracterizava como corporativista. O golpe de 25 de Abril permitiu não apenas o estabelecimento de um regime democrático liberal, como também abriu a porta à dissolução do último império colonial, por um lado, e à entrada na Comunidade Económica Europeia, por outro.

Até mesmo em termos de localização, as duas exposições foram simbolicamente distinguidas. Embora inicialmente, a zona ocidental de Lisboa tenha sido sugerida como a localização preferida (*Oceanos*, n.º 3, 1990), a zona oriental acabou por ser a escolhida onde, ironicamente, se situava um armazém militar e de maquinaria usada na guerra colonial em África.

Portugal celebra actualmente 30 anos de democracia. Os Portugueses celebram a sua revolução de 1974 não apenas pelos seus efeitos internos no País, mas também por ser considerada um ponto de viragem na tendência de golpes militares e de formação de regimes autoritários. A revolução é muitas vezes romantizada devido ao seu carácter não violento: menos de cem pessoas foram mortas em actos com motivação política durante o período de 1974-1981. Como a primeira de algumas revoluções do tipo, a Revolução dos Cravos evitou a violência vingativa dos *pied noir* em França, a violência regional em Espanha, a guerra civil na Nicarágua e o fanatismo religioso no Irão. Ao contrário do que aconteceu no Peru, o exército não pretendia reter o poder, mas sim, através de um processo muito complexo e às vezes contraditório, estabelecer um regime civil com uma diminuição gradual do envolvimento militar. Em contraste com o caso de Cuba, o exército progressivo só foi brevemente influenciado pelo Partido Comunista Português (Bruneau, 1984).

Como aconteceu durante a revolução liberal no século XIX quando a república substituiu a monarquia ou durante o regime salazarista, o país saído deste processo é descrito e apresentado, pelos actuais líderes, como um Portugal novo. Desta vez, renovação significa democracia, abertura e desenvolvimento económico. Na reimaginação da nação nas Comemorações dos Descobrimentos Portugueses e na Expo'98, *a idade de ouro* dos *Descobrimentos* foi uma vez mais mobilizada. Mas agora para mostrar o *nosso* universalismo e cosmopolitismo, o *nosso* desenvolvimento, os *nossos* valores democráticos, a *nossa* capacidade de fazer coisas. Para o primeiro-ministro da altura, António Guterres

> este é um grande momento de afirmação do Portugal europeu, moderno e coeso, virado para o progresso e para o futuro» e «revelando uma extraordinária capacidade de concepção, de projecto, de realização, apenas possível porque Portugal é uma economia desenvolvida [...] Nós superámos o velho Homem do Restelo[13] e provámos que, quando queremos, nós podemos ser tão bons ou melhores que os outros» (António Guterres, primeiro-ministro, no discurso inaugural da exposição).

---

13 O homem que na obra de Camões amaldiçoava as naus que partiam para as *descobertas*, abandonando a estabilidade do estilo de vida rural.

UMA NARRATIVA DE MODERNIDADE PARA O SÉCULO XXI

Os repertórios simbólicos foram mobilizados usando novos meios tecnológicos que se enquadravam na nova narrativa de modernidade. Isto também estava de acordo com a nova tendência de exposições deste tipo e mesmo em museus, em que os objectos são mostrados com filmes, projecções e efeitos especiais, dada a importância crescente da componente de lazer e de estimulação sensorial, representando uma mudança nos sistemas representacionais da modernidade na qual o campo da visibilidade se mudou para uma imagem abstracta e virtual (Ferreira, 1998; Renaud, 1998). A atracção principal do pavilhão português, que foi concebida para dar uma «sensação impressionante e inesquecível», era um filme de iconografia animada baseado nos famosos *biombos namban*[14] japoneses. O filme representava o encontro entre os Portugueses e os Japoneses em 1543 e transmitiu as formas como os Japoneses viam os Portugueses nesses primeiros encontros. Estas imagens de um «assombro recíproco» reflectiu o modo de representar os Portugueses, indo de encontro ao contexto do *encontro de culturas*. O primeiro núcleo do Pavilhão de Portugal foi chamado *Mitos, Sonhos e Realidades* e mostrava «como os portugueses, com uma herança cultural mediterrânica, construíram novos caminhos através dos Oceanos». A peça principal era o filme *A Viagem*, baseado nas personagens dos biombos *namban*. Assim, *nós* fomos representados na maneira como os *outros* nos viram a *nós*[15]. Algumas cenas e personagens das pinturas japonesas foram escolhidas para reconstruir a história de uma viagem de Lisboa ao *País do Sol Nascente*. Nestes biombos do início do século XVII, os Japoneses pintaram com grande detalhe tudo o que os impressionara no seu primeiro contacto com os portugueses. É um «olhar surpreso, divertido [...] sobre este

---

14 A palavra *namban* significa bárbaro, selvagem.
15 É uma visão dos Japoneses sobre os Portugueses, sendo os Japoneses um exemplo de um povo não dominado pelos Portugueses.

povo ocidental com hábitos estranhos – e narizes grandes – que trouxeram animais exóticos, objectos desconhecidos como os óculos de alguns padres jesuítas ou as armas que mudaram o curso da história japonesa», como é dito na introdução do filme.

O *NOSSO* PATRIOTISMO E O NACIONALISMO *DELES*

A história que Portugal celebra também é parte da história de outras nações. E cada nação tem uma interpretação da sua própria história. Devido à visão negativa do nacionalismo, tornou-se um hábito projectar o nacionalismo sobre os outros. Portanto, o nosso patriotismo é natural e, como tal, invisível, enquanto o *nacionalismo* é visto como uma característica desses *outros* (Billig, 1995). *Nós* podemos e devemos ser *patriotas,* mas não nacionalistas. A Comissão Nacional para as Comemorações reconheceu que o termo *Descobrimentos* inclui uma visão evidentemente eurocêntrica. No entanto, tal expressão não foi abandonada. Vasco Graça Moura citando Immanuel Wallerstein sublinhou que «uma das conotações positivas da palavra descoberta é a de que "aquilo que alguém descobre representa uma possibilidade humana adicional, uma expansão da visão e do poder humanos"» (Comissariado de Portugal para a Exposição Universal de Sevilha, 1992a: 17). A Comissão Nacional também enfatizou que, sendo que o termo *Descobrimentos* «comporta um evidente enviesamento eurocêntrico», a noção portuguesa dos outros «não deve obliterar a forma como os outros nos ou como eles se olharam a si mesmos [...] As comemorações devem ser, portanto, a ocasião de restaurar esse complexo jogo de imagens e de reverberações provocado pela interacção de várias culturas, por vezes radicalmente diferentes» (Programa Estratégico da Comissão Nacional para as Comemorações dos Descobrimentos Portugueses: 3).

Portugal tentou dinamizar a celebração dos *Descobrimentos* em várias partes do mundo, defendendo a criação de mecanismos de interacção com as elites culturais locais para promover uma celebração de dois sentidos em contraste com as comemorações do passado que eram, nas palavras da comissão, «absolutamente unilaterais e cegas para tudo quanto fosse o mundo local». Com tal objectivo, a comissão tentou promover «cosmopolitismo, uma curiosidade e atenção pelo "outro", que são elementos muito desejáveis na cultura portuguesa de hoje» (Programa Estratégico da Comissão Nacional para as Comemorações dos Descobrimentos Portugueses: 8).

A comissão encorajou *outras* visões da *nossa* história como, por exemplo, a do indiano Sanjay Subrahmanyam (Subrahmanyam, 1997). Em Lisboa, este historiador foi criticado por ser furiosamente anti-Gama e na Índia ele foi criticado por transmitir as visões portuguesas. «Subrahmanyam é um historiador bom e rigoroso. Mas penso que, na Índia, isso não chega para satisfazer certas correntes nacionalistas, hindus nomeadamente. E em Portugal também não chega para satisfazer correntes que ainda mitificam Vasco da Gama ou Afonso de Albuquerque» disse António Hespanha (Hespanha, 1998: 11).

A Índia, como país, esteve presente na Expo'98. Mas enquanto Portugal celebrava os feitos heróicos de Vasco da Gama, na Índia era organizada uma marcha promovida pelo Movimento Islâmico Indiano na praia onde Vasco da Gama chegou (*Diário de Notícias*, 6 de Maio de 1998). Teve também lugar uma conferência afro-asiática *Do Colonialismo à Globalização – Cinco Séculos depois de Vasco da Gama*, representando uma contracomemoração ao que foi visto como o «começo de toda a opressão colonial». Essa conferência foi um evento «tão político como científico» e uma abordagem da expansão europeia do ponto de vista dos colonizados: «é um triste centenário. Não há nada para celebrar», disse um dos organizadores, Walter Fernandes do Instituto Social Indiano (*Público*, 3 de Fevereiro de 1998). Naturalmente que para os organizadores das comemorações portuguesas, a Índia, com sua atitude, é que é nacionalista e extremista e não nós:

> Eu não quero dar à Expo uma missão de tipo nacionalista [...] No caso da Índia, é o contrário. Para algumas sensibilidades mais extremistas ou nacionalistas, é evidente que a comemoração da viagem de Vasco da Gama é uma comemoração colonial (entrevista com Clara Ferreira Alves, porta-voz do comissário-geral da Expo'98, 1998).

Mesmo internamente, a luta pela definição das visões dominantes da nação é constante. Uma colecção de textos publicados pela Comissão Nacional para a Comemoração dos Descobrimentos (Hespanha, 1999), mostra precisamente os debates a que as visões sobre Portugal estão sujeitas.

Nacionalismo era uma palavra correntemente usada no anterior regime (Jesus, 1932; Santos, 1949), sendo considerado «simultaneamente a existência de uma herança histórica na vida das pessoas e a consciência dos deveres que tal herança impõe». Os Portugueses teriam tido nos génios da literatura como Garrett ou Fernando Pessoa um exemplo a seguir (Cabral, 1954; Frias, 1971). Essa herança deveria contrastar com o «veneno» «negativista» da escola materialista responsável, por exemplo, pela «crise tempestuosa do anticolonialismo» (Pereira, 1967). Hoje, termos como *patriotismo* são preferíveis, dada a associação da palavra *nacionalismo* com movimentos radicais e imagens de violência. O programa de celebrações era, portanto, uma manifestação de *patriotismo* e não de *nacionalismo*.

Outro ponto forte das celebrações foi o ano 2000 com a celebração da descoberta do Brasil em 1500. Sobre as comemorações no Brasil, os problemas de diplomacia cultural foram descritos como não tão «delicados» como nas celebrações da história portuguesa no oceano Índico e na Ásia, tendo sido reconhecido que «há uma sensibilidade local» (Programa Estratégico da Comissão Nacional para as Comemorações dos Descobrimentos Portugueses). Porém, a carta enviada pelas populações indígenas brasileiras ao papa e ao presidente brasileiro Fernando Henrique Cardoso, protestando contra as celebrações dos 500 anos da *descoberta* sublinhando que o «Brasil não foi descoberto, foi invadido» (*Público*, 24 de Outubro de 1998), foi recebido com surpresa em Portugal. O mesmo aconteceu quando Rafael Greca, presidente da comissão brasileira para *Comemoração do Quinto Centenário da Descoberta* disse que «a celebração será principalmente dentro do Brasil, para os brasileiros [...] não é uma celebração europeia mas sim brasileira. A Europa não tem mais nada para nos ensinar» (*Público*, 22 de Abril de 1999). Para Hespanha, os Brasileiros definiram as comemorações como a celebração do quinto centenário do Brasil o que lhes confere uma «forte carga nacionalista». A noção do senso comum sobre a presença portuguesa no Brasil inclui «uma visão crítica, onde se faz o processo acusatório da colonização portuguesa, como grande destruidora das comunidades índias, portadora de inúmeras doenças, importadora das riquezas naturais do território brasileiro, etc». Mas, para Hespanha, há também coisas que a opinião pública brasileira «esquece injustamente, como o simples facto de que o Brasil é indiscutivelmente uma construção dos Portugueses. Nós deixámos ao Brasil um território e, além disso, uma língua diferenciadora em face dos restantes países latino-americanos, espanhóis» (Hespanha, 1998: 14). As comemorações, deveriam portanto, ser úteis para *clarificar* mal-entendidos históricos, recuperar velhos laços e integrá-los nas relações diplomáticas de Portugal com o mundo lusófono.

Esta dicotomia de *nós/eles* foi repetida aquando da transferência de soberania de Macau para a China. O que Portugal recordou no momento da partida, foi a peculiaridade da criação portuguesa: o *melting pot* que tornou possível a velha convergência de tradições europeias, orientais, asiáticas, africanas e mediterrânicas. Essa era também a mensagem da presença de um pavilhão autónomo de Macau na Expo'98:

> Um privilegiado ponto de encontro entre povos, num lugar de intercâmbio cultural e numa plataforma de tolerância, de diálogo e de entendimento. Macau possui, assim, uma identidade única, materializada num sistema político e social autónomo baseado no modelo humanista europeu, nos valores da liberdade, dos direitos dos cidadãos e nas seculares e amigáveis relações com a China (Parque Expo'98, 1998b: 232).

Devido a tal história, a atitude chinesa de remover rapidamente, durante a noite, todos os símbolos visíveis (nos edifícios públicos) de mais de 400 anos de história foi criticada e recebida em Portugal com um considerável grau de surpresa.

O FIM DO IMPÉRIO E O *REGRESSO A CASA*

Em 1999, com os eventos em Timor-Leste e a transferência de soberania de Macau, Portugal *voltou a casa*, regressando às fronteiras ibéricas originais, depois de séculos de expansão ultramarina. Por coincidência, Portugal foi presidente da União Europeia, símbolo do novo ciclo nacional, no primeiro semestre de 2000. Quando a bandeira portuguesa desceu em Macau, Portugal alcançou o fim do ciclo imperial. Foi o fim de um projecto nacional no qual os Portugueses estiveram envolvidos durante a maior parte do segundo milénio. O regime democrático libertou-se finalmente de um fardo histórico pesado: as colónias e o colonialismo. No entanto, a influência de tal experiência histórica não terminou no momento em que Portugal *regressou a casa* e continuará a fazer-se sentir certamente no futuro, na forma como os Portugueses se vêem a si próprios enquanto nação. A própria transferência de Macau foi vista não como «um momento de "fim de Império", mas como uma etapa de evolução de uma comunidade que Portugal ajudou criar e a evoluir» (Programa Estratégico da Comissão Nacional para as Comemorações dos Descobrimentos Portugueses:9).

Ao mesmo tempo que Portugal se apresenta como um campeão do universalismo e das preocupações ecológicas para o século XXI, reivindica também um papel no diálogo entre em nações que patrocinam a luta pelos direitos humanos. A mobilização maciça dos portugueses em nome de Timor-Leste em Setembro de 1999 foi impressionante. Um jornal descreveu o momento como um momento singular na história de Portugal. Como noutros momentos, Portugal eram uma vez mais um exemplo:

> A luta que Portugal e o povo português estão a travar para a liberdade de Timor-Leste surpreende o mundo, asséptico, civilizado, rico e poderoso. A luta pelo direito à autodeterminação, e pelo direito à liberdade de Timor-Leste são notáveis. Tão notáveis que nada será o mesmo em Portugal e na vida dos Portugueses. Com Timor Lorosae, Portugal renasce novamente» (*Diário de Notícias*, 13 de Setembro de 1999).

As imagens, ao vivo, de violência em Timor-Leste foram recebidas em Portugal com um sentimento geral de solidariedade e emoção expresso num enorme grito de raiva, provocando um ambiente de revolta enorme, unindo a comunidade nacional em várias manifestações. Um líder da ala esquerda disse que «pela primeira vez na história, todo um povo, uma nação inteira, se ergueu em favor de outro povo».

Os jornais cobriram todos os acontecimentos relativos a Timor-Leste na página *nacional*, como se de qualquer outro assunto *doméstico* se tratasse. A cobertura mediática permitiu ver um difícil nascimento de uma nação, ao vivo, na televisão. Foi possível ver as pessoas a votarem maciçamente no referendo sobre independência, mesmo estando a arriscar as suas vidas. Foi possível ver, na televisão, a felicidade de um homem ao dizer «agora posso morrer; já deixei uma nação aos meus filhos». Foi um nascimento difícil que mostrou como, nalguns casos, as pessoas estão dispostas a morrer pelo ideal maior de um Estado-nação independente. «Independência ou morte» foi um mote ouvido até mesmo nos momentos mais difíceis. Na destruição levada a cabo pelas milícias, Portugal viu a destruição de si próprio, da sua civilização, do seu idioma e da sua religião. As pessoas gritaram nas ruas porque o que estavam a testemunhar era a destruição, juntamente com os seus irmãos de Timor-Leste, a destruição de parte da sua história, de parte de si próprios.

Com Macau e Timor-Leste, Portugal volta simbolicamente a casa. A Expo'98, com os seus valores de universalismo e de abertura, foi um símbolo da redefinição da relação tradicional que os Portugueses têm com eles próprios e para com o mundo. José Sarmento de Matos escreveu no Guia Oficial da exposição que:

> Após a independência do Brasil, Portugal viveu um tempo difícil de procura de objectivos, marcado por um solitário e doentio retorno sobre si mesmo, incapaz de reencontrar uma função específica no concerto competitivo das nações. A revolução de 1974, fecho libertador do arrastado processo colonial, e a subsequente integração no projecto de unidade europeia, democrático e globalizante, desencadearam uma profunda alteração na ensimesmada relação que os portugueses viviam consigo próprios» (José Sarmento de Matos, *in* Parque Expo'98, 1998b: 31-32).

Hoje Portugal reivindica o seu lugar na Europa, mas o processo não é isento de contradições.

Ao mesmo tempo que se afirma como país europeu, os líderes nacionais colocam, também, uma ênfase especial na *lusofonia*. José Medeiros Ferreira, citando um embaixador em Lisboa, diz que, de vez em quando, parece que Portugal «se ausenta da Europa» (*Diário de Notícias*, 31 de Agosto de 1999). As relações com os países lusófonos são, hoje, uma prioridade para a diplomacia portuguesa. Uma comunidade de países de língua portuguesa (CPLP) foi criada, tendo como uma das metas principais a defesa da língua portuguesa no mundo face à possibilidade de esta ser *subjugada* pelo avanço do inglês[16]. Os líderes portugueses expressam frequentemente a esperança de que outras regiões se possam tornar observadores na organização, tais como Goa, Macau, mesmo a Galiza.

No *retorno* que começou tumultuosamente em 1974, parece que Portugal não quer perder a sua *atlanticidade* e a Expo'98 foi, também, um modo útil para mostrar ao mundo «a vocação portuguesa para o diálogo entre os povos», especialmente com os povos lusófonos (Comissariado da Exposição Mundial de Lisboa, 1994a) devido às constantes de transcontinentalidade, tropicalidade e universalidade dos valores portugueses, diálogo civilizacional e solidariedade Norte-Sul – particularmente úteis para relembrar à Europa a necessidade de uma grande e decidida abertura ao mundo exterior num difícil processo de globalização.

Quando um novo comissário foi empossado na Comissão Nacional para a Comemoração dos Descobrimentos Portugueses, o primeiro-ministro António Guterres, disse, na cerimónia, que a identidade portuguesa foi construída não na alienação, mas, pelo contrário, no contacto com povos e culturas de todo o mundo:

> os descobrimentos eram a única afirmação da nossa auto-estima, quando Portugal era um e país pobre e periférico [...] Os Descobrimentos eram usados, noutros tempos, para justificar a opressão de outros povos. Agora, Portugal – como membro da Comunidade Europeia e da CPLP, tendo algo a dizer na arquitetura internacional – pode celebrar os Descobrimentos de outro modo, integrando-os na memória colectiva e nas relações de Portugal com o mundo (*Público*, 2 de Fevereiro de 1999).

---

16 Este medo foi expresso, por exemplo, quando Moçambique aderiu à Commonwealth, não muito antes da criação da CPLP.

Para os organizadores das comemorações, o passado de «pioneirismo transcivilizacional e de vanguardismo técnico» são tanto um exemplo como o presente «feito de paz, de estabilidade democrática e de tolerância e integração política, económica, social, cultural», fazendo de Portugal do século XX «um lugar privilegiado para se viver, visitar, criar e fruir cultura, ou comerciar» e «um intérprete e uma ponte preferencial para os diálogos e contactos [...] entre a Europa e o Sul» (*Oceanos*, n.º 1, 1989).

CONCLUSÃO

A Expo'98, como a Exposição de 1940, foi a afirmação de um projecto político comum, dando-lhe força e enfatizando as memórias e experiências do passado. Na nova narrativa de modernidade, muitos dos repertórios mobilizados são semelhantes aos de 1940, o que mostra a sua persistência e importância no sentido de identidade nacional portuguesa. As *idades de ouro* são relembradas para servirem de exemplos de virtudes públicas passadas de modo a inspirar a geração presente. O ideal nacional é recuperado e disseminado por arquitectos, poetas, músicos, pintores e escultores. Ao mesmo tempo, com heróis estilizados, é criado um cenário vivo para sugerir a antiguidade e a continuidade da nação e a sua nobre glória, que constitui uma herança preciosa para os membros actuais da *família* nacional. De muitas maneiras, os símbolos nacionais, hábitos e cerimónias, são, como observa Smith:

> os mais potentes e duráveis aspectos do nacionalismo [...] Todo o membro da comunidade participa na vida, emoções e virtudes dessa comunidade e, através delas, rededica-se – ele ou ela – ao seu destino. Ao articular e tornar tangível a ideologia do nacionalismo e os conceitos e simbolismo do cerimonial da nação, ajuda a assegurar a continuidade da comunidade abstracta de história e destino (Smith, 1991: 77-78).

Os desafios do presente ou as diferentes necessidades de cada geração mudam o carácter da memória do grupo. A memória colectiva, que tem de ser activamente mantida, é, em muitos casos, a-histórica, pois a memória popular só raramente retém eventos individuais e figuras reais. O que se relembra são principalmente conjuntos de arquétipos, como os heróis portugueses que, na sua maioria, são celebrados como divindades. Eles estão normalmente acima dos indivíduos; eles são *maiores* como mostra o Padrão das Descobertas. Da mesma forma alguns tempos da nação assumem características de tempos sagrados. Os anos de 1498 ou 1500 têm um significado simbólico extremamente importante para os portugueses. As figuras de Vasco Gama e Pedro Álvares Cabral, e as suas façanhas, têm proporções míticas na memória colectiva. A *nossa* nação deve ser imaginada como a melhor de todas as nações porque tem os maiores heróis. Nesta dialéctica do lembrar/esquecer, os heróis nacionais são recordados, mesmo os que têm apenas uma relação indirecta com a história nacional[17].

Celebrar os *nossos* heróis significa consolidar a *nossa* identidade nacional em relação aos Espanhóis, aos Franceses ou aos Ingleses, especialmente se Portugal perde na competição da prosperidade económica com esses países. Parece natural, portanto, que as características do Portugal moderno não capturem tanto consenso nacional como a *era de ouro* do passado e as características relacionadas com memória, história nacional e tradição.

No capítulo 5 vimos que Portugal viveu, no passado recente, importantes mudanças sociais, políticas e económicas. No moderno sistema mundial, a *nossa* nação tem de competir com *outras* nações. Por isso, internamente, a nação tem de chamar os seus *filhos* e uni-los no mesmo projecto político sendo capaz de ligar o passado e o futuro. A Espanha celebrou em 1992 as *Descubiertas* organizando grandes eventos no *ano espanhol*, não só para unir a comunidade nacional num mesmo projecto político[18], mas tam-

---

17 Por exemplo, é reivindicada frequentemente a nacionalidade portuguesa de Fernão de Magalhães que alcançou a primeira circum-navegação ao serviço dos reis espanhóis ou o facto de que Colombo terá morado em Lisboa, casado com uma mulher portuguesa e que apenas terá *descoberto* a América por casualidade, enquanto as realizações dos Portugueses terão sido planeadas sendo, portanto, o resultado de muitos anos de trabalho colectivo.

18 Assunto que tem assumido importância central nos debates em torno da moderna nação espanhola.

bém para transmitir a mensagem de que a Espanha moderna pertence ao clube dos países mais desenvolvidos. Da mesma maneira, Portugal, celebrando os *Oceanos*, combinou a comemoração da gloriosa herança dos navegadores portugueses com o presente e o futuro da comunidade nacional e, mesmo, internacional. Celebrar a etno-história nacional é importante pois tal história providencia exemplos de sacrifício em nome da nação e promete a renovação pessoal e dignidade através da regeneração nacional. Quando os Estados comemoram ou organizam grandes eventos como a Expo'98, uma das metas mais importante parece ser afirmar a coesão interna em redor de tais «projectos nacionais», sendo apresentados como «um empreendimento do conjunto da sociedade portuguesa, tanto no plano das iniciativas, como no plano da fruição» (Programa Estratégico da Comissão Nacional para as Comemorações dos Descobrimentos Portugueses: 12).

A Expo'98, que foi parte de um projecto de desenvolvimento imobiliário previsto para durar até 2010, foi não apenas um evento passageiro para muitos portugueses, mas uma realização na qual eles viram reflectida uma confiança renovada nas forças e capacidades do seu país. A exposição reconstruiu o modo como os Portugueses se vêem a si próprios e também como os Portugueses vêem o mundo. Na exposição os laços entre os Portugueses foram reforçados por um modo semelhante de *viver no mundo* e, também, de *viver o mundo* (Renaud, 1998), revisitando o passado, o presente e o futuro da comunidade de história e de destino. Em 1940, o Estado Novo mobilizava repertórios semelhantes, se bem que na actual reimaginação a nação, os significados simbólicos são diferentes, como mostra a tabela na página seguinte.

Apesar de a leitura de eventos reais na história ser, muitas vezes, sujeito a conflitos, um dos objectivos da mobilização de repertórios de símbolos nas comemorações dos *Descobrimentos* e da Expo'98, foi o de unir a comunidade nacional nos valores do universalismo, humanismo, cosmopolitismo de Portugal e no encontro de culturas. Estes valores são, agora, mobilizados pelas

TABELA 2
Repertórios de símbolos mobilizados durante as exposições/comemorações de 1940 e de 1998

Estado Novo	*Regime democrático*
Deus, nação, família, trabalho, autoridade	Democracia, liberdade
Ruralidade Valores tradicionais e modos de vida campestres	Modernidade Progresso, desenvolvimento económico
Unidade, coesão	Unidade, coesão
Reconhecimento internacional	Integração internacional
Universalismo Império; Raça civilizadora; país multicontinental e multirracial	Universalismo União Europeia; CPLP Sociedade cosmopolita, diversidade étnica e cultural

elites, pois são os valores que consideram apropriados aos desafios correntes da comunidade nacional: integração na comunidade internacional e em particular na Europa, modernização, crescente diversidade cultural. A capacidade de apresentar discursos opostos em diferentes circunstâncias, sem sentir as contradições foi definido por Michael Herzfeld como *dissemia* e é o que permite, segundo o antropólogo Vale de Almeida, explicar a atitude ambivalente dos Portugueses face à sua história, como por exemplo, «sermos capazes de dizer que somos contra qualquer retórica nacionalista sobre os Descobrimentos e a expansão e, ao mesmo tempo sermos capazes de dizer "sim, mas nós fomos os pioneiros, nós fomos os primeiros a dar novos mundos ao mundo e temos orgulhosos nisso"» (1998: 241).

Em paralelo com o compromisso com a construção europeia, Portugal parece não querer perder a sua *vocação* atlântica, como mostra o seu compromisso com a CPLP. Por vezes, isto pode causar alguns conflitos: por exemplo, entre o acordo de Schengen assinado em 1991 e a crescente procura de Portugal como um destino de imigração, das suas ex-colónias africanas. O programa maciço de obras públicas que antecederam a Expo e o Euro 2004 foi possível apenas através do recurso à mão-de-obra imigrante. Nos trabalhos da Expo, a larga maioria da força de trabalho foi estrangeira – cerca de 70 por cento de acordo com a CGTP (Observatório do Emprego e Formação Profissional, 1997). A imigração é uma das mudanças estruturais mais importantes da sociedade pós-colonial e um dos maiores desafios ao modo como o povo português se vê a si próprio. Voltaremos a isto nos próximos capítulos.

CAPÍTULO 7

IDENTIDADE, COLONIALISMO E ETNICIDADE. DA *RAÇA* NACIONAL À NAÇÃO *MULTICULTURAL*

INTRODUÇÃO

A homogeneidade nacional tem feito parte de muitos projectos nacionalistas. Embora a diversidade interna possa ser celebrada como um indicador da complexidade e riqueza da herança da nação, na ideologia nacionalista, a diversidade interna (regional, de género, de classe ou étnica) é sempre vista dentro dos limites da homogeneidade (Handler, 1994). Um dos principais desafios que se colocam aos Estados-nação de hoje é, portanto, como conciliar a diversidade crescente com o projecto universalista que está por detrás do Estado-nação.

Dada a cobertura mediática de conflitos recentes na Europa e noutras partes do mundo, as minorias étnicas e os imigrantes são encarados com crescente suspeita e hostilidade, como uma ameaça ao emprego, à segurança, à cultura nacional. Em muitas partes do mundo, as *limpezas étnicas* a que temos assistido, contribuem para a cristalização da divisão *nós/eles*. Nacionalismo, xenofobia, racismo, anti-semitismo tornaram-se assuntos principais para discussão internacional e nacional (Björgo e Witte, 1993; Horne, 1997). Expulsar os estranhos ou destrui-los fisicamente foi uma solução que Portugal usou no passado, no caso de judeus e de ciganos. Porém, como Bauman escreve, «a questão já não é como nos ver livres dos estranhos e diferentes, mas como viver com eles – diária e permanentemente» (1997: 55).

Devido à relevância crescente que o tema da diversidade tem assumido para os diferentes governos nacionais, a Comissão Europeia decidiu que 1997 deveria ser o Ano Europeu Contra o Racismo[1]. Este é actualmente um dos temas da agenda política da União, tendo em conta também o alargamento. As discussões são acompanhadas de avisos de refugiados e advogados dos perigos de fazer perigar o direito dos indivíduos para pedir asilo, assegurado na convenção da ONU para os refugiados de 1951 (*The Guardian*, 7 de Fevereiro de 2001).

Em capítulos anteriores vimos como Portugal celebrou a sua própria história em dois contextos históricos diferentes. Em ambos os momentos, Portugal celebrou uma cultura baseada nos valores espirituais de humanismo e de universalismo. Isso explicaria o carácter não racista como a nação é apresentada e explicaria uma experiência colonial não dominante e, por isso, estranha. Na reconstrução da nação democrática e moderna, esta imagem de Portugal foi novamente mobilizada como uma das características distintivas do novo Portugal.

Argumentámos anteriormente que a nação é reconstruída como resultado de mudanças nas circunstâncias. Isto é claramente exemplificado com a celebração das relações dos portugueses com os *outros*. Imaginar a nação como universalista, humanista e não racista foi uma parte importante da legitimização ideológica do colonialismo durante o regime salazarista. Porém, como veremos neste capítulo, no princípio do século, o movimento eugénico era popular e Portugal não era excepção. Daqui que os cientistas portugueses tentassem provar a *brancura* da nação e negassem qualquer *poluição* com sangue *preto*.

---

[1] Silvio Lehmann, membro de uma organização não governamental austríaca, disse, no Fórum Internacional para a Juventude, em Portugal, durante a presidência portuguesa da União Europeia, que nos últimos 25 anos «todas as sondagens mostram que o racismo e a xenofobia cresceram de 17 por cento para cerca de 40 por cento, e que os índices de violência estão também a crescer rapidamente» (*Público*, 23 de Abril de 2000).

Qualquer miscigenação era vista como um legado *nojento* e *não desejado* do passado. Apenas quando o regime salazarista enfrentou pressões para legitimar o colonialismo, os portugueses foram apresentados como *colonialistas diferentes,* usando a ideia de Freyre de *lusotropicalismo.* Durante os anos 1990, os portugueses foram apresentados novamente como um povo não racista, mas em circunstâncias diferentes. Desta vez, a razão principal está relacionada com o facto de que a diversidade cultural está em crescendo em Portugal através da imigração, principalmente das suas ex-colónias, e, mais recentemente, de alguns países do Leste europeu, tornando premente a necessidade de as elites culturais apresentarem uma imagem multicultural e politicamente correcta de Portugal.

Neste capítulo, são analisados os contextos históricos e o *background* para a forma como a *raça* tem sido percebida em Portugal.

NÓS E OS *OUTROS* – O ASSOMBRO DA DIFERENÇA E A IMAGINAÇÃO DA *RAÇA*

Como o Pavilhão de Portugal na Expo'98 mostrou, os Japoneses admiraram-se com os grandes narizes de um povo estranho – os Portugueses. No processo de expansão, em que «o novo mundo nasceu para refazer o equilíbrio do velho» (Finer, 1999: 1070), os Portugueses sentiram o mesmo tipo de assombro sobre os *outros*. Um assombro que tem sido reproduzido na literatura e na arte visual.

A experiência das diferenças culturais e físicas radicais fizeram os europeus brancos começar a olhar nos espelhos e tiveram um profundo impacto na cultura ocidental, originando um extenso discurso *racial,* e um duradouro debate científico e cultural sobre a *raça* (Lively, 1998). Para os Europeus, parecia lógico pensar que se o Homem fosse feito à imagem de Deus, Deus seria branco, pelo que esses povos diferentes deveriam ser inferiores. Pero Vaz de Caminha, numa famosa carta ao rei português, anunciando o *achamento*, por Pedro Álvares Cabral, do que é hoje o Brasil, escreveu sobre a primeira visão de indígenas:

> A feição deles é serem pardos, maneira de avermelhados, de bons rostos e bons narizes, bem feitos. Andavam nus, sem cobertura alguma. Não fazem o menor caso de encobrir ou de mostrar suas vergonhas; e nisso têm tanta inocência como em mostrar o rosto (Caetano e Águas, 1987: 65).

A visão do indígena é, antes de mais, uma visão física. É encontrado um grupo humano novo com uma aparência diferente quer do europeu quer do africano. Os Europeus são o símbolo civilizacional, a personificação da ordem social e religiosa verdadeiramente desenvolvida; os negros são física e socialmente diferentes: *eles* não são completamente primitivos porque conhecem algum tipo de regras sociais e religiosas; os ameríndios, por seu lado, não obedecem a qualquer regra religiosa e têm uma organização social rudimentar, encontrando-se num estado tão inocente como quando Deus os criou, mantendo-se incorruptos face à *civilização*. Caminha encara este povo como estando num estado natural primitivo, sugerindo que a sua inocência é, de alguma forma, moralmente superior aos negros africanos (Caetano e Águas, 1987). De facto, em 1551, numa outra carta ao rei português, foi também escrito que «estes pagãos [...] são como folhas de papel em branco em que se pode escrever o que se quiser» (Boxer, 1988: 89-90). No entanto, tal estado, muito próximo da animalidade, podia ser ultrapassado com a evangelização, que constituía a *missão civilizacional da raça*, nas palavras de Salazar[2]. O Estado português era, portanto, acima de tudo,

---

[2] Em 1940 o primeiro contato com o novo povo no século XVI foi descrito como um «acto de amor», como uma «lua-de-mel». O acto de posse «foi muito mais de posse amorosa do que de posse política». No discurso inaugural do Pavilhão do Brasil Colonial foi contada uma história para exemplificar o amor entre Portugal e o Brasil: quando Pedro Álvares Cabral se preparava para partir, alguns homens não compareceram: «seduzidos pelos olhos verdes, pelo grandes olhos inquietos olhos da vossa selva, esses marinheiros de Cabral tinham desertado [...]. Ficaram lá, namorados dos vossos segredos, do vosso sol, da vossa paisagem, da luxuriante tentação dos vossos braços tropicais. Foram esses, na verdade, os primeiros voluntários do amor de Portugal pelo Brasil» (Castro, 1940).

um *Estado civilizador*, e essa deveria ser a missão de Portugal (Carneiro, 1949; Lencastre, 1932; Salazar, 1935), como claramente era expresso no Acto Colonial. No segundo artigo proclamava-se a «essência orgânica da Nação Portuguesa desempenhar a função histórica de possuir e colonizar domínios ultramarinos e de civilizar as populações indígenas que neles se compreendam, exercendo também a influência moral» (*in* Jesus, 1932).

A *RAÇA* COMO ESTRUTURA DA ORDEM SOCIAL

O racismo europeu foi fundado, antes de receber o seu nome actual, destes encontros com os *outros* – frequentemente um *outro* dominado no contexto do colonialismo (Wieviorka, 1995b). Durante os séculos XIX e XX, o racismo foi desenvolvido como uma ideologia legitimizadora para a conquista e colonização europeia e branca. A ciência foi empregue para provar essa inferioridade nativa – os portugueses, entre outros cientistas europeus, empenharam-se em catalogar as diferenças fisiológicas visíveis estabelecendo a categorização de *raças* humanas[3]. Juntamente com todas as outras espécies, a espécie humana foi também sistematizada e catalogada em *raças*, *sub-raças*, *tipos* e *subtipos*, de acordo com os resultados de medições de crânios, do comprimento dos braços e membros, da cor da pele, da textura do cabelo, da forma dos lábios, do tamanho do nariz, etc. (Anónimo, 1818; Souta, 1997; Fenton, 1999).

---

[3] A evidência trazida por avanços na tecnologia genética parece desacreditar de vez tais resultados (Vigilant, 1997). Investigação conduzida por Templeton, analisando dados de ADN, concluiu que 85 por cento da variação genética em ADN humano se deve a variações individuais. Apenas 15 por cento podem ser interpretados como diferenças raciais. De acordo com Templeton, «estes 15 por cento são mais baixos do que o limite usado para identificar raças noutras espécies. Em muitas outras espécies de mamíferos nós vemos uma taxa de diferenciação duas ou três vezes superiores às dos humanos, mesmo antes de serem consideradas raças diferentes. O homem é, portanto, uma das espécies conhecidas geneticamente mais homogéneas. Há variações genéticas na humanidade, mas esta acontece sobretudo ao nível individual. A variação entre diferentes populações é muito, muito menor» (*Diário de Notícias*, 19 de Outubro de 1998).

O colonialismo teve um forte apoio no darwinismo social. O homem branco sentiu-se superior e obteve legitimidade *científica* para dominar outros povos e tal dominação foi vista como benéfica para o progresso e a melhoria das espécies. A utilidade de tal teoria *científica* conduziu a expressões exageradas de mais forte, mais fraco, mais ajustado, menos ajustado em termos de condição física ou características mentais humanas, [que não são conhecidas] em sociedades animais (Sacarrão, 1981). Na ordem política e cultural colonial os que governavam eram, portanto, definidos como os representantes de uma civilização superior. Os *outros* eram considerados «raças atrasadas» como referia o discurso oficial durante o período salazarista. Até mesmo se, para alguns, a cor da pele devia ser considerada apenas uma característica distintiva e não um factor hierárquico, era aceite que «o facto histórico é ter-se civilizado a raça branca e não estar ainda civilizada a raça negra; [...] O conceito positico, naturalista, verdadeiramente científico, parece-me ser este – raças civilizadas e raças por civilizar; raças que evoluíram e raças que estacionaram (Camacho, 1936: 14-16). Na era pós-colonial, «as ideias de diferença étnica e racial inata foram "reimportadas" para as concepções de nação colonial [...] e reemergiram quando povos de ex-colónias foram incorporados nos sistemas político e económico do centro colonial» (Fenton, 1999: 46).

A raiz étnica influenciou as ideologias quer do nacionalismo quer do racismo. Ambos têm sido, muitas vezes, confundidos e associados como partes da mesma coisa. Durante o século XIX, *nação* e *raça* eram termos igualmente usados para significar comunidades étnicas. «Apenas no final do século XIX o darwinismo racial conseguiu separar o conceito de *raça* (e racismo) do conceito de *nação* (e nacionalismo), e aplicá-lo não apenas a grupos étnicos e minorias europeias tais como os Judeus, mas também a categorias de povos fora da Europa» (Smith, 1979: 93).

Em relação às nações, Mendes Corrêa escreveu em 1919 que «se a Sociedade das Nações vier a constituir-se [...], naturalmente o princípio das afinidades étnicas dominará as relações internacionais» (1919: 170). Mais tarde, em 1944, ele insistiu que negar que «existe uma certa hierarquia das nações e dos povos, relacionada com diferenças raciais, é negar a evidência» (1944: 61-62). Para ele, *raça* era uma realidade e um factor interveniente no curso da história e na vida dos povos. Ele reconheceu outros laços de afinidades que explicam porque as pessoas vivem em grupos, mas criticou severamente como cientificamente inadmissível os «internacionalismos políticos, pretensamente igualitários, que fingem desconhecer os dissídios de raça em todos os continentes e aparentam colocar no mesmo nível mental, económico e social os parisiensese e... os papuas da Nova-Guiné» (1944: 62).

A BASE *ÉTNICA* NA DEFINIÇÃO DA NAÇÃO

Dando ênfase a factores étnicos na formação e independência de Portugal, e criticando Herculano e outros intelectuais do século XIX que tentaram questionar a herança lusitana dos portugueses, Corrêa considerou que a independência teria sido o resultado das «tendências autonómicas hereditárias» e genéticas que vinham dos tempos dos romanos e mesmo antes. Em relação a Espanha o povo português teria diferenças étnicas, materializadas na língua, na literatura, na história, na vida de família, no temperamento, no carácter. A psicologia dos indivíduos seria um espelho da psicologia nacional com longas raízes biofísicas. Assim, a *saudade* portuguesa poderia opor-se ao *quixotismo* espanhol. Esse factor também explicaria as diferentes atitudes para com a pena de morte e para com as touradas entre os dois povos. Esta estrutura psíquica diferente estaria relacionada com uma composição antropológica diferente e uma ascendência étnica diferente, o que seria, por sua vez, um «factor de diferenciação política e verosivelmente ligada não apenas a influências mesológicas que aparecem evidentes nalguns pontos, mas também a diferenças de composição antropológica, de ascendência étnica» (1944: 105).

Ao contrário de Renan (ver capítulo 1), Mendes Corrêa considera que as raízes da nação estão na terra e no sangue e não na vontade humana. Para ele, se um Estado como o português dependesse da vontade humana

> bem contingente seria o seu destino [...] Admitindo, contra a evidência, que nada de estrutural e orgânico nos separa de outros povos, correríamos, nós próprios, na mais lamentável e inexplicável renúncia, a entregar-lhes o facho sagrado que só nós, Portugueses, temos o direito de brandir e velar, como uma grande família antiga em torno do altar das suas devoções domésticas (1944: 106-107).

Seguindo as proposições de Herder, o povo português seria o resultado de forças materiais e espirituais, de um instinto profundo e hereditário, de particularidades remotas e permanentes da sua terra e do seu património genotípico, de genes específicos que o individualizaram antes de outros povos e que constitui a parte biológica de um forte e perene desejo de independência.

Ideias de *descendência, origem, ancestralidade* e *pertença ao mesmo povo* parecem ser comuns aos termos *nação, grupo étnico* e *raça* (Fenton, 2003). Durante a primeira metade do século XX, como vimos no capítulo 4, *nação* e *raça* eram termos usados nos discursos da nação durante o regime salazarista. Embora fossem usados, por vezes, para significar a mesma coisa, *nação* parece ser um termo mais geral incluindo o grupo inteiro que pertence a uma única nação multicontinental. *Raça* parece ser um conceito mais rígido para descrever a superioridade dos membros brancos, em contraste com as outras *raças atrasadas*. Como noutras sociedades, era importante identificar as *nossas* raízes num *passado étnico* e permanecer fiel a tal autenticidade étnica. Quando Oliveira Martins deu ênfase às afinidades étnicas entre Portugueses e Espanhóis, ele foi acusado de antipatriotismo. Para Mendes Corrêa a crise dos tempos modernos seria uma crise de carácter devido à corrupção e à imperfeição raciais. Mas afortunadamente, diz ele, nós «tivemos uma evolução mental e social diferente da dos povos norte-africanos. Não tivemos o seu marasmo tantas vezes secular, não ficámos tanto atrás [...] [o nosso] mal, embora de raça, não é incurável» (1919: 151).

Em vários momentos, a questão da mestiçagem teve um papel fundamental no debate sobre a nação (Almeida, 2004c). Muitos pensadores portugueses assumiram a *raça* como a base da ordem social. Existem muitos exemplos de tentativas de identificação do puro arquétipo português: em 1940, como parte das comemorações do duplo centenário, uma Conferência Nacional das Ciências da População foi organizado para debater as origens étnicas dos Portugueses. Nessa conferência, Eusébio Tamagnini afirmaria que «por muito que custe ao espírito liberal e aos internacionalistas, temos fundadas razões para admitir não somente a desigualdade natural dos homens, mas também a dos povos e nações», correspondendo a uma hierarquia natural na qual «os europeus, no seu conjunto, ocupam o primeiro lugar entre os povos progressivos, tendo marcado sempre a sua nítida superioridade seja qual for o aspecto sob que os comparemos com os outros povos existentes» (1940:5-6).

Analisando grupos sanguíneos, ele concluiu que a tese dos «portugueses negróides» estava errada. Para ele, a acusação de que os Portugueses poderiam ter absorvido demasiado sangue negro como consequência da miscigenação intensiva com os escravos importados de África era, portanto, injusta, sublinhando que os Portugueses são ainda claramente europeus e que «temos conseguido manter a pureza étnica relativa da massa populacional» (Tamagnini, 1940: 24).

Em muitos escritos dos anos 1920, 1930 e 1940, ao falar sobre a *brancura* e *pureza* contemporânea dos Portugueses, pode ser vista uma preocupação especial em expressar um certo *nojo* em relação a qualquer influência negra fruto da miscigenação. João de Almeida exaltou as façanhas da *raça* em *O Espírito da Raça Portuguesa na Sua Expansão além-Mar* (Almeida, 1931). Em 1934, João Perestrelo, identificou os Portugueses como uma *raça* individual em *Raças Nacionais e a Raça Portuguesa* (Perestrelo, 1934). António Mesquita de Figueiredo repetiu a tese da pureza de sangue em 1947 (Figueiredo, 1947). Amália Norte identificou a origem portuguesa com a cidade perdida da Atlântida em 1949 em *Raça Eterna* (Norte, 1949), uma tese reafirmada por João de Almeida em 1950 em

O Fundo Atlante da Raça Portuguesa e a Sua Evolução Histórica (Almeida, 1950).

Em todas estas obras[4], os Portugueses foram identificados como uma *raça* distinta baseada em características biológicas. Mendes Corrêa era um dos autores mais influentes nesta linha de pensamento e um grande defensor da eugenia, muito popular tanto em Portugal como noutros países (Pimentel, 1998). Corrêa, citando Günther, o antropólogo oficial do regime de Hitler, ao referir-se à influência significativa do sangue negro em Portugal, como consequência da importação antiga de escravos, afirmava que o que

> parece separar os Portugueses dos Espanhóis ocidentais uma influência forte de sangue dos negros, já reconhecível em Espanha [...] A influência negra em Portugal é tão forte que os indígenas da África ocidental consideram os Portugueses quási como seus iguais e os respeitam muito menos do que aos outros Europeus. Assim, os Swaheli, por exemplo, quando querem indicar a totalidade dos Europeus dizem: os Europeus e os Portugueses (1940a: 212-213).

Esta referência de Günther causou grande reacção entre os intelectuais portugueses. Corrêa e outros antropólogos da altura tentaram negar esta tese com evidências para provar que os Portugueses deveriam ser incluídos na categoria geral de Europeu: «as características de superioridade antropológica, que lhe dão um lugar de modo algum secundário no grupo das raças europeias» (Corrêa, 1919: 157)

A tese de Oliveira Martins e outros de que a *corrupção* da *raça* através do sangue negro de escravos, «repugnante legado da descoberta da África e do domínio ultramarino, punha na sociedade uma mancha torpe e na fisionomia das massas borrões de cor negra, pelas ruas e praças da capital» (in Corrêa, 1940a: 219) foi considerada como ultrajante por Mendes Corrêa. Subjacente nos escritos de Corrêa estava o desejo de mostrar que

---

4 A *raça* foi também celebrada na poesia (Álvares, 1939; Carreira, 1916; Lima, 1966; Lima, 1923).

a *raça* portuguesa permanecia, afinal, pura e incorrupta, manifestando o seu alívio de que as previsões de Garcia de Resende, séculos antes, de que à velocidade a que os escravos chegavam e que os portugueses nativos emigravam, em breve «eles seriam mais que nós», nunca se concretizaram. Ele mostrou entusiasticamente que, com a excepção de Lisboa, a presença de escravos foi relativamente pequena. Corrêa minimizou a presença física de «alguns mulatos, alguns negróides, mesmo um ou outro negro». Minimizando as numerosas «infiltrações», manifesta a sua alegria e surpresa pelo facto de que a população portuguesa «se encontra hoje quási absolutamente isenta de sinais de que tais contaminações tenham perdurado na somatologia respectiva» e conclui que, portanto, a população portuguesa é «de tipo físico caracterizadamente europeu» (1940a: 220-221).

Para esta ausência de poluição, teriam contribuído vários factores como «a selecção social». Afirmando os Portugueses como claramente Europeus, ele rejeita a fórmula «antipeninsular [dos países da Europa do Norte] de que a África começa nos Pirenéus» (1940a: 224). Tentando provar a brancura original da *raça* portuguesa, Corrêa e outros consideraram a miscigenação ultramarina e alguma mistura de sangue na metrópole como uma consequência indesejável da expansão colonial.

Em 1939, durante a 24.ª reunião do Instituto Colonial Internacional, o representante português expôs a «tendência dos Portugueses para estabelecer nas colónias a igualdade racial nas relações com as raças, conduzidos por um verdadeiro espírito cristão, o que permitiu que uma metrópole com menos de dois milhões de almas, há quatro séculos, tenha criado populações assimiladas por todo o mundo e estabelecer a grande nação brasileira que tem hoje 40 milhões de habitantes». Os outros membros participantes na reunião consideraram a miscigenação um facto «com consequências sociais extremeamente graves». O presidente da reunião, um italiano, manifestou que a Itália era «hostil a tais tendências, baseado nos maus resultados de tais cruzamentos». Ele recordou um ditado árabe, segundo o qual Deus criou o branco, uma deusa criou o negro e o diabo criou os mestiços. O italiano concluiu, dizendo que: «Nós queremos elevar o indígena ao mais alto nível de civilização, nós criámos escolas para eles, alguns deles com uma educação muito avançada: mas nós queremos que o indígena mantenha o seu espírito indígena e não ser uma cópia má do espírito europeu... Nenhuma mistura entre europeus e indígenas.»

A atitude geral do fascismo italiano era que a «hibridação pode pôr em risco o prestígio da raça dominadora e prejudicar as suas possibilidades de desenvolvimento das terras conquistadas; poderia ter uma influência grave sobre a qualidade moral e as capacidades do nosso povo». O governo italiano tomou, inclusive, algumas decisões para prevenir relações sexuais entre italianos e populações indígenas, mas também confiou «no sentido de dignidade humana e de patriotismo dos seus nacionais e na acção "persuasiva e disciplinar do partido", tomando "particular atenção no sector feminino" para a "defesa da raça"» (Corrêa, 1940b: 18-19). Descrevendo o evento, Corrêa manifestou-se surpreso como alguns delegados estrangeiros interpretaram a apresentação portuguesa como a defesa da miscigenação. Porque, para ele, a abordagem italiana é a solução ideal, pois:

> Há uma verdadeira lotaria na repartição das combinações germinais favoráveis [...] A nós, Portugueses, interessa ainda, na questão do mestiçamento [...] o exame do assunto no ponto de vista das suas consequências sobre a continuidade da nossa missão histórica no mundo e sobre a permanência e estabilidade das virtudes germinais da nossa gente [...]. Quanto mais intenso e variado for o mestiçamento e mais activa a interferência social e política dos mestiços na vida portuguesa, mais rápida e fortemente de desfigurará a fisionomia tradicional da Pátria e irá desaparecendo o que de mais nobre e próprio existe no valor português. Seria a dissolução do Portugal multisecular o fim de uma cadeia vital ininterrupta e gloriosa (Corrêa, 1940b: 21-22).

D. João IV ordenou o casamento de homens portugueses com mulheres indígenas no Brasil. Esta era uma estratégia usada para povoar o território e «para se abrirem as portas da civilização e se dar uma educação portuguesa aos "belos efeitos" dessas uniões, que substituíram vantajosamente a geração, entre si, dos índios, inclinados apenas aos prazeres dos sentidos e da aguardente» (Corrêa, 1940b: 13-14). Esses *belos efeitos* seriam os «muito enaltecidos» *mamelucos* ou os *mulatos* ou cabras. Para Corrêa e muitos outros:

> «poucos povos no mundo [sabem] amar como o português. Dizia-nos Teófilo Braga o povo mais enamorado da Europa [...] um dos povos dotados de maior capacidade afectiva, de maior poder de simpatia, de maior desejo de *compreensão* universal [...] alguns têm interpretado erroneamente gestos nossos como provas de desnacionalização ou de perda de individualidade antropológica. No Brasil e no vasto Império colonial fraternizamos com as mais diversas raças, fomos os mais humanos dos colonizadores (1940a: 304-305).

Porém, a miscigenação tinha «dolorosos aspectos morais e sociais» pelo que era lembrado que «ninguém duvide de que a hegemonia política, mental e económica pertence ainda hoje nesta, em considerável maioria, aos elementos leucodermes» (Corrêa, 1940b: 13-14) independentemente da proporção de mestiços, negros ou indígenas na população brasileira. Na Índia este tipo de estratégia de administração foi também extensivamente usado.

Corrêa sublinhou a necessidade de estabelecer restrições legais e regulamentos apropriados à miscigenação nos territórios ultramarinos para evitar a destruição da individualidade nacional: «o mestiçamento não pode constituir a base de uma política colonial, subordinada a um princípio de continuidade histórica da nação. Esta continuidade depende da permanência de um património de factores germinais que o mestiçamento em larga escala adulteraria [...] Por tal processo biológico desapareceria, de facto, da superfície do globo o povo português, ainda que este nome sobrevivesse». Porém, nalgumas circunstâncias especiais, como a escassez de colonos portugueses da metrópole ou as dificuldades de aclimatização dos europeus, a miscigenação era vista como um modo válido de consolidação do desenvolvimento e da exploração dos territórios. Neste caso deveria proceder-se a uma «selecção eugénica dos progenitores [...] e [instituir] um regime educativo, jurídico e social de inteligente e humanitária protecção aos descendentes desses cruzamentos e de salvaguarda dos princípios e virtudes da nossa civilização e da nossa gente». Também defendeu a limitação do papel político dos mestiços dentro do «âmbito da vida local» aconselhando, além disso, que eles nunca deveriam «exercer postos superiores da política geral do País» (Corrêa, 1940b: 22-23).

O *LUSOTROPICALISMO* E O COLONIALISMO

Estas ideias dominantes sobre a *raça* mudaram à medida que uma teoria da *raça* alegadamente científica se torna desacreditada e a teoria de Gilberto Freyre sobre o *lusotropicalismo* se tornou popular. O *lusotropicalismo* defende que a experiência colonial portuguesa foi fundamentalmente diferente de outras experiências europeias. Freyre, um sociólogo Brasileiro, escrevendo em 1931 sobre o exemplo das plantações no Brasil, apresentou a sua teoria pela primeira vez: «a escassez de mulheres brancas criou zonas de confraternização entre vencedores e vencidos, entre senhores e escravos». As relações entre homens brancos e mulheres de cor não deixaram de ser relações de «superiores com inferiores e, no maior número de casos, de senhores desabusados e sádicos com escravas passivas». No entanto, foi a miscigenação que «corrigiu a distância social que doutro modo se teria conservado enorme entre a casa-grande e a mata tropical; entre a casa-grande e a senzala». Freyre considerou assim a miscigenação como um factor determinante na «democratização social no Brasil» da sociedade semifeudal, criada com o sistema de monocultura (1964: xxxiii-xxxiv).

Os Portugueses, segundo Freyre, tinham sido capazes de criar uma civilização nova no Brasil, na Índia, em Timor, em África, não apenas baseada em valores cristãos mas em misturas raciais, de maneira que a característica distinguível de tal «civilização lusotropical» seriam o seu «carácter singularmente simbiótico de união de europeu com trópico» (1958: 33). Os portugueses não teriam sido, nos trópicos, nem verdadeiros europeus nem imperialistas ortodoxos. «O português tornou-se escuro e bronzeado como eles e quando se manteve branco, ele tornou-se, frequentemente, o procriador de descendência escura. Ele absorveu valores tropicais e apimentou a sua própria lusitanedade com orientalismos, africanismos e americanismos. Ele deu, assim, à sua própria civilização e à deles uma qualidade mestiça da qual a arquitectura manuelina e a arte indo-portuguesa são exemplos» (Show, 1957: 403). O seu europeísmo foi diluído, até mesmo na Europa por misturas com judeus e árabes. Isto explicaria a fraternização mais fácil dos portugueses com os povos oriental, africano e americano sujeitos à sua dominação. Para Show, essa era uma das razões que explicaria porque «uma das nações menos populosas da Europa teria levado a cabo um trabalho exigente geralmente reservado a pátrias altamente povoadas» (Show, 1957: 386-387).

Apenas os Espanhóis se teriam aproximado, até um certo ponto, desta simbiose nas Filipinas e em certas áreas tropicais da América. Este *lusotropicalismo* seria o resultado «não de simples transferência de meios e valores de um meio para outro, mas de integração» (Freyre, 1958: 41) o que se reflectia na «sensibilidade aos métodos, às técnicas e aos valores dos povos tropicais» (Freyre, 1958: 21).

Para Freyre, as sociedades que são o resultado de tal «civilização» seriam «com todas as suas imperfeições, tão mais democráticas, em seus estilos essenciais de convivência humana, que as sociedades essencialmente coloniais, mesmo quando politicamente democráticas ainda orientadas ou dominadas por europeus do Norte e anglo-saxões nos trópicos» (1958: 29). Citando alguns sociólogos do tempo como Park, Bogardus ou Brown, que considerou que não há nenhuma solução para as tensões criadas pelos conflitos entre *raças* que não passe pela «assimilação e fusão, solução [...] imediatamente impossível, se bem que remotamente provável», Freyre considerou que «é pela civilização lusotropical que o remoto dessa probabilidade vem sendo diminuído no tempo e evidenciado num espaço cada dia mais largo: as várias áreas tropicais e quase tropicais por onde se espalha aquela civilização, cujo vigor como que sociologicamente híbrido já atingiu no Brasil notável relevo» (1958: 37).

Os colonialistas europeus criticaram a ineficácia do colonialismo português. Durante muito tempo, os portugueses, como vimos, reagiram a isto como se a miscigenação representasse uma certa *vergonha*. Em 1958, Freyre, pelo contrário, critica os exemplos de «colonialismo do mais repugnante às gentes africanas» (1958: 29) dos norte-europeus. Ele cita um historiador-sociólogo indiano, Panikkar, que reconheceu as virtudes do esforço português ao mesmo tempo que criticava severamente o sentimento norte-europeu de «superioridade racial suprema e duradoura». De acordo com esse espírito «o holandês [...] levou a cabo uma política que sistematicamente reduziu a população ao estatuto de força de trabalho de plantação, sem reconhecer qualquer obrigação moral ou legal para com eles». Para Freyre, há um certo exagero oriental nesta frase. No entanto, ele argumenta que os movimentos pan-asiáticos e pan-africanos que representam reacções ao espírito etnocêntrico europeu não afectaram os Portugueses, pois na colonização portuguesa, essa base etnocêntrica foi quase sempre «superada ou ultrapassada pelo ânimo cristocêntrico» (1958: 19)[5]. Por cristocentrismo, era entendida uma característica sociológica de comportamento e não uma caraterística ética ou teológica (Show, 1957). Neste tipo de civilização, a cor da pele teria deixado de ser um factor identificativo. Os mestiços os mulatos teriam sido incorporados na comunidade de *português* ou *cristão* como iguais e não como inferiores. Mas para Show, a miscigenação não era a única técnica dos Portugueses. Também evidente era o seu tratamento moderado dos escravos em que os preconceitos de cor, credo e classe estavam ausentes. Para ele, esta experiência portuguesa diferente era o resultado de influências árabes na cultura e no sangue português. Era como se o sangue mouro que corria nas veias portuguesas sentisse o chamamento do sangue mouro nas

---

[5] A guerra colonial teve início em 1961, três anos após este *paper* ter sido publicado. Só terá o seu fim em 1974 com o fim do último e mais duradouro império colonial.

mulheres de cor. Mesmo o útero de uma escrava árabe produziria homens livres (Show, 1957: 388).

Apesar da contradição aparente entre a reivindicação de valores cristãos e a aceitação da escravatura[6], Show considerou a mobilização de mestiços, mulatos e mesmo aborígenes uma «acção sociológica revolucionária ou uma reacção contra convenções fundamentadas numa base biológica» (Show, 1957: 400-401). Retomando a tradição árabe através da qual uma gota de sangue português significava um novo português, os portugueses conseguiram criar uma «*pax lusitana*, diferente da romana e da britânica. Uma paz que deriva somente da singular capacidade portuguesa de fraternizar com os povos dos trópicos, de amar a natureza tropical e os valores tropicais, de se dissolver amorosamente nesta natureza e nestes valores sem a perda de um sentido cristão de vida» (Show, 1957: 402).

O antropólogo Jorge Dias retomou as propostas de Freyre na década de 1950 e mudou a ênfase em relação à cultura portuguesa ao buscar as suas verdadeiras raízes. Para ele, uma constante da cultura portuguesa é «o profundo sentimento humano, que assenta no temperamento afectivo, amoroso e bondoso. Para o Português, o coração é a medida para todas as coisas» (1950: 34) o que explicaria porque a expansão portuguesa, «ao contrário da espanhola, é mais marítima e exploradora do que conquistadora» (1950: 15). Outra constante seria a capacidade de adaptação dos portugueses a outros povos, climas, culturas, idiomas, etc. «Enquanto o inglês permanece inglês em todos os lugares e o alemão [...], os portugueses assimilaram completamente o ditado: "Em Roma sê romano"». A capacidade de adaptação, a simpatia humana e o temperamento amoroso eram vistos como a chave para a colonização portuguesa. O português assimilou,

---

[6] O trabalho literário do padre jesuíta António Vieira (1608-1697) reflecte as contradições do seu tempo no Brasil, entre a incompatibilidade do sistema colonial e um governo justo, a procura da liberdade e a existência legal da escravatura. Vieira ao mesmo tempo que reivindicava estes princípios, também argumentava pela necessidade de estabilidade social e de instituições que negavam tais princípios (Palacin, 1986).

adaptando-se. Eles nunca sentiram repugnância para outras *raças* e foram sempre relativamente tolerantes com culturas e religiões estranhas. Enquanto para Corrêa, a miscigenação era vista como um acidente histórico na expansão portuguesa, para Freyre e os seus seguidores, a miscigenação era o seu aspecto principal.

A miscigenação portuguesa não tem uma exclusiva explicação sensual, embora seja caracterizado por uma forte sexualidade[7], sobretudo envolvendo homens portugueses e mulheres negras, pois a expansão portuguesa era principalmente uma *aventura* masculina. De acordo com Dias, escrevendo nos anos 1950, os portugueses têm uma decidida inclinação para mulheres de outras *raças* e são capazes de mostrar uma grande afeição e um amor profundo. Estes sentimentos são tão profundos que «o Português não gosta só de certas raças, gosta de quase todas» (Dias, 1950: 54).

A teoria sobre uma *civilização lusotropical*, seguindo as propostas de Freyre e Dias, apesar das suspeitas iniciais, captou definitivamente a atenção dos políticos, dos intelectuais e dos cientistas sociais, tendo sido desenvolvida a ideia de uma área lusófona transnacional assente em valores democráticos raciais. Cabo Verde é ainda hoje apontado como um dos exemplos principais de tal *civilização lusotropical*. O que mais surpreende os comentadores (Almeida, 2004c; Caldeira, 1993; Cardoso, 1993;

---

7 É famoso um poema de Camões em que expressa o seu amor por uma escrava:

> *Aquela cativa*
> *Que me tem cativo,*
> *Porque nela vivo*
> *Já não quer que viva.*
>
> *Pretidão de amor,*
> *Tão doce a figura,*
> *Que a neve lhe jura*
> *Que trocara a cor.*

Este poema tem sido muitas vezes lido como um exemplo do ideal português de expansão. Por um lado, expressa a visão da escrava como uma mulher; por outro lado, a valorização de um diferente tipo de beleza, revelando a atracção pela cor negra (Ribeiro, 1994).

Davidson, 1988; Filho, 1983; França, 1992; Furtado, 1993) é o grau de miscigenação cultural e biológica. Vários factores teriam contribuído para tal fenómeno. A posição geográfica das ilhas, inicialmente desabitadas, daria ao arquipélago um importante papel triangular no tráfico de escravos. O clima não oferecia as condições para a monocultura e, por isso, não terá atraído muitos colonos brancos. A falta de mulheres brancas ajuda, também, a explicar a miscigenação. À miscigenação biológica ter-se-ia seguido um sincretismo cultural e religioso. Estes e outros factores como as falhas de organização, a falta de interesse pelo processo de colonização por Portugal e o facto de que quer os colonizadores quer os colonizados estarem distantes da sua terra natal, ajuda a explicar um sincretismo de duas vias e de reciprocidade cultural. Daqui, a impossibilidade de impôr uma supremacia cultural branca cria o que Cardoso (1993) chama uma nova entidade cultural na qual o mestiço prevaleceu – a entidade cabo-verdiana. De acordo com Manuel Ferreira, «singular aventura étnica e cultural» foi «o primeiro caldeirão de ensaio de miscigenação euro-africana» (1985 in Caldeira, 1993: 609).

Esta suposta excepção portuguesa na história imperial é enfatizada por muitos. Porém, Davidson chama a atenção para o facto de que «a autoridade e o poder eram brancos, a subserviência e a obediência eram negros: esta era a distribuição que derivava dos tempos primitivos da coloniazação e que era cuidadosamente mantida por todos aqueles – brancos ou "quase brancos" – que podiam reivindicar a autoridade e o poder» (1988: 46). Por outro lado, é verdade que, por exemplo no século XVIII, havia legislação para encorajar a miscigenação, mas, no geral, esta legislação não se aplicava aos membros mais altos da administração colonial, como um modo de preservar a dominação sobre o império. Desta forma, tal legislação apenas reproduzia as diferenças sociais sentidas em Portugal.

O *lusotropicalismo* também pode ser criticado pelo facto de não levar em conta a crescente economia mundial. Levando tal facto em consideração, é possível ver que a colonização portuguesa não era igual em todas as partes do império onde os portugueses tiveram interesses (Venâncio, 1996). Nikos Papastergiadis também critica o eurocentrismo de Freyre, que o terá impedido de questionar os paradigmas da selvejaria e do primitivismo. Devido às influências do modernismo europeu no modelo de Freyre, com a sua narrativa de incorporação codificada em termos de estimulação sexual e submissão, Freyre raramente conceptualizou o mundo dos *outros*.

> O choque do Outro serve para estimular a sedução e para acelerar o consumo; via ingestão e via absorção [...] O espaço social híbrido que Freyre evoca ainda privilegia as aspirações do colonizador – mesmo à medida que incorpora os mais «úteis» e «desejáveis» aspectos do «selvagem» e do «escravo» (Papastergiadis, 1997: 261).

Politicamente, o regime português aproveitou as vulnerabilidades políticas das propostas de Gilberto Freyre para legitimar a sua ideologia colonialista e a sua presença tardia em África. Em 1967, num contexto de isolamento internacional, devido à guerra colonial, Franco Nogueira, o ministro dos Negócios Estrangeiros, apresentava a política ultramarina portuguesa como um exemplo de sucesso:

> Só *nós*, antes de todos outros, levámos à África a ideia de direitos do homem e da igualdade racial. Só apenas *nós* praticámos o «multirracialismo», a mais perfeita expressão da fraternidade dos povos. Ninguém no mundo contesta a validade deste princípio, mas hesita-se em admitir que ele é uma invenção portuguesa e reconhecê-lo poderia aumentar a nossa autoridade no mundo (*in* Ferro, 1996: 177).

Quer direccionando o seu discurso à comunidade nacional ou em organizações internacionais, os líderes governamentais apresentavam as alegadas especificidades da experiência portuguesa, particularmente a «unidade real» da *nação multicontinental* e da «sociedade multirracial» e a *política multirracial* como a razão legítima para a continuidade da presença portuguesa em África e a luta contra a «campanha anticolonialista» e «antiportuguesa» dos «agitadores» *externos* (Garin, 1961; Magalhães, 1971; Salazar, 1960, 1966).

Também no Brasil, os mesmos intelectuais que contribuíram para a construção da noção de um país híbrido eram os mesmos que, influenciados por teorias raciais determinísticas e evolucionistas, introduziram noções de superioridade racial na sociedade brasileira (Schwarcz, 1993). O mito de uma sociedade não discriminatória contrasta com a realidade em redor da discriminação social, política e económica no Brasil moderno. Na realidade, uma pesquisa recente confirmou, por exemplo, que os salários dos brancos são, em média, mais do dobro do dos negros. Quanto ao género, há também grandes disparidades. As mulheres brancas ganham menos do que os homens brancos, mas mais do que os homens negros (*Público*, 28 de Agosto de 1998).

Um relatório do Minority Rights Group International confirmou que os afro-brasileiros são discriminados em quase todos os níveis da vida brasileira. Os afro-brasileiros deram forma a grande parte da cultura brasileira, mas permanecem política e economicamente mal representados. Esse é, de acordo com o relatório, um dos dilemas centrais que enfrenta o Brasil moderno de hoje (Minority Rights Group International, 1999). Alguns grupos de indígenas e outros como o movimento dos *Sem Terra* usaram a ocasião da celebração do quinto centenário da *descoberta* para atrair a atenção para a discriminação que dizem continuar a sentir. Embora o mito do Brasil como *democracia racial* permaneça um poderoso mito do senso comum, a desigualdade racial persiste como nos EUA (Saunders, 1972; Marx, 1997). De acordo com T. K. Oommen há, porém, duas diferenças importantes entre estes dois casos: «Primeiro, enquanto no Brasil a linha de cor é um contínuo[8], nos EUA, ela representa sobretudo uma dicotomia entre brancos e negros. Segundo, a alienação colectiva da população com ascendência africana é pronunciada nos EUA, mas é relativamente ausente no Brasil.» Enquanto no EUA eles permaneceram, de forma geral, *outsiders*, no Brasil, devido principalmente à miscigenação, eles tornaram-se *insiders* e nacionais (1997: 108).

---

[8] No Brasil são comuns termos específicos para cada tom de cor da pele como *mameluco*, *cabras*, *cafua* e outros.

O mito de uma cultura não racista é uma parte importante do modo como Portugal tem celebrado a sua cultura, reconstruindo a nação sobre uma base ideológica universalista. Porém, à medida que os fluxos migratórios aumentam, vários casos mediáticos de racismo e discriminação têm desafiado essa imagem, criando tensões entre aspectos particularistas e universalistas que impõem uma redefinição do modo tradicional como os Portugueses se vêem a si próprios.

A *RAÇA*, A ESTRATIFICAÇÃO E A CONSTRUÇÃO DOS IMPÉRIOS COLONIAIS

Depois do colapso dos impérios coloniais europeus, os anteriores centros de poder começaram a receber fluxos de imigração relativamente grandes oriundos das suas anteriores colónias e o racismo tornou-se um tema da agenda política. O império português foi o último a terminar. Mas o Portugal pós-colonial teve de lidar com os mesmos problemas e fê-lo, em grande medida, do mesmo modo.

Durante a construção dos impérios coloniais, a ideia de *raça* tornou-se um forte conceito das ciências biológicas e sociais. Depois da Segunda Guerra Mundial, as ciências sociais abandonaram o conceito de *raça* em favor de outras tipologias de diferenciação cultural dos grupos humanos. Como foi dito no documento constitutivo da UNESCO, a guerra apenas tinha tido lugar porque «o ideal democrático de dignidade, igualdade e respeito pela pessoa humana foram negados e pelo desejo de substituir isto, explorando a ignorância e o preconceito, pelo dogma da desigualdade de *raças* e seres humanos[9]». Para a UNESCO, o racismo era a expressão de um sistema de pensamento anti-racional e constituía o desafio principal às reivindicações de tradição humanís-

---

9 Em *Raça e Ciência* (AA. VV., 1970, 1972) uma colecção de dois volumes expressando as opiniões dos cientistas sociais, moralistas, filósofos e biólogos reunidos pela UNESCO para discutir os aspectos éticos e sociais da questão racial.

tica das civilizações ocidentais. Porém, as ideias de superioridade não desapareceram e, no contexto europeu, a percepção da cultura europeia ocidental como superior tem-se revelado resistente. Também há mais recentes exemplos de recorrência de teorias baseadas na hierarquia biológica. Herrnstein e Murray (1996) autores de *The Bell Curve: Intelligence and Class Structure in American Life* defendem a teoria de que as diferenças de raça e classe são causadas por factores genéticos[10].

A distância de uma definição biológica e zoológica das *raças* humanas que o actual pensamento exige, não nos permite, porém, ignorar a teimosa presença de discursos sobre a *raça* e o racismo. De acordo com Steve Fenton, a utilidade analítica do conceito *étnico* é mais defensável «pois não tem o impedimento de uma história de conotações com uma ciência desacreditada e uma prática malévola que o conceito de "raça" tem». Mas também nos lembra que «um discurso no qual está presente a ideia de "raça" permanece como uma forte característica do pensamento de senso comum e da ordenação das relações sociais» (1999:4).

No contexto do imperialismo europeu, o racismo não foi apenas um modo de legitimização da exploração de classe. Também construiu o mundo social e o modo como certa população foi identificada como uma classe trabalhadora. Como Miles argumenta «o racismo tornou-se uma relação de produção, em que a *raça branca* estava destinada a governar politicamente e a organizar e dirigir a produção e a *raça africana* estava destinada a fornecer a força de trabalho necessária para produzir a mais-valia» (1989:111). Neste aspecto, o império português estruturou-se de modo algo diferente. Dada a falta de homens brancos vindos da metrópole, os mestiços cabo-verdianos foram empregues na administração colonial. A cidadania portuguesa foi concedida aos cabo-verdianos em 1914, dentro de uma política de assimilação que os educou para desempenhar cargos de baixo relevo na administração colonial noutras partes do império (Querido, 1989).

---

10 Ver Devlin *et al* (1997) ou Montagu (1999) para discussão mais aprofundada.

Depois do colapso dos seus impérios coloniais, alguns países europeus sentiram um grande fluxo de população, produzindo um sistema caracterizado pela mistura de diferentes tipos de mão-de-obra imigrante e local. Foi como se a colónia se tivesse transferido para a metrópole. Foi neste contexto que as primeiras análises weberianas e marxistas das *relações raciais* surgiram, dando às relações económicas uma primazia na determinação do carácter das *políticas raciais*. Nestas primeiras reflexões, a exploração racial era vista meramente como um aspecto do quadro mais vasto da «proletarianização do trabalho, independentemente da cor do trabalhador (Hence, 1970, *in* Miles, 1982:82).

Neste enquadramento geral, porém, a situação particular de formas intensivas de exploração era enfatizado. A posição estrutural dos negros num *subproletariado* ou numa *subclasse* (Rex e Tomlinson, 1979) era vista como o resultado da acumulação de discriminações na esfera distributiva (no mercado de trabalho, de habitação e educação) e a consequente formação do gueto e da subclasse. Estas desvantagens explicariam a concentração da subclasse em trabalhos caracterizados por trabalho pesado, trabalho temporário e baixos salários, taxas de desemprego particulares ou as dificuldades no acesso à compra de casa e a segregação consequente em ilhas internas na cidade que, por sua vez, conduziria à segregação educacional.

Neste complexo sistema, os trabalhadores migrantes são proletarizados e transformados em vendedores de força de trabalho à burguesia que possui e controla os meios de produção. A burguesia toma partido pagando-lhes menos e dando-lhes os trabalhos menos qualificados que os *brancos* não querem. O resultado é uma luta entre classes socioeconómicas durante o processo produtivo, não apenas entre capital e trabalho, mas também entre grupos diferentes de trabalhadores, em particular nativos e migrantes.

Escrevendo sobre o contexto britânico, Rex sublinhou a consequente divisão estrutural: uma divisão no mercado de trabalho entre a natureza dos empregos disponíveis para os trabalhadores negros e asiáticos e os empregos que os britânicos nativos desejam

(Rex, 1988). A divisão racial do trabalho na Grã-Bretanha foi vista como uma confirmação do passado colonial e não como algo novo que terá começado no período do pós-guerra. A existência de um exército de reserva de força de trabalho nos países asiáticos e das Caraíbas era explicado pelo colonialismo que seria responsável pela situação destes países, pois teria pervertido as economias destas colónias de tal modo que, por alturas da independência, eles tiveram de enfrentar a existência de uma grande força de trabalho e nenhum capital com que transformá-lo em trabalho produtivo. Este é um exército de reserva de força de trabalho que esperava em prontidão para servir as necessidades da economia capitalista metropolitana.

Em anos recentes, tem tido lugar um importante debate entre marxistas ortodoxos e aqueles que sugerem conceitos mais flexíveis de classe e luta de classes. Miles reconheceu que quer os primeiros textos marxistas de análise das *relações raciais*, quer a sua própria versão da economia política das migrações, *sofreram* de uma simplificação em extremo devido ao uso não crítico da ideia de *raça* (Miles, 1993). Mudanças nos padrões de emprego como «a relação entre a indústria e os serviços, o papel do Estado como empregador e o crescimento do desemprego estrutural, tudo indica a necessidade de refazer as análise de luta de classes contemporâneas e as concepções de luta de classes que as suportam» (Gilroy, 1987: 19).

Dados trazidos pelo Fourth National Survey, conduzido pelo professor Tariq Modood, confirmaram também as mudanças substanciais que têm ocorrido, de tal maneira que, actualmente, o que necessita de ser explicado é a desigualdade racial e a diversidade étnica, uma vez que a divisão deixou de ser apenas entre brancos e negros para passar a ser uma divisão entre e no seio dos vários grupos minoritários (Modood *et al*, 1997). As novas análises plurais sobre racismo e discriminação que emergiram, começaram a incluir também considerações sobre a relação entre a *raça* e outras bases de discriminação como o género (Anthias e Yuval-Davis, 1993) e cultura e religião (Modood, 1992), enquanto facetas da nova diversidade étnica.

No entanto, há alguns elementos do pensamento marxista que permanecem influentes. A sociologia, de acordo com Steve Fenton, «simplesmente não pode ignorar a distribuição de riqueza e poder aos níveis nacional e internacional; a sociologia da identidade e da cultura sem consideração para com a "ordem material" é uma sociologia Alice no País das Maravilhas» (Fenton, 1999: 99).

A CIDADANIA, O SISTEMA EDUCATIVO E OS VÁRIOS MODELOS DE INTEGRAÇÃO

A dificuldade com que os Estados europeus tiveram de lidar ao adaptar-se à multiculturalidade reflecte-se nas diferentes estratégias adoptadas pelos diferentes Estados-nação.

Um exemplo dessas dificuldades prende-se com o sistema nacional de educação e com o facto de tal sistema ter sido construído da ideia de Estado-nação homogéneo (Gellner, 1983). Portugal apenas começou a discutir as questões do multiculturalismo nas escolas em finais da década de 80 do século XX, sendo a discussão introduzida de modo *top down* pelo Estado (Souta, 1997). Em alguns países como a Grã-Bretanha ou a Holanda, o Estado promove o ensino das línguas do país original do imigrante. Isto representa um incentivo à autonomia cultural. Noutros casos, a sociedade de acolhimento exige dos imigrantes a compreensão e a adopção de valores e comportamentos que não têm significado, a menos que compreendidos *do interior* (Moreira, 1996). Em França, as culturas estrangeiras não são apoiadas. A nacionalidade francesa é concedida com a exclusão de qualquer outra. A assimilação é valorizada sob o princípio da cidadania de *jus soli*, se a pessoa nasceu ou não no território francês. Na Alemanha, o *jus sanguinis* é a regra prevalecente, baseada na descendência biológica que «reflecte o domínio de uma concepção essencialista e etnocultural da nação e a marginalização das populações imigrantes». As implicações de *jus sanguinis* são racistas de modo diferente das implicações do *jus solis* (Fenton,

1999: 206). A Alemanha deixou de ser muito cedo um poder colonial em África – no final da Primeira Guerra Mundial. Daqui que o Alemão nunca sentiu «o homem negro, ou o homem não euro-peu, com a proximidade necessária para lhe dar um sentido cultural e político próprio. Na categoria de estrangeiro para o alemão cabem assim, com conotação idêntica, os Turcos, os europeus do Sul, os negros ou os mestiços» (Venâncio, 1996: 129). Ao contrário do modelo francês, o modelo britânico, «baseado numa história colonial e numa concepção de nacionalidade diferente, é mais tolerante face à diferença cultural, mais relaxado quanto à formação de comunidades de minorias étnicas, mas não está comprometido com a igualdade de pertença à comunidade de nacional» (Modood, 1997: 5). As incongruências de cada um destes casos conduziram a um grande debate sobre um novo modelo de integração multicultural neste países[11], incluindo na equação, a possibilidade de «cidadania composta»[12] (Tschoumy, 1995 em Souta, 1997).

Na opinião de José Carlos Venâncio, Portugal não pode ser classificado nem como uma sociedade «classista» como a Grã-Bretanha nem como uma sociedade «etnicizada» como a Alemanha. Durante a expansão ultramarina, e ao longo da história portuguesa, a assimilação e a absorção foram a regra, causando o *branqueamento* dos africanos chegados a Portugal desde o século XVI, que terá influenciado também a dinâmica de inclusão/exclusão no século XX, com a chegada de negros depois da guerra colonial, quando as ex-colónias se tornaram independentes. Mas nessa altura foram criadas *ilhas étnicas*, criando uma consequente guetização e algumas situações de conflitualidade imanente. Isto deve-se não só à localização e condições de habitação, mas também a problemas relacionados com a juventude e, em especial,

---

11 Veja-se o recente debate em França e noutros países europeus como a Alemanha, a Espanha ou a Itália a propósito da questão dos *lenços* e dos símbolos religiosos nas escolas (*Expresso*, 23 de Novembro de 2003). Noutros locais, discutimos o conceito e as políticas de multiculturalismo com mais profundidade (Almeida, 2005, Almeida e Madureira, 2003)

12 Um termo semelhante ao das *cidadanias hifenizadas* americanas.

com a segunda geração (Contador, 1998). Por razões várias, especialmente o fracasso escolar, as dificuldades na procura do primeiro emprego, estes jovens «desenvolvem, em tais circunstâncias, um sentimento de revolta que vai encontrar no racismo e na xenofobia um bode expiatório (Venâncio, 1996: 136)[13].

UNIVERSALISMO E PARTICULARISMO

Democracia é o sistema de governação que acompanha os princípios de direitos universais de todos os homens e mulheres à justiça, à liberdade, à consciência e à dignidade trazida pelo iluminismo. De acordo com Steve Fenton, é possível identificar uma contradição entre o desenvolvimento dos Estados-nação e estes princípios universalistas, pois tal processo envolve:

> a criação de uma imagem da nação, dos membros «naturais» de um sistema de Estado. Isto significa não só a existência de indivíduos que podem não ter acesso a qualquer Estado-nação (os milhões de refugiados e indivíduos sem pátria), ou podem ter um acesso imperfeito (imigrantes), mas também que a própria nação é glorificada e por implicação outras nações menos valorizadas (Fenton, 1999: 226).

De acordo com Wallerstein, universalismo foi uma ideologia particularmente apropriada ao desenvolvimento de uma economia mundo capitalista, pelo que se pode falar das «relações sociais capitalistas como sendo um "solvente universal", reduzindo tudo a uma forma de mercadoria homogénea denotada por uma medida de dinheiro» (Wallerstein, 1991: 31). O racismo reconcilia os objectivos de minimizar os custos de produção e minimizar os custos da agitação política, reduzindo os custos da mão-de-obra e minimizando os protestos da força de trabalho (Wallerstein, 1991; Wetherell e Potter, 1992)[14]. O sistema que opera através de uma tensa relação entre a dose certa de univer-

---

13 Voltaremos a discutir estes aspectos no próximo capítulo.
14 O mesmo pode ser dito acerca do sexismo.

salismo e de racismo/sexismo resulta num padrão de ziguezague (Wallerstein, 1991).

Os Estados são hoje confrontados com a questão de como reconciliar os direitos humanos universais estabelecidos em 1948 na Declaração dos Direitos Humanos Universais das Nações Unidas[15], com o direito à diferença entretanto proclamado, pois a declaração não afirmara o direito à diferença baseado no grupo. Vários Estados questionam a universalidade desses direitos invocando razões culturais ou económicas ou mesmo motivos relacionados com a soberania. Os supostos consensos sobre a declaração seriam o resultado da globalização e a expansão de um modo de vida e pensamento europeu e ocidental. As noções ocidentais de igualdade cívica e igualdades de direitos humanos universais são contraditas pela sua «aplicação particularista (isto é, apenas para os britânicos, apenas para os franceses) nos Estados-nação nacionalistas» (Fenton, 1999: 50).

Em Portugal, a adopção oficial de medidas para construir um quadro de igualdade, tolerância e respeito pela dignidade humana foi uma consequência da democratização do regime. O princípio de igualdade em relação à «ascendência, sexo, raça, língua, território de origem, religião, convicções políticas ou ideológicas, instrução, situação económica ou condição social», foi consagrado como direito constitucional em 1976 após a revolução de 1974. Estas medidas universalistas foram acompanhadas de outras de sentido particularista. Por exemplo, na Constituição, os imigrantes têm, em princípio, os mesmos direitos que um cidadão português: «os estrangeiros e os apátridas que se encontrem ou residam em Portugal gozam dos direitos e estão sujeitos aos deveres do cidadão português» (artigo 15.º, n.º 1). Logo depois, concede que alguns direitos deveriam ser exclusivamente reservados aos cidadãos portugueses: «Exceptuam-se do disposto no número anterior os direitos políticos, o exercício das funções públi-

---

15 Publicada em Portugal apenas em 1978. O mesmo atraso ocorre, por exemplo, com a adopção da *Convenção para a Eliminação de Todas as Formas de Discriminação Racial* de 1965, a que Portugal aderiu apenas em 1982.

cas que não tenham carácter predominantemente técnico e os direitos e deveres reservados pela Constituição e pela lei exclusivamente aos cidadãos portugueses» (artigo 15.º, n.º 2).

Os Estados individuais introduziram passaportes e cartões de identidade, formalizando o estatuto de cidadão nacional e, por contraste, de cidadão estrangeiro. Embora os direitos da pessoa tenham vindo ultrapassar os do cidadão, eles são ainda realizados através da pertença a um Estado como é reconhecido nas constituições nacionais[16]. O modelo geral de Estado-nação tornou-se o modo de integração democrática ideal. Apesar de o novo modelo de cidadania *pós-nacional*, desenvolvido no pós-guerra, ser baseado na personalidade universal em lugar da pertença nacional, no contexto europeu, a maioria dos Estados membros, são ainda relutantes em renunciar à sua soberania nacional e trazer estes assuntos para o âmbito das competências da comunidade.

A tensão entre universalismo e particularismo está também no centro do projecto de construção europeia. Em nome de uma presumível incapacidade económica para receber fluxos imigrantes, a União Europeia reforçou as suas fronteiras externas ao mesmo tempo que abolia as fronteiras internas. Quando o Acordo de Schengen foi assinado, a Europa sem fronteiras tornou-se na Europa de uma só fronteira. Um objectivo de tal acordo era implementar uma fronteira comum a todos os membros, como sinal de solidariedade e de fraternidade entre os seus membros: «todos diferentes, mas todos iguais». Ao mesmo tempo, outro objectivo era lutar contra a criminalidade. Por detrás da ideia de uma Europa *fortaleza*, esteve o desejo dos governos nacionais em prevenir um pesadelo de uma possível invasão demográfica externa massiva. Parte das regras que regulam a imigração em

---

[16] Depois do 4.º processo de revisão, a Constituição Portuguesa estabeleceu o direito de todos os indivíduos terem o direito «à identidade pessoal, à cidadania, ao bom nome e reputação, à imagem, à palavra, à reserva da intimidade da vida privada e familiar e à protecção legal contra quaisquer formas de discriminação» (artigo 26.º).

Portugal é consequência deste acordo europeu. Para a Associação Cabo-Verdiana, um das mais antigas associações de imigrantes, criada nos anos 1970, a integração europeia é de alguma maneira usada como uma desculpa pelas autoridades portuguesas que «não assumem com dignidade toda esta questão [...] o que é uma consequência da glória portuguesa do passado» (entrevista com Francisco Tomar, Associação Cabo-Verdiana de Lisboa).

A MAIORIA E AS MINORIAS[17]

A dificuldade de um país homogéneo como Portugal em lidar com a diversidade e com as tensões entre princípios universalistas e particularistas que criam um padrão de ziguezague (Wallerstein, 1991) é exemplificada com as relações entre a maioria e antigos grupos minoritários como os ciganos[18] e os judeus. Ambos os grupos foram, ao longo dos séculos, objecto de um grande número de medidas discriminatórias. Em 1526, o rei português determinou a sua expulsão. Em 1592, foram dados quatro meses aos ciganos para abandonar o País. Em 1647, outro rei ordenou a sua deportação. Em 1800, Pina Manique ordenou a prisão de todos os que «não tivessem domicílio e vagueassem pelo reino». Depois da revolução liberal de 1820, a cidadania portuguesa foi concedida aos ciganos nascidos em Portugal, mas foram também sujeitos a «vigilância especial».

Durante o século XX, foram, também, objecto de medidas discriminatórias. Em 1920, uma lei implementou a apertada supervisão dos ciganos, de forma a prevenir «frequentes actividades anti-sociais». Esta «vigilância especial» foi declarada inconstitucional e abolida apenas em 1980, depois da revolução democrática. Porém, os novos regulamentos da Guarda Nacional Republicana,

---

[17] No próximo capítulo retomamos a discussão breve destes conceitos.
[18] Se bem que o recenseamento nacional não faça qualquer referência à origem étnica dos seus respondentes, o número de ciganos rondará os 30 000 a 50 000 (Bastos e Bastos, 1999).

reintroduziram a necessidade de vigilância especial sobre estes «nómadas» em meados dos anos 1980. Uma decisão do Tribunal Constitucional apoiou tal medida, argumentando que a lei se aplicava não só à comunidade cigana, mas a todos os nómadas em geral, estando, portanto, de acordo com o objectivo geral de protecção da sociedade. A história de discriminação institucional conduziu os ciganos e judeus a uma «estratégia de fechamento defensivo sobre o próprio grupo étnico, com base na rede familiar» (Bastos e Bastos, 1999: 153). Isto mesmo é ilustrado pela comunidade judaica de Belmonte[19]. A identidade do grupo e as fronteiras étnicas são mecanismos de compensação face a um mundo hostil e face à necessidade de conservar uma hierarquia interna. Quer ciganos quer judeus mostram uma capacidade enorme de resistência, o que explica o facto de terem mantido ao longo do tempo o seu carácter cultural (Cortesão e Pinto, 1995; Enguita, 1996; Souta, 1997)

O sucesso escolar extremamente baixo revela o choque cultural de estar na escola para as crianças e também as dificuldades encontradas pelos professores[20] (Bastos e Bastos, 1999). Numa escola primária em Viseu foi criada uma turma apenas com crianças ciganas. Este e outros casos como as reacções e dificuldade de integração de uma turma de etnia cigana numa escola de Bragança no final de 2003 (A página da Educação, Janeiro, 2004) mostram que, de facto, a «nossas escolas não estão organizadas para a diversidade cultural» (Souta, 1997: 101).

---

19 A comunidade judaica de Belmonte tem despertado muito interesse pois permaneceu fechada sobre si própria e também pela prática do *criptojudaísmo* durante séculos (Canelo, 1995a; 1995b; Garcia, 1993; Schwarz, 1993).

20 O mesmo pode ser dito em relação a crianças cabo-verdianas para quem, em muitos casos, a língua materna é ainda o crioulo. Nalgumas escolas, elas constituem a maioria como, por exemplo, a escola n.º 3 da Cova da Moura, onde apenas sete alunos eram brancos quando foi feito o trabalho de campo. O presidente da Junta de Freguesia da Buraca, criticou um jornal que escreveu, acerca da escola «Há racismo na escola n.º 3 da Cova da Moura», explicando que a escola tem um «*staff* extraordinário que tem de enfrentar problemas incríveis, como dificuldades económicas, crianças que não têm nada para comer, por vezes vão eles pessoalmente comprar comida [...]». E pergunta-se a si próprio «existem 327 estudantes africanos e 7 lusitanos: como é que pode existir racismo numa escola destas?» (entrevista com Jaime Garcia, presidente da Junta de Freguesia da Buraca).

Em 1996 teve início uma onda de discriminação contra os ciganos. Depois disso, a população de Cabanelas rejeitou crianças ciganas em classes separadas. Durante o Verão de 1996 a família de João Garcia foi expulsa primeiro de Oleiros, depois rejeitada de Cervães e mal recebida em Cabanelas. Nalguns casos, os políticos locais apoiaram as manifestações xenófobas e racistas. Em Dezembro, a casa onde a família iria finalmente viver, em Ponte de Lima, foi incendiada durante a noite. Já em 1993, o concelho de Ponte de Lima tinha decidido expulsar os ciganos por alegadas ligações ao tráfico de droga, decisão mais tarde anulada pelo tribunal administrativo. Também em 1993, a autarquia de Vila Nova de Gaia demoliu parte de um acampamento cigano devido a reclamações populares sobre alegado tráfico de droga. Em 1995, a Câmara Municipal de Viseu tentou realojar 22 mas teve de enfrentar as suspeitas e os medos dos habitantes locais para com os ciganos (*Público*, 19 de Janeiro de 1997). Em Francelos, em 1997, as *milícias populares* desafiaram a autoridade do Estado, armadas com paus, pedras e armas de fogo, atacando os alegados traficantes e consumidores de droga para resolver um problema que, de acordo com a sua opinião, teria sido causado por um acampamento cigano que existia há já 20 anos (*Diário de Notícias*, 7 de Janeiro de 1999).

Estes são apenas alguns dos casos numa onda de expulsões, demolições de casas e destruição de acampamentos ciganos, demonstrações de rejeição dos ciganos pelas populações ao longo da década de 1990. A imagem de um cigano é frequentemente a imagem de encrenqueiro, de criminoso, de traficante de droga. Os pais portugueses brancos continuam a repetir às suas crianças: «se não comes tudo, vem o cigano com um saco...». Como Zygmunt Bauman escreve, «todas as sociedades produzem estranhos, mas cada tipo de sociedade produz o seu tipo de estranho, produzindo-os de modo singular e inimitável (1997: 46). No discurso racista, o *outro* é criado usando:

> categorizações étnicas em redor de fronteiras de base biológica, cultural, religiosa, linguística ou territorial, como marcas significantes de uma diferença genealógica, fixa e determinista dos «outros» [...].

> Esta «alteridade» serve como uma base para legitimar a exclusão e ou
> subordinação e ou exploração dos membros de uma colectividade
> assim classificada (Yuval-Davis, 1997: 193).

Embora os ciganos estejam presentes em Portugal há séculos, eles são ainda hoje, *estranhos* para a cultura hegemónica portuguesa. Eles foram sujeitos a perseguições históricas dados os seus estilos de vida diferentes. A cultura dominante tem classificado, assim, o cigano como *estranho*. Mas, ao mesmo tempo, a liberdade do seu estilo de vida é também invejado (Souta, 1997).

Há evidências que sugerem que, em vários países, a experiência dos «negros é feita de resultados sistematicamente diferentes [quando comparada com outros grupos] quando entram no sistema judicial, e que estão mal representados em funções relacionadas com o poder – polícia, advogados, juízes – [...] as desigualdades de riqueza, o estatuto de minoria numérica, a força do racismo nas ideologias políticas pode combinar para resultar na falta de poder relativo dos grupos étnicos» (Fenton, 1999: 225).

Em Portugal, a taxa de detidos estrangeiros em relação ao total de reclusos é de cerca de 11 por cento, a mais baixa dos 13 países europeus analisados por Salvatore Palidda (1999). Mas a taxa de estrangeiros detidos era de 926 por cada 100 000 estrangeiros, uma das mais altas. Esta percentagem é maior apenas em Itália e Espanha. Este facto tem sido a razão para algumas denúncias de discriminação do sistema judicial para com grupos negros estrangeiros (Baganha, 1996, *in* Bastos e Bastos, 1999). Mas parece que os portugueses ciganos sofrem o mesmo tipo de discriminação, se não pior. Em 1998, a população cigana na prisão era proporcionalmente dez vezes maior do que a população não cigana. Bastos e Bastos referem-se ao caso dos ciganos portugueses como «a mais grave e escandalosa de todas as situações de racismo e xenofobia registadas em Portugal» (1999: 155), concluindo que eles representam como que uma «última "colónia" que nos resta para o século XXI e a única da qual não nos "orgulhamos"» (Bastos e Bastos, 1999: 161).

De acordo com Bastos e Bastos, no Portugal pós-colonial, as minorias nacionais como os ciganos são tratadas diferentemente de outros imigrantes, especialmente os oriundos do espaço lusófono. Há uma «clara sobrevalorização dos africanos provenientes dos PALOP sobre todas as restantes minorias étnicas, com a excepção dos timorenses, igualmente utilizáveis fantasmaticamente para os propósitos de redentorização histórica»[21] (Bastos e Bastos, 1999: 157). Devido ao facto de que o império colonial português terminou muito mais recentemente do que outros e porque o seu colapso ocorreu após uma longa e sangrenta guerra colonial em várias frentes, um enquadramento colonial/pós-colonial tem uma relevância especial em Portugal, não apenas para o processo de reconstrução da nação, mas também para as atitudes em relação aos *outros* que o acompanham.

CONCLUSÃO

Deste capítulo ressalta que, associada ao projecto universalista de Estado-nação está, muitas vezes, a produção e a identificação de *estranhos* pelo que a actividade do próprio Estado resulta, frequentemente num padrão de ziguezague entre princípios universalistas e particularistas.

Como vimos neste capítulo, em Portugal existiram duas tendências contraditórias no século XX, em relação ao papel da *raça* na estruturação da ordem social. Inicialmente, na primeira metade, houve uma tentativa em apresentar Portugal como racialmente não diferente do resto da Europa. Os intelectuais portugueses afirmaram repetidamente que *nós* somos absolutamente brancos. Na ordem social imperial, era identificada uma *raça nacional* como *civilizadora* e outras *raças* atrasadas como sujeitas a essa

---

[21] Quando as máquinas destruíram um acampamento cigano para dar lugar a um projecto de desenvolvimento urbano, um jovem disse que «se fôssemos timorenses, eles davam-nos uma casa... Mas nós somos ciganos» (*Diário de Notícias*, 28 de Setembro de 1999).

actividade *civilizadora*. Este discurso estava assim ancorado ao termo *raça* e a teorias alegadamente científicas que estão, hoje, desacreditadas. A crescente desacreditação de tais ideias sobre a *raça* levou a que a ideologia do *lusotropicalismo* assente nos escritos de Gilberto Freyre ultrapassasse as suspeitas iniciais e se tornasse na ideologia dominante na definição dos portugueses para retratar uma imagem multirracial e humanista.

A afirmação constante de uma cultura não racista resultou na assunção generalizada de que Portugal é uma sociedade não racista. Daqui talvez que o tema das minorias étnicas, da imigração, do racismo, não tenham feito parte, até recentemente, da agenda política ou da consciência pública em Portugal. Isto dever-se-á também, claro está, ao facto de que, durante o século XX, a homogeneidade da população na metrópole não reflectiu o seu estatuto colonial. No entanto, Portugal tem-se tornado, nas duas últimas décadas, um destino para imigrantes. Embora as associações de imigrantes tenham começado a reivindicar reconhecimento cultural, a atitude do Estado tem sido, em grande parte, caracterizada por uma «cegueira multicultural» (Souta, 1997). O primeiro processo de legalização de imigrantes em 1992-1993 foi um grande ponto de transição, sendo, nas palavras de Machado (1992), o «grau zero da politização da etnicidade» em Portugal. Nesta crescente politização da etnicidade, mais uma vez as ideias de Freyre são debatidas como enquadramento para o novo Portugal europeu e moderno. Voltaremos a isto no próximo capítulo.

CAPÍTULO 8
RACISMO E XENOFOBIA: O *LUSOTROPICALISMO* REVISITADO NO PORTUGAL PÓS-COLONIAL

> *O Português não gosta só de certas raças, gosta de quase todas.*
>
> JORGE DIAS

INTRODUÇÃO

A revolução democrática em 1974 provocou o fim do império, a abertura, a democracia e a liberdade. A participação na União Europeia permitiu o desenvolvimento económico do Portugal pós-colonial. E é este desenvolvimento económico que torna Portugal um destino atractivo para a mão-de-obra migrante. De quando em vez, os média dão conta de alguns casos que estão relacionados com as tensões de um país habituado a ver-se como um exemplo de universalismo e de humanismo e a considerar-se parte de uma área lusófona livre de qualquer tipo de racismo. Mas as mudanças demográficas, que incluem a crescente diversidade cultural, introduzem a necessidade de uma maior *literacia multicultural* (Souta, 1997).

No capítulo anterior vimos como a *raça* se tornou uma das bases de estruturação da ordem social nos começos do século XX e como, gradualmente, a noção *lusotropicalista* de Gilberto Freyre se tornou dominante. Neste último capítulo, exploramos o modo como isto se reflecte nas relações entre *maioria* e *minorias* no Portugal contemporâneo.

Embora etnicidade e racismo tenham captado recentemente uma maior atenção do público e dos estudiosos, a maioria dos estudos têm-se centrado nos processos de imigração e de reconstrução de identidade dos grupos imigrantes, nomeadamente dos PALOP. Menos é conhecido sobre as atitudes dos portugueses em relação aos *estrangeiros* ou *estranhos* (Vala *et al*, 1999). Neste capítulo são exploradas algumas das dinâmicas de inclusão e exclusão do Portugal contemporâneo.

A MINORIA ÉTNICA, A MAIORIA ÉTNICA, A MODERNIDADE E O *RESSENTIMENTO*

Minoria étnica tem sido um termo muito mais comum e mais investigado do que *maioria étnica*, se bem que, seguindo Fenton (2003), este último seja influenciado pelas implicações lógicas e sociológicas do termo minoria étnica, referindo-se à politização da identidade nacional e da mobilização tácita ou aberta da maioria – quem nós somos como povo, quem lhe pertence e quem não lhe pertence.

As ideias de nação, de quem lhe pertence e de quem pertence às *outras raças atrasadas*, na terminologia de Salazar, são essenciais para a constituição dos grupos étnicos. Se bem que esta não seja uma definição meramente reactiva, o certo é que não haverá minoria étnica sem a existência de uma maioria étnica e os grupos definem-se a si próprios, muitas vezes, em situações em que os outros os definem com expressões de hostilidade, suspeição e rejeição (Fenton, 2003). Onde uma auto-imagem nacional é fortalecida[1], aberta ou tacitamente, excluem-se indivíduos definidos como *outros.*

Ora, muitas sociedades pós-coloniais receberam uma quantidade significativa de populações das suas anteriores colónias num movimento de povos não europeus e não brancos para a metrópole branca. Portugal, enquanto sociedade pós-colonial, tem funcionado, como alguns dos seus vizinhos, como sociedade de acolhimento para fluxos migratórios com origem nas suas ante-

---

1 Como vimos, esse parece um objectivo central por detrás das políticas de celebração em Portugal.

riores colónias. Ora, por detrás de muito pensamento sobre migrações, tem estado a ideia geral de acomodação das diversas minorias, formadas a partir desses fluxos populacionais, na cultura dominante. No entanto, uma das especificidades do caso português tem a ver com o facto de tais fluxos populacionais ocorrerem muito mais tardiamente, que noutras sociedades. Outra característica particular tem sido o facto de que enquanto noutros países este movimento foi marcado pela ideia de *raça*, em Portugal, apesar do discurso imperialista em torno da missão civilizadora da *raça nacional*, a ideologia lusotropicalista dominante deu origem a ideias específicas sobre integração e igualdade (Almeida e Madureira, 2003). Nos últimos anos, no entanto, à medida que a noção de Portugal *multicultural* emerge, ideias tradicionais de cidadania e identidade nacional ficam sob pressão.

Apesar de não serem a mesma coisa, racismo e nacionalismo podem também aparecer relacionados quando uma maioria étnica se mobiliza por se sentir ameaçada por reivindicações de inclusão de minorias. Steve Fenton (2003) sugere que, nalguns sectores da população, à medida que algumas características dominantes da conjuntura política e económica mudam, um *ressentimento* em relação à modernidade aparece juntamente com este racismo-nacionalismo fundido.

Este sentimento foi essencial em vários momentos na história portuguesa, e doutros países, para a emergência de um sentimento nacional e uma ideia de nação. O período do *ultimatum* inglês, no final do século XIX, é um caso claro. Podemos também identificar sentimentos recorrentes de *ressentimento*, por exemplo, em relação à posição do País e a várias interpretações daquilo que é muitas vezes identificado como *decadência nacional* e os seus responsáveis. Como Greenfeld (1992) lembra, os sentimentos em relação à nação estão quase sempre ligados, directa ou indirectamente, a uma visão em relação ao futuro promovida por grupos particulares numa sociedade e estão também ligados à mobilidade social e à posição de classe.

Fenton (2003, 2004) e outros como Greenfeld (1992), Wieviorka (1994) e Rattansi e Westwood (1994), escrevendo sobre modernidade, têm-se baseado nas ideias de Max Scheler, argumentando que as ideias em torno da nação podem estar, em circunstâncias particulares e em contextos sociais particulares, associados ao que Scheler chamou de *ressentimento*, um sentimento continuado de mudanças não desejadas, frustração e revolta, em paralelo com um sentimento de impotência. Estes autores têm escrito bastante sobre modernidade e mudança, chamando a atenção, nomeadamente, para algumas ambivalências em relação à modernidade que surgem em determinados contextos e que influenciam a mobilização da maioria étnica e a politização da identidade nacional. Como Rattansi escreve, esta ambivalência

> é gerada não pela ocupação do primeiro termo do binário entre «ordem» e «caos», mas sim ao habitar ambos os termos em simultâneo – existe uma procura da ordem enquanto, ao mesmo tempo, se regista uma excitação e uma ansiedade produzidas pela mudança rápida e a proliferação de escolhas inerentes nas configurações discursivas e institucionais da modernidade (Rattansi, 1994: 25).

O problema é que muitas vezes esta ambivalência é expressa identificando um grupo específico como fonte desta ambivalência. E isto pode acontecer quando um grupo é encarado como demasiadamente bem sucedido ou quando um grupo é visto como falhando em determinados aspectos (Almeida, 2004a).

Estes autores, sobretudo Wieviorka (1994), chamam também a atenção para o facto de que o racismo pode aparecer relacionado com a disposição e os *descontentamentos* face à modernidade, relacionados com o que chama de era da desestruturação. Esta *era da desestruturação* é composta, na sua opinião, de três dimensões relacionadas. A primeira tem a ver com o declínio de movimentos sociais como o movimento sindical, por exemplo, causado pelas grandes reorganizações da produção capitalista que inclui o fecho de fábricas e o fim de profissões e comércio tradicionais. Note-se que o recente aumento da taxa de desemprego é explicado, pelo menos em parte, com o fecho e a relocalização de fábricas e multinacionais em países do Leste europeu. Note-se também, que, em muitas sociedades, como em Portugal, o processo de modernização tem sido feito à custa dos tradicionais modos de subsistência rurais, provocando grandes reorientações na estrutura de classes o que, de acordo com Wieviorka (1994), provoca a existência de uma grande classe média e um *diálogo* entre os que estão *in* – e que se tentam manter assim –, e os que estão *out* – os que se sentem ameaçados e injustiçados face à perda de anteriores bases de identidade social.

Isto é acompanhado pela segunda dimensão, que diz respeito ao enfraquecimento da capacidade ou vontade do Estado para amortecer o impacto das mudanças rápidas no industrialismo capitalista. Ora, segundo Steve Fenton (2003), este *gap* pode ser preenchido pelo populismo e pelo racismo. Devido às inseguranças que provocam as revisões dos planos de seguranças social, os imigrantes e as minorias podem ser o alvo de políticas e discursos populistas encarando as minorias quer como um fardo para o Estado, quer como beneficiários não merecedores.

A terceira dimensão desta *era da desestruturação*, relacionada com as anteriores, e ainda de acordo com a proposta de Wieviorka, tem a ver com o debate presente em muitas sociedades sobre identidade nacional, nação e cidadania, provocando o aparecimento da questão da identidade nacional relacionada com o racismo e a xenofobia e não com a abertura, o progresso, a razão e a democracia.

À medida que o interesse académico nas migrações aumenta, as políticas e os discursos em relação à imigração, ao controlo sobre a imigração e a integração assumem cada vez maior importância na agenda política (Castles e Miller, 1993; Cornelius, Martin e Hollifield, 1994; Council of Europe, 2000; European Commission, 2000; Salt, 2003). Portugal não está alheado dos movimentos populacionais globais. As migrações para Portugal têm aumentado à medida que Portugal se torna uma sociedade mais aberta e o desenvolvimento económico atrai trabalhadores de vários *backgrounds* culturais e sociais. Portugal tem uma imagem de si próprio como um país com uma cultura universalista, humanista e não racista. Mas a questão da imigração tem-se tornado, no final do século XX e início do século XXI, uma questão políticamente importante, como aconteceu, por exemplo, nas duas últimas eleições legislativas[2].

Portugal tem sido também uma sociedade sujeita a fortes mudanças económicas, sociais e culturais desde 1974, passando de sociedade de emigração a sociedade de imigração. Ora, as opiniões e atitudes em torno do aspecto multicultural de Portugal e a forma como a maioria define os outros grupos, muitas vezes como uma ameaça, inspirando a autoconsciência desses outros grupos, não serão alheias a estas mudanças.

Existem, portanto, diferentes situações históricas em que o termo *raça* se pode tornar um conceito politicamente pertinente. Por isso é que, como desenvolvemos à frente, o termo *racismos* é preferível ao termo *racismo*, ou seja, o seu significado pode mudar, não apenas ao longo do tempo, mas mesmo dentro da mesma formação social ou conjuntura histórica.

Para Wieviorka (1995b), porém, o racismo é teoricamente bastante unitário se o entendermos como um modo de administração de dois princípios: inferiorização e diferenciação. No entanto, ele reconhece que, na prática, o racismo é muito heterogéneo, no que diz respeito às suas distintas modalidades de solucionar a contradição ou a tensão entre estes dois princípios.

A complexidade da sociedade moderna também introduz novas questões no debate, pelo que anteriores metanarrativas com esquemas polarizados começaram a incluir reflexões sobre temas como identidade nacional e o desafio que coloca o facto de cidadãos nacionais e as comunidades migrantes viverem juntas.

---

[2] Isto parece acontecer de forma cíclica. Depois de períodos de silêncio, determinados acontecimentos, como a recente reportagem da *Time* sobre as *Meninas de Bragança* (*Time*, 20 de Outubro de 2003), *e outros,* aumentam a visibilidade de determinada comunidade imigrante ou chamam a atenção para o aumento da pressão migratória que deverá ter duplicado em dois anos (*Expresso*, 4 de Outubro de 2003).

PORTUGAL, DESTINO DE IMIGRAÇÃO

Os primeiros fluxos migratórios para Portugal foram promovidos pelo Estado que usou o seu estatuto de metrópole para resolver alguns problemas de escassez de mão-de-obra, uma estratégia que foi usada em vários locais do império. De 1966 a 1973, o país enfrentou, por um lado, escassez de mão-de-obra e, por outro, uma necessidade crescente de força de trabalho, especialmente no sector da construção[3]. Cabo Verde já tinha sido usado como reserva de força de trabalho para outras colónias como nas roças de São Tomé e Príncipe, na Guiné-Bissau ou na administração em Angola. Respondendo ao pedido de empresários privados, o Estado português recrutou trabalhadores em Cabo Verde para trabalhar na metrópole. Durante este período foi criado um departamento especial para apoiar todo o processo (CATU). Para esse propósito foi também alugado um navio pelo menos uma vez, em 1967 (França, 1992). Portugal tornou-se assim, um destino principal para a diáspora cabo-verdiana. Antes, Portugal era apenas uma paragem na viagem masculina para outros países como a Holanda, a França, o Luxemburgo, a Bélgica, a Alemanha ou a Itália[4] (Altieri, 1992).

O segundo período de migração para Portugal é o período de 1974 a 1976. Este é o período de independência das ex-colónias portuguesas e de retorno massivo dos colonos portugueses para Portugal. O terceiro período de grande fluxo imigratório começou nos anos 1980. Foi originado pelas necessidades de mão-de-obra para a construção da ponte Vasco da Gama, de novas linhas do Metro e a construção da Expo'98 em Lisboa. Algumas estimativas apontam para que, apenas nestes grandes projectos, terão trabalhado mais de 15 000 imigrantes (*Expresso*, 20 de Dezembro de 1997).

---

[3] A emigração de 700 000 indivíduos e a mobilização de 140 000 para a guerra colonial causaram uma falta de mão-de-obra necessária para a construção do metro ou para o *boom* da construção no Algarve, que começou nesta altura.

[4] Neste último caso, trata-se de um fluxo largamente feminino com início nos anos 1960, encorajado pela igreja católica, em particular pela Missão dos Capuchinhos que ajudou as raparigas a irem para Itália – para trabalhar nas limpezas domésticas – pagando o seu bilhete de avião.

No contexto europeu, Espanha, Itália, Grécia e Portugal são novos destinos de imigração (Baganha, 1997). O *The Guardian* escreveu em 1996 sobre a Grécia que a chegada de cerca de 500 000 imigrantes, desde o colapso da União Soviética, «ao Estado mais pobre da EU provocou racismo, apesar das memórias ainda frescas da partida dos próprios emigrantes da Grécia para a Austrália e os Estados Unidos depois da Segunda Guerra Mundial (*The Guardian*, 27 de Novembro de 1996). As semelhanças com o caso português são bastantes. Os anos 1990 foram uma década de transição em Portugal num processo de mudança que está a transformar Portugal, de um país de forte emigração, especialmente nos anos 1960 e 1970, num país de imigração[5]. Estimativas do INE mostram que o balanço migratório entre 1993 e 1995 foi positivo (Cónim, 1996). Este equilíbrio positivo é algo não comum na história recente portuguesa. Entre em 1975 e 1996, o número de estrangeiros com residência legalizada aumentou de 32 000 para mais de 170 000 (Instituto Nacional de Estatística, 1997) mas desde 1986, o total da população estrangeira duplicou. Dois processos de legalização foram implementados o que também explica este aumento[6]. Os dados do Serviço de Estrangeiros e Fronteiras, referentes a 2003, apontam para um total de cerca de 250 000 estrangeiros residentes em Portugal.

A percentagem de população estrangeira em Portugal era, nos finais dos anos 1990, uma das menores da União Europeia – aproximadamente 2 por cento[7]. Nos dados oficiais, muitos desses imigrantes poderão ser emigrantes a regressar, dado que as origem de um número significativo de indivíduos são áreas de forte emigração histórica portuguesa, pelo que, na realidade, o número de *estrangeiros* poderia ser menor do que o que os dados

---

[5] No caso de Portugal, a emigração não cessou completamente. Nos anos 1980, por exemplo, teve lugar um grande fluxo migratório, sobretudo em direcção à Suíça. Também há indicações em como, noutros locais como no Reino Unido, a comunidade portuguesa continua a aumentar (Abreu e Lambert, 2003).
[6] O crescimento da imigração ilegal levou os países do Sul da Europa, até certo ponto por pressão da UE, a implementar processos extraordinários de legalização de imigrantes – 3 na Itália, 2 em Espanha e 2 em Portugal.
[7] Semelhante a Espanha ou a Itália.

oficiais revelam. Porém esta sobrestimativa seria facilmente compensada pela imigração ilegal[8] (Bastos e Bastos, 1999).

Portugal já terá ultrapassado a França na proporção de imigração africana e estaria, em finais da década de 1990, muito perto de Espanha em relação ao número de imigrantes sul-americanos, determinado pelo aumento da imigração brasileira. Um aspecto importante dos fluxos de imigração para Portugal era, até recentemente, a sua concentração regional em países lusófonos. A imigração africana é originária quase exclusivamente nos PALOP (Países Africanos de Língua Oficial Portuguesa) e a imigração da América do Sul é quase exclusivamente imigração brasileira (Machado, 1997).

Estas duas migrações (dos PALOP e do Brasil) representavam em finais da década de 1990, mais de 80 por cento da migração de mão-de-obra, o que sugeria que a «imigração portuguesa parece ter um carácter quase *doméstico* e que tudo acontece entre a mesma família internacional de países» (Machado, 1997: 39). Esta relação especial tem efeitos práticos nas normas de cidadania ou de autorização de residência[9].

Portugal também tem funcionado como uma porta de entrada para países economicamente mais atraentes, onde os salários são geralmente melhores. Um indicador da importância das redes entre grupos diferentes de países diferentes é a visão de um grande número de carros estrangeiros em períodos de férias nos locais de Lisboa onde a população imigrante está concentrada.

---

[8] O número de imigrantes ilegais deve ultrapassar os 20 000 segundo Manuel Solla, membro da Comissão Nacional para a Legalização de Imigrantes (*Diário de Notícias*, 22 de Maio de 2000).

[9] À semelhança do que acontece noutros países recentemente, como o Reino Unido, a nova lei que regula a entrada de estrangeiros no país – só em 2004 deverão legalizar-se mais 250 000 imigrantes (*Diário de Notícias* 31 de Janeiro de 2004) –, introduz factores como o conhecimento da língua, que, como refere o documento «deve ser tido em conta, podendo, nos casos de contingentação do número de vistos, constituir factor preferencial». Esta será uma forma de «reforçar as relações com os nacionais dos Estados culturalmente mais próximos de Portugal, como é o caso manifesto daqueles que fazem parte da Comunidade de Países de Língua Oficial Portuguesa, e também dos imigrantes de outros países que já tenham tido contacto com a língua e a cultura portuguesas» (*Público*, 21 de Janeiro de 2004).

Estes são carros possuídos por cabo-verdianos a trabalhar na Holanda ou em Itália ou emigrantes da Guiné-Bissau em França que vêm visitar as famílias em Portugal.

No entanto, em anos mais recentes, tem tido lugar um aumento da imigração com diferentes origens, nomeadamente, a imigração ilegal da antiga União Soviética, trazida, em parte, por redes criminais bem estabelecidas e organizadas (*Expresso*, 13 de Novembro de 1999). E em alguns *bairros africanos* de Lisboa nós podemos ver um número crescente de imigrantes brancos, sobretudo da Europa de Leste. O desenvolvimento económico, especialmente a construção de grandes projectos nacionais, como Expo'98 e Porto'2001 Capital Europeia da Cultura, a construção do metro do Porto, as infra-estruturas para o Campeonato Europeu de Futebol, o futuro aeroporto de Lisboa entre outros grandes projectos, fazem de Portugal um destino de imigração laboral.

Muitos negros que são tratados como qualquer imigrante são, de facto, portugueses, alguns deles até, ex-combatentes do Exército português na guerra colonial. Porém, os Portugueses não distinguem se uma pessoa que parece ser indiana é, na realidade português, moçambicano ou indiano. Do mesmo modo, moçambicanos, angolanos ou cabo-verdianos são frequentemente reduzidos à sua condição de *preto*. Como ressaltam alguns estudos, a base principal de categorização parece ser, portanto, a cor da pele e não qualquer outra (Bastos e Bastos, 1999; Vala *et al*, 1999).

Quanto mais escura a cor da pele, mais forte parece ser a associação com a imigração e com trabalhos na indústria da construção. Os nacionais percebem certos grupos como estrangeiros excessivamente diferentes e, geralmente, como culturalmente mais pobres ou mais *atrasados*. Esse é principalmente o caso dos imigrantes africanos ou asiáticos. Os imigrantes americanos ou europeus parecem ser vistos como tanto ou mais ricos e culturalmente muito mais desenvolvidos (Bastos e Bastos, 1999).

A MÃO-DE-OBRA IMIGRANTE E O SECTOR DA CONSTRUÇÃO CIVIL

Para Phizacklea e Miles, a mão-de-obra migrante é uma «força de trabalho que é geograficamente móvel para atingir objectivos individuais, mas que simultaneamente satisfaz as exigências do capital, onde há uma oferta inadequada de "força de trabalho"» (1980:10). Em Portugal, o ritmo de crescimento do sector da construção nos anos 1990 originou a necessidade deste tipo de força de trabalho. A natureza desta indústria em Portugal torna a sua regulação muito difícil, dada a grande rede de empresas envolvidas. Em projectos com alguma dimensão, a subcontratação, em que partes do processo de construção são levadas a cabo através de companhias diferentes, é uma prática comum. Muitos subcontratantes são imigrantes que chegaram, das ex--colónias, há muitos anos, e que se estabeleceram posteriormente por conta própria. No sector, a figura do *engajador*, que recruta os trabalhadores casuais, é também muito comum. Na construção da Expo'98, apesar de o Estado ter tentado estabelecer um controlo mais rigoroso, muitos trabalhadores foram recrutados numa base diária. Um incidente durante o trabalho de campo ilustra este ponto. Um jovem branco que esperava conseguir um emprego nas obras da Expo, esperava na entrada do recinto. Como ninguém veio naquele dia particular procurar mão-de--obra, ele começou a reclamar dos «pretos estúpidos que vêm roubar os nossos trabalhos. Eles devia ser todos mortos [...] Nas colónias eles arruinaram tudo o que portugueses lá deixaram. Apenas a África do Sul está mais ou menos bem porque os brancos ficaram lá a cuidar das coisas». A situação económica é frequentemente usada como um pretexto para a afirmação de uma aversão aos *estrangeiros*, especialmente negros, encarando-os como uma ameaça aos *nossos* trabalhos, à *nossa* segurança e à *nossa* cultura.

As empresas têm um interesse neste tipo de força de trabalho devido à sua baixa qualificação e à consequente disponibilidade para as tarefas indiferenciadas (AECOPS, 1997). Como consequência, tem lugar uma crescente etnicização da construção ou de certas tarefas específicas. Um relatório de 1996 deu ênfase a que cerca de 50 por cento de trabalhadores de minorias étnicas não tinham contrato de emprego nem qualquer protecção legal, direitos de segurança social ou protecção contra os abusos em relação à segurança no local trabalho ou ao horário de trabalho. A ilegalidade representa menos pagamento do empregador não apenas ao trabalhador mas também à segurança social. Assim, a sua posição no mercado de trabalho é geralmente insegura e com maior vulnerabilidade em relação ao desemprego (European Foundation for the Improvement of Living and Working Conditions, 1996). As organizações não governamentais e os sindicatos denunciam frequentemente estas condições de trabalho a que estão sujeitos sobretudo os imigrantes ilegais, resultando até mesmo em violência física nos locais de trabalho devido a dificuldades linguísticas para entender uma determinada ordem (entrevista com Arnaldo Andrade, UGT).

Em 1996, segundo o Decreto-Lei n.º 3-A/96 de 26 de Janeiro, o Governo português criou o cargo de alto-comissário para a Imigração e Minorias Étnicas com o objectivo da integração dos imigrantes. Para o alto-comissário, discriminação e racismo em Portugal não são fenómenos culturais, mas simplesmente um problema contingente que pode ser «controlável e gerível» desde que o acesso à habitação, à educação, ao emprego e a condições razoáveis de vida seja controlado. Em entrevista, o antigo alto--comissário José Leitão, expressou o seu optimismo:

> A continuação do nosso esforço para erradicar as barracas e a requalificação urbana do espaço suburbano, parece-me essencial para que não haja excluídos africanos, imigrantes, nacionais de minorias étnicas ou portugueses em geral. Também me parece essencial que as relações de trabalho possam ter lugar num quadro de respeito pelas leis existentes. Por isso, a economia informal deve ser combatida; os trabalhadores étnicos e imigrante deviam ser integrados com os outros trabalhadores dentro do mercado de trabalho [...] e não como a base para subexploração pagando menos que os salários mínimos [...], criando condições para uma distribuição de rendimentos mais justa (entrevista com José Leitão, antigo alto-comissário para as Comunidades Imigrantes e Minorias Étnicas).

A um jornal sublinhou também a convicção de que Portugal construirá, «em relação à integração dos imigrantes e das minorias étnicas, um futuro merecedor dos laços de sangue e de cultura que nós criámos» (*Público*, 11 de Setembro de 1999). O racismo parece ser assim entendido como qualquer outra exclusão socioeconómica, como parte da construção de uma sociedade capitalista, que pode ser solucionada satisfatoriamente num nível económico. Apesar de muitas sondagens sublinharem uma diminuta percentagem de portugueses que se considera abertamente racista, um relatório do Centro Europeu para Pesquisa e Acção sobre Racismo revelou uma «juventude intolerante encharcada de valores nacionalistas». Esse relatório concluía que os adolescentes portugueses são mais desconfiados das minorias (76%), do que a média europeia (60%) (*Público*, 14 de Março de 1996). A suspeita dos portugueses para com os cabo-verdianos alcançava nos anos 1980 aproximadamente 62 por cento (Cruz, 1989). Em 1998, um estudo europeu concluia que 58 por cento dos Portugueses não se consideram racistas mas negam empregar, fraternizar no mesmo edifício, alugar casas ou compartilhar transporte com pessoas de outra cor, revelando não um racismo frontal e aberto mas um «racismozinho» (*Diário de Notícias*, 21 de Março de 1998).

Estes relatórios parecem negar a assunção optimista de que o racismo em Portugal é simplesmente um problema contingente de exclusão económica que pode ser controlável e gerível. Apesar da reafirmação do mito *lusotropical* de uma cultura universalista e não racista, há evidência crescente de que tal visão de Portugal não corresponde por completo à realidade. A evidência sugere que a exclusão política e cultural em Portugal é expressado, em muitos aspectos, de um modo que não é muito diferente de outros países pós-coloniais.

NÓS E ELES: JUNTOS MAS SEPARADOS

Etnicidade pode ser distinguida de racismo de várias maneiras. Enquanto etnicidade se «refere ao modo pelo qual a diferença social e cultural, língua e descendência se combinam como uma dimensão de acção social e de organização social e formam um sistema de classificação socialmente reproduzida», racismo é um conceito que «se refere a ideias que pretendem classificar diferentes raças e vêem estas raças como fundamentalmente diferentes e desiguais; e refere-se à reprodução de um sistema racializado de desigualdade» (Fenton, 1999: 62). A atenção dos académicos em Portugal parece ser principalmente centrada na etnicidade como forma de organização social, e em como os grupos de imigrantes africanos e asiáticos constroem e reconstroem a sua identidade (Castro e Freitas, 1991; França, 1992; Malheiros, 1996; Saint-Maurice, 1997). Viremos agora a nossa atenção para as percepções e atitudes dos Portugueses em relação à imigração e ao racismo.

De acordo com dados recolhidos por nós, em trabalho de campo feito em finais da década de 1990, parece existir uma divisão entre aqueles que consideram a presença dos imigrantes como um fardo e aqueles que os consideram um benefício para a economia portuguesa. Porém, há um reconhecimento claro de que eles ocupam o mais baixo nível dentro do mercado de trabalho e de que eles são explorados pelos patrões. Em entrevistas a 213 inquiridos foram recolhidos depoimentos que incluem, por exemplo, as opiniões de que «eles roubam lugares na faculdade», «nós somos muito xenofóbicos», «eles vêm matar, roubar», «eles são invasores» e «eles são demasiados». Dessa investigação (Almeida, 2001) parece concluir-se que os inquiridos, têm, até certo ponto, uma visão que se pode resumir assim: *Portugal devia ser mais tolerante e aceitar mais imigrantes desde que eu não viva perto deles.*

Mas apenas até certo ponto, pois dos resultados dessa investigação, o que parece até mais evidente é a contradição nas respostas, confirmando também um estudo anterior[10] (Vala *et al*, 1999), em que não ficou aparente nenhuma relação clara entre idade ou categoria socioprofissional com quaisquer dimensões de racismo. Outro dos resultados interessantes desse estudo foi o ter mostrado que o nível de educação parece estar associado

---

10 Um estudo sobre percepções e atitudes dos Portugueses em relação aos estrangeiros e aos portugueses negros.

não a um *racismo flagrante* mas a um *racismo subtil*, concluindo-se que um nível de educação mais elevado associado ao conservadorismo político podem significar uma maior adesão às formas mais flagrantes de racismo, embora as percepções das diferenças culturais estejam mais associadas ao conservadorismo moral do que ao conservadorismo político (Vala *et al*, 1999).

O constante relembrar da ideia de uma história e uma sociedade humanista e não racista pelos políticos, intelectuais e a reimaginação da nação nessas bases pelo Estado, nomeadamente, através do recente programa de celebrações, dissemina a ideia de uma cultura não racista. Isto ajuda a explicar porque é que, em geral, os Portugueses parecem não ter um discurso abertamente racista quando questionados sobre as suas convicções pessoais. Formas bastante *subtis* são mais evidentes em que atitudes discriminatórias são reproduzidas sem desafiar a norma social da não aceitabilidade do racismo. Porém, nas ruas de Lisboa, por exemplo, não é incomum ouvir e perceber comentários e atitudes baseados num misto de sentimentos de *repulsa* e *medo*, como «vai para casa preto», até mesmo «eles deviam ser todos mortos», ou, por exemplo, numa referência aos imigrantes africanos, a maioria dos quais oriundos das ex-colónias portuguesas, «nós saímos de lá e agora eles arruinam tudo o que nós construímos e agora eles vêm para aqui para nos arruinar também» ou ainda, «Portugal é tão pequeno. Não tem os recursos para receber toda essa escumalha». Como Vala *et al* (1999) concluem, ao contrário da ideologia *lusotropicalista*, promovida pelos diferentes actores políticos, as convicções racistas parecem ser organizadas e reproduzidas de um modo bastante semelhante a outros países europeus[11].

---

11 Muito recentemente, numa conferência promovida pelo Conselho da Europa, em Budapeste, em que participei juntamente com outros investigadores de toda a Europa, ficou clara a insuficiência dos modelos utilizados nalguns países do Norte face às diferentes realidades dos países do Sul, muitas vezes ditos «em negação» face à problemática do racismo. Isto pode ser verdade até um certo ponto, mas também parece verdade que países como Portugal têm especificidades históricas que teremos de incluir nas nossas análises, se quisermos compreender o fenómeno na sua totalidade (Almeida, 2003).

À medida que Portugal se torna uma sociedade multiétnica, as dificuldades em integrar as diferenças na cultura nacional dominante mais vasta tornam-se mais visíveis. Nos anos 1990, o racismo tornou-se um assunto com alguma visibilidade em Portugal, especialmente quando alguns casos de violência envolveram membros de grupos étnicos minoritários. No dia 10 de Junho de 1995, um grupo de *skinheads* assassinaram Alcino Monteiro, um jovem cabo-verdiano, e feriram outros 12 jovens, em Lisboa. O crime aconteceu depois de este grupo celebrar o *Dia da Raça* num jantar. Depois do julgamento, 15 *skinheads* tiveram sentenças de entre 2 e 18 anos de prisão. Pela primeira vez em Portugal, alguém foi acusado de «genocídio[12]» se bem que estas acusações tenham posteriormente caído.

Este caso terá sido o mais mediático, mas outros casos têm ocorrido envolvendo *skinheads*, como a agressão a um membro do SOS Racismo em 1996 ou a agressão a um cidadão angolano deixado inconsciente numa linha de comboio em 1989. Também em 1989 o actor João Grosso foi atacado por um grupo de *skinheads*. Nestes casos, o SOS Racismo queixou-se da lentidão dos tribunais e da suavidade das sentenças. Os *skinheads* portugueses consideraram num *site* da Internet que a morte de Alcino Monteiro e de José Carvalho, um activista do PSR (um partido de esquerda), foram duas acções «dos nossos *skinheads* que lhes proporcionou fama mundial» (*Expresso*, 7 de Junho de 1997). A Internet foi também usada por um grupo chamado «Lisboetas» para mostrar as suas preocupações sobre a *nossa* «identidade cultural e étnica», afirmando que «a política de imigração de portas abertas é um dos maiores erros na história de Portugal» e concluindo que «a neo--escravatura destruirá o Portugal europeu» (*Público*, 11 de Setembro de 1999). Uma organização de extrema-direita denominada «orgu-

---

12 O artigo 189 do código criminal diz respeito a tentativas de destruir um grupo nacional, étnico, religioso ou social. A lei criminal portuguesa inclui várias provisões para lutar directa e indirectamente a discriminação racial e a intolerância. O código criminal pune o incitamento à discriminação racial, a participação em grupos racista e o apoio a actividades racistas.

lho branco»[13] supostamente ligada ao caso Monteiro, distribuiu propaganda em 1998 em que afirmava que «Portugal não é a Arca de Noé», «a nossa religião é a nossa raça», «a mistura racial é destruição social», «honra, raça, fidelidade» (*Diário de Notícias*, 21 de Março de 1998).

Até estes casos se tornarem visíveis, era comum assumir que este tipo de violência seria impossível em Portugal. Algumas tensões começaram a surgir em áreas onde pessoas *diferentes* vivem juntas. Em Loures, nos subúrbios de Lisboa, uma petição protestou contra o realojamento de duzentas famílias, a maioria delas de negros desalojadas devido à construção de uma estrada: «seremos nós, habitantes de Loures, o caixote do lixo do concelho?» e também «se *eles* têm o direito à habitação, *nós* temos o direito de defender os nossos interesses» (a ênfase é nossa). A petição expressava preocupações de que «nós temos crianças que nós queremos que cresçam saudáveis de corpo e alma [...] longe de práticas delinquentes, tais como roubo e consumo de droga que normalmente acompanham as pessoas de tais estratos sociais» (*Público*, 9 de Setembro de 1993). O acesso à habitação é frequentemente dificultado a pessoas de cor (*Público*, 8 de Novembro de 1992) sendo esses indivíduos confrontados com questões sobre a sua origem étnica. A razão tem a ver com preconceitos, segundo os quais um africano é rude, mal comportado e sujo. Em 1998 o *Jornal de Notícias* escreveu como manchete em letras grandes «Não ponha ciganos no meu prédio». Esta era uma citação do presidente da Câmara de Setúbal, expressando um pedido comum de cidadãos para o realojamento (*Jornal de Notícias*, 21 de Junho de 1998).

RACISMO E XENOFOBIA EM SOCIEDADES PÓS-COLONIAIS

Devido a condições económicas, perseguição ou catástrofe ecológica, milhões de pessoas procuram trabalho, casa ou sim-

---

13 Esta organização mantinha uma linha telefónica racista. Esta linha foi cortada por uma ordem do tribunal em Dezembro de 1998, mas a organização foi restabelecida para espalhar este tipo de propaganda.

plesmente um novo lugar seguro para viver. Guerras como as da Jugoslávia, do Ruanda, do Burundi ou da Somália causaram não apenas movimentos de população em massa, mas despertaram também a atenção de diferentes públicos para o *problema étnico*. Todas as mudanças que aconteceram no passado recente, e que:

> As recessões económicas, o resultado da descolonização, as novas formas de globalização, o colapso da antiga União Soviética, os fracassos de uma nova ordem mundial estável ou equitativa e a crescente heterogeneidade das sociedades euroamericanas, têm-se conjugado para enfraquecer as certezas de conforto material, tempo e espaço, território e história que deu aos brancos, especialmente os ocidentais masculinos, uma sensação de forte segurança e superioridade (Rattansi e Westwood, 1994: 1).

O racismo deve ser visto como uma ameaça «não apenas para os próprios imigrantes, mas também para as instituições democráticas e para a ordem social» (Castles e Miller, 1993: 13). O comissário Pádraig Flynn, ao delinear os planos da comissão para 1997, Ano Europeu contra o Racismo, declarou que «o racismo, a xenofobia e o anti-semitismo são uma ameaça ao tradicional respeito pelos direitos fundamentais e pela coesão económica e social da União Europeia». Numa nota mais optimista, Wieviorka (1995a) acredita que embora essas ameaças possam ser reais, elas têm sido muito exageradas. Porém, uma pesquisa europeia deixou pouco espaço para optimismos ao revelar que quase metade dos que se consideram como «bastante racista» ou «muito racista» estão insatisfeitos com o funcionamento político dos seus países (Eurobarometer 47.1, 1997).

Miles (1994) discute que no quadro da reestruturação do capitalismo, os novos acontecimentos não são tanto um aumento de racismo como uma intensificação dos racismos nacionalistas e culturais que emergiram da crise do Estado-nação num período novo da globalização. Esta crise é o resultado do facto de que o Estado-nação parece menos capaz de assegurar a identificação dos seus membros com uma cultura nacional uniforme. O facto de que pessoas *diferentes* vivem junto, tem realçado as diferenças culturais e levado a perceber essas diferenças como incompatibilidades com a *nossa* cultura. O novo racismo:

> é um racismo cujo tema dominante é não a hereditariedade biológica, mas sim a incompatibilidade da diferença cultural, um racismo que, à primeira vista, não postula a superioridade de certos grupos ou povos em relação aos outros mas «apenas» a nocividade da abolição das fronteiras, a incompatibilidade dos estilos de vida e tradições: em resumo, é o que P. A. Taguieff correctamente chama de *racismo diferencialista* (Balibar, 1991: 21).

Se adoptarmos uma *framework* acerca da natureza colonial/pós-colonial, e apesar do discurso não racista, o modo como o racismo se manifesta em Portugal, parece ser semelhante, em muitas maneiras, ao que se passa noutras sociedades pós-coloniais. Isto é verdade mesmo na materialização de crimes violentos *em nome da cor*, que não podem ser explicados apenas por exclusão económica contingente.

Em sociedades coloniais, «os debates sobre a escravatura e, subsequentemente, uma consciência social e política de império dotaram todas estas sociedades de uma mentalidade colonial que moldou as suas visões acerca dos imigrantes que posteriormente chegam das suas colónias» (Fenton, 1999: 158). Em Portugal, como noutras potências ex-coloniais europeias, este tipo de mentalidade colonial parece persistir até no sistema educativo (Cardoso, 1998). Num artigo publicado num jornal nacional, a frase «o fluxo das colónias» era usado como um título secundário, para fazer referência aos recentes fluxos de países africanos de língua oficial portuguesa, ex-colónias de Portugal (*Expresso*, 27 de Setembro de 1997). Este lapso pode ou não ter sido intencional, mas é possível que a nostalgia e o ressentimento em relação ao «império perdido» que podem ser sentidos em sociedades pós-coloniais (Fenton, 2003), sejam até mais fortes em Portugal dadas as particularidades da história recente portuguesa. Os casos que atrás foram descritos ilustram este ponto. Nenhum outro país europeu teve uma guerra colonial como Portugal fez de 1961 a 1974. As gerações mais velhas lutaram numa guerra colonial e foram educadas sob um regime que fez do império colonial um dos principais discursos ideológicos de identidade. Talvez que a história que Mário Andrade, cabo-verdiano e membro da associação *Unidos de Cabo-Verde*, conta seja até mais significativa neste aspecto: «Uma vez uma mulher abordou-me na rua e gritou "*Tu* mataste os meus dois filhos e o meu sobrinho [...] Os meus filhos e o meu sobrinho estão lá enterrados por *tua* culpa"» (entrevista com Mário Andrade, *Unidos de Cabo Verde*; a ênfase é nossa).

A ETNICIZAÇÃO DA CRIMINALIDADE: *ELES* COMO UMA AMEAÇA SOCIAL

Como Vala *et al* afirmam, «a percepção dos negros como uma ameaça social, percepção que pode ser associada ao racismo mais tradicional e flagrante, perdura na nossa sociedade» (Vala *et al*, 1999: 69). Na ordem pós-colonial, os imigrantes são vistos como perigosos e como uma ameaça especialmente em períodos de crise económica quando a competição pelos empregos e pela habitação aumenta. Esta era uma das preocupações expressas no *Livro Verde* sobre a Política Social Europeia (Comissão das Comunidades Europeias, 1994).

«Para resolver os problemas dos refugiados da guerra em Angola nós não podemos ser irresponsáveis e criar um problema de insegurança interna em Portugal», disse Armando Vara, um membro do Governo português em 1999 (*Diário de Notícias*, 21 de Janeiro de 1999). Depois de 1998, o Estado português, através de um programa de apoio da Organização Internacional para as Migrações, introduziu incentivos estatais para o retorno dos imigrantes aos seus países de origem. Para as associações de imigrantes, Portugal devia ser inspirado pela sua própria experiência de emigração e não ser inspirado por outros países que tentaram implementar tais medidas (entrevista com Francisco Tomar, Associação Cabo-Verdiana de Lisboa). Tais medidas foram baseadas nos medos do crescimento do desemprego quando as grandes obras de construção acabassem. A mão-de-obra imigrante é vista como uma ameaça potencial não apenas para o emprego dos nacionais, mas também para o *nosso* estilo de vida e para a segurança colectiva e individual. Não apenas para os indivíduos, mas também para as instituições do Estado.

A polícia normalmente tem os ciganos e os negros como principais causas de criminalidade. Em 1993, *O Independente* publicou um relatório do SIS sobre violência urbana perpetrada por minorias étnicas que revelava que «a acção de gangues organizados de jovens negros na Área Metropolitana de Lisboa é, no presente contexto, a ameaça principal para a tranquilidade das pessoas, a integridade dos bens e a salvaguarda da ordem pública» (*O Independente*, 3 de Setembro de 1993). Numa sondagem publicada nesta altura, o grande número de imigrantes era apontado como a sexta maior causa para o aumento da violência. O *Expresso* citou um oficial da polícia declarando que o processo de legalização influenciou a situação, pois assim que «*eles* se sentem seguros», *eles* começam a sair dos bairros e começam a «espalhar o terror na vizinhança» (*Expresso*, 4 de Setembro de 1993; a ênfase é nossa).

Os habitantes das *ilhas étnicas* em redor de Lisboa, conotados desta forma, queixam-se frequentemente do abuso de poder e de violência racista por parte da polícia. Mário Andrade, da Associação Unidos de Cabo Verde do Bairro das Fontainhas afirma, por seu lado, que «*nós* estamos mais inseguros do que os *outros* porque nós somos atacados pela polícia e pelos bandidos. Estes são bairros tão seguros como quaisquer outros» (a ênfase é nossa). A polícia diz, porém, que uma acção enérgica e forte da polícia é necessária.

No *Público* o chefe da Divisão da Amadora afirmou, sobre o Bairro das Fontaínhas, que «é um antro de droga e *eles* têm de saber que *nós* não temos medo deles. Que *eles* não estão numa terra conquistada e que a polícia tem de entrar lá. Ele também disse que «eu farei as rusgas que quiser até que *eles* se comportem como pessoas» perguntando-se «quem quer ter pessoas assim como vizinhos?» (*Público*, 26 de Março; a ênfase é nossa)[14].

---

14 Justamente quando este livro está a ser ultimado, em Maio/Junho de 2004, surge mais um caso, em que o presidente da Câmara Municipal de Lisboa pede a exoneração de um responsável da polícia por declarações alegadamente racistas.

Num manual usado no Instituto Nacional Ciências Policiais e Criminais, é defendido também que:

> a heroína entra, hoje, em Portugal por via terrestre, sendo as redes responsáveis pelo seu transporte e comercialização constituídas maioritariamente por indivíduos de etnia cabo-verdiana (lembremo-nos de que a maior comunidade cabo-verdiana no estrangeiro instala-se em Portugal e a segundo reside na Holanda) mas também por cidadãos da Guiné [...] Ao nível da distribuição [...] uma outra minoria étnica tem assumido alguma relevância. Trata-se de indivíduos, e de redes integradas por indivíduos de etnia cigana (Figueira, 1995: 51).

Na realidade, em grande parte devido à cobertura dos meios de comunicação social de muitos incidentes envolvendo negros e ciganos, estes grupos minoritários são frequentemente associados com criminalidade, em particular ao tráfico de droga[15]. Sempre que há uma onda de criminalidade, por exemplo uma série de roubos em comboios e bombas de gasolina, as associações cabo-verdianas têm de vir a público protestar contra a associação da comunidade cabo-verdiana aos actos de violência (*Diário de Notícias*, 18 de Agosto de 2000).

Num editorial de *O Dia*, era escrito em 1996 que «A comunidade negra em Portugal é hoje uma séria ameaça à paz social» (Vala *et al*, 1999). *O Público* escreveu como título de uma história sobre o PER[16], criado em 1993, que «um "exército de sem-casa" está a chegar». Relacionado com a mesma história sobre imigração, «um fluxo sem controlo» era a manchete (*Público*, 24 de Abril de 2000).

Num artigo do semanário *Expresso*, sobre criminalidade em Lisboa, apontava-se que «a situação está fora de controlo» no «anel de pólvora» que cerca Lisboa, constituída pelos guetos, em que a «polícia não entra e onde os "gangues" impõem as suas próprias leis». No artigo o «"inevitável" problema étnico» era levantado, particularmente o da segunda geração. O alto-comis-

---

[15] Durante um *workshop* numa escola secundária de Viseu, uma área que tem sido a origem de grandes fluxos emigratórios, os alunos associaram a criminalidade às minorias, especialmente negros e ciganos, sobretudo devido às imagens que vêm na televisão.
[16] Programa Especial de Realojamento, com o objectivo de realojar os habitantes dos *bairros de lata*, muitos deles imigrantes.

sário para as Comunidades Imigrante e Minorias Étnicas, uma vez mais, repetiu que «as características culturais portuguesas são diferentes» das de outros países europeus. Ele invocou a «grande tradição multirracial» do País e a sua «proximidade com o africano, a maioria deles cristãos» (*Expresso*, 13 de Setembro de 1997).

O SOS Racismo queixou-se, também, do modo como os *media* seguiram o caso da família Garcia, acusada de tráfico de droga: «eles [os *media*] falaram do caso durante dois anos e, depois, nenhuma atenção foi dada a três polícias que estavam a ser julgados no mesmo assunto na mesma zona. Os agentes foram considerados culpados e João Garcia foi considerado inocente» (*Diário de Notícias*, 21 de Março de 1998).

A etnicização da criminalidade pelos meios de comunicação social resulta, em parte, da prática comum de mencionar a origem étnica e *racial* dos prováveis autores de um crime[17]. De acordo com as associações, o facto de que os *media* apenas vão aos bairros para informar de eventos negativos e a criação da ideia na população em geral da «etnicização do emprego e do desemprego» é uma das razões para que a população se torne desconfiada e susceptível a atitudes racistas e à xenofobia. Como Van Dijk argumenta, os *mass media* desempenham um papel central na reprodução do racismo, não apenas devido à influência simbólica e ideológica nos leitores moldando e mudando a mente social, mas também devido às suas relações com outras instituições de elite (Van Dijk, 1993).

AS *ILHAS ÉTNICAS*: A VIDA EM ALGUNS *BAIRROS* DE LISBOA

Como vimos, um grande número de imigrantes dos PALOP, geralmente associados a uma migração económica, está concen-

---

[17] O Código de Ética dos jornalistas contém uma provisão orientando os jornalistas para o cumprimento dos princípios fundamentais de direitos humanos e de restrição no encorajamento de sentimentos racistas. O Conselho de Imprensa emanou uma recomendação em Julho de 1998 em relação a uma série de artigos contendo afirmações baseadas na raça, cor e origem étnica ou incitamento do ódio racial.

trado em poucos bairros, como resultado de uma rede comunitária de ajuda e de defesa de identidade. Um desses bairros é o Alto da Cova da Moura, construído clandestinamente depois de 1978. Mais de metade da população tem menos de 20 anos. Cerca de 70 por cento dos residentes têm ascendência cabo-verdiana, mas também há angolanos, guineenses e portugueses, havendo uma tendência para a divisão entre nacionalidades, principalmente entre os portugueses e os africanos, desde o princípio. Muitos desses portugueses eram colonos em África e regressaram depois de 1974, num mesmo fluxo de imigração.

Em bairros como estes existem associações não governamentais locais que promovem a integração na sociedade portuguesa mas cujas actividades se estendem também à recreação de festividades e costumes dos países de origem, como a recreação do *batuque*[18] ou do *kola san jon*[19] que *O Moinho da Juventude*, uma associação não governamental no Alto da Cova da Moura, leva a cabo desde 1991. De acordo com *O Moinho da Juventude*, a comunidade «sente o estigma da sua origem e teima em fazer aceitar a sua imagem de uma comunidade trabalhadora, solidária, alegre, também sofredora mas cheia de esperança que quer inserir-se no seio da sociedade portuguesa, com toda a riqueza da sua cultura e da sua diferença» (Moinho da Juventude, 1996). Outra associação cabo-verdiana, o ECC-CO[20], diz que os

> imigrantes sentem-se rejeitados, em parte, por esta sociedade, onde arduamente trabalham e não lhes são dolorosamente permitidos o acesso a riqueza que, de um modo global, produzem, sendo forçados a desenvolver uma cultura que reflecte esse isolamento urbano, com

---

18 Uma mistura de ritmo e dança, levado a cabo por um grupo de mulheres.
19 Uma dança cabo-verdiana, proibida durante o regime salazarista pois a administração colonial considerava-a uma dança libidinosa devido aos ritmos exuberantes e aos movimentos dos corpos.
20 Uma das mais jovens associações de cabo-verdianos. Um dos objectivos para a sua fundação foi criar «uma ponte entre a comunidade que continua a ser objecto de discriminação, os que estão nos bairros, pobres, que permanecem com o problema da habitação e saneamento por resolver, e uma pequena franja da comunidade cabo-verdiana que está muito bem integrada, que são os funcionários públicos que vieram antes da independência e que, de uma forma ou outra, não se aproximaram dessa outra grande comunidade» (entrevista com Carlos Jorge, ECC-CO).

comportamentos muitas vezes desenquadrados do sistema, com manifestações culturais que têm a ver com o seu país de origem, fomentando assim actos de rebeldia e de comportamentos de auto-exclusão cultural e social (ECC-CO, 1998: 2).

Um dos problemas comuns com que estas associações[21] são confrontadas nestas *ilhas* está relacionado com a diferença de atitudes da primeira, da segunda (e da terceira) gerações. De acordo com o Moinho da Juventude, a primeira geração estava consciente da sua identidade cultural e tolerou a discriminação a que foram sujeitados. A segunda geração, com pais africanos, nasceu em Portugal e incorporou os valores da sociedade europeia pelo que não toleram a discriminação que os seus pais sofreram. O fenómeno do *rap* português representa, de alguma maneira, um grito de denúncia em relação a este tratamento.

Os seus problemas específicos resultam numa vida dividida entre uma identidade dupla e ambivalente. Também pode ser identificada uma categoria de indivíduos que migraram muito jovens com os seus pais e que se concebem a si próprios como tanto português como cabo-verdiano. É o caso, por exemplo, do Joaquim que chegou a Portugal nos anos 1970 com 11 anos. Embora não se lembre de Cabo Verde, ele afirma-se como cabo-verdiano e português. Ou do Nuno, que morou 19 anos em Cabo Verde e 20 em Portugal. Ou do João, um cozinheiro de sucesso, que chegou a Portugal em 1972 e que revela que enquanto se sente cabo-verdiano como «um modo de ser especialmente com os meus amigos», ele sente-se mais português porque «eu nasci sob bandeira portuguesa e porque eu vivo aqui há mais tempo que eu alguma vez vivi lá».

As leis que regem a cidadania são, também, por vezes, contraditórias e causam, por exemplo, de acordo com Carlos Jorge da associação ECC-CO, a existência de famílias nas quais «uma criança é portuguesa e as outras são cabo-verdianas».

---

21 Existem cerca de 35 associações cabo-verdianas, sendo muitas delas associações dos bairros locais.

Num bairro como o *Alto da Cova da Moura* ou as *Fontainhas*, há um grande sentido de espaço. O bairro é percebido como uma ilha de Cabo Verde onde

> as pessoas se sentem protegidas [...] as pessoas começaram a isolar-se porque esta era a única defesa que tinham contra a discriminação e o preconceito no mercado de trabalho, na educação e na vida quotidiana. [Mesmo dentro do bairro], há uma forte divisão entre os locais onde os brancos vivem e onde os negros vivem. Não há nenhuma comunicação. Há alguma suspeição, até mesmo entre cabo-verdianos, guineenses e angolanos (entrevista com Eduardo Pontes, Moinho da Juventude).

Embora as associações locais reivindiquem que a criminalidade é mesmo menor do que noutros locais, como o centro de Lisboa, há normalmente uma grande carga negativa associada a estes bairros devido à percepção dos negros como uma ameaça à segurança dos indivíduos: «um grupo de jovens negros é imediatamente identificado como um *gang*» (entrevista com Eduardo Pontes, Moinho da Juventude). Porém, para Jaime Garcia, presidente da Junta de Freguesia local em que o bairro do Alto da Cova da Moura fica situado, a ideia de racismo e de xenofobia é largamente transmitida pelos meios de comunicação social. De acordo com ele, há apenas um problema que está relacionado com

> «magrefes» que apenas querem direitos mas não deveres, que não gostam de trabalhar e que não querem estudar [...] Eles assistem a demasiados filmes americanos e querem imitar esses *gangs* que criam rivalidade entre eles e, principalmente, criam um mau ambiente com os vizinhos [...] Eles são crianças, eu não culpo os pais que trabalham muito duro, mas um *gang* de 40 ou 50 pode fazer bastantes estragos [...] não há ninguém aqui na freguesia que não tenha algum caso para contar [...] E a polícia não pode fazer nada até que eles tenham 16 anos (entrevista com Jaime Garcia, presidente da Junta de Freguesia da Buraca).

Para Jaime Garcia, os casos de violência que envolvem a polícia são, por vezes, exagerados: «Eu estava uma vez numa esquadra da polícia e vi dois deles serem trazidos. A polícia interrogou-os e não lhes tocou. A primeira coisa que eles fizeram quando saíram foi dizer que a polícia lhes tinha batido [...] Nós temos de promover neles o espírito de que não vale a pena sempre agir como uma vítima.»

Ainda de acordo com Jaime Garcia, o presidente da Junta de Freguesia de uma das zonas mais conhecidas no que toca a incidentes racistas, não há racismo e xenofobia. Há, isso sim, um sentimento de «revolta face a estas situações [...] O grande racismo existe entre eles, entre cabo-verdianos e guineenses [...] O maior problema do bairro é o excesso de população causado pela exploração cega do africano pelo africano, alugando um quarto a 4 ou 5 pessoas, vivendo em condições desumanas. Se não fosse por isto, este seria um bom lugar para viver» (entrevista com Jaime Garcia, presidente da Junta de Freguesia da Buraca).

A imigração é historicamente nova em Portugal. A direcção tradicional dos fluxos parece inverter-se depois de cinco séculos de um projecto *expansionista* e colonial. Muitas organizações, não apenas associações de imigrantes, têm chamado a atenção para os desafios que tal realidade apresenta. De acordo com *O Regresso das Caravelas*, uma associação cultural ligada à Igreja Católica, Lisboa e outras zonas do País, «vivem hoje situações muito parecidas com as dos finais do século XVI».

A chegada de indivíduos *diferentes* força muitos «a viver em situações precárias, num meio estranho, tornando-os alvos de marginalização e de acções intimidatórias provocadas pelas suas condições de vida e por serem diferentes os seus costumes e a sua pele» (O Regresso das Caravelas, 3). No mesmo folheto, porém, Fernando Dacosta expressa o seu optimismo sobre a relação futura entre *eles* e *nós* devido à «nossa duplicidade, miscigenados que somos por coração, por pele, por liberdade. A afeição é mútua e cúmplice, extravasando as relações dos governos ou as conveniências dos sistemas. A língua é-nos raiz de unidade, de religação» (O Regresso das Caravelas, 1).

O LUSOTROPICALISMO REVISITADO

O actual contexto português e europeu – incluindo os movimentos migratórios de Leste e do Norte de África, o acordo de Schengen, o contexto económico e o desemprego – parecem favorecer a emergência do racismo (Souta, 1997). Como vimos atrás, este racismo pode aparecer por vezes associado a um sentimento de *ressentimento* em relação à mudança social. Em Portugal, porém, a constante reafirmação do carácter universalista e humanista da cultura nacional portuguesa parece criar um tipo de *cultura de negação*. Embora muitos relatórios e sondagens não apresentem Portugal como um caso fundamentalmente diferente em relação ao racismo, o mito de uma civilização *lusotropical* racialmente democrática e humana parece permanecer como um motivo fundamental de celebração.

Até ao primeiro processo de regularização extraordinária de imigrantes ilegais que teve lugar de Outubro de 1992 a Março de 1993, pouco era conhecido sobre a real situação das minorias étnicas em Portugal. Antes dos anos 1990, a etnicidade não era um assunto de discussão pública e o racismo era encarado como um problema não existente em Portugal, apenas noutros países. Num estudo transnacional da OCDE sobre a educação de línguas e culturas minoritárias, o Centro Português para a Investigação e Inovação Educativa focalizou o seu relatório em programas para portugueses a viver no estrangeiro onde eles constituem a minoria linguística e cultural. Com a excepção da Turquia, todos os outros onze relatórios nacionais se centraram na educação das minorias dentro dos respectivos territórios nacionais (Souta, 1997: 35). Isto ilustra o facto de que em Portugal, ao contrário de outros países, a emigração sempre esteve no centro das atenções do Estado e dos cientistas sociais. Dos 27 *papers* que foram publicados nas actas de uma conferência sobre emigração e imigração em Portugal nos últimos dois séculos, apenas seis estavam relacionados com a imigração (AA. VV. 1993).

Durante a maior parte do século XX, a população em Portugal permaneceu muito homogénea. Daqui que não fosse difícil mostrar uma cultura não racista pois os *outros diferentes* permaneceram algo exótico e distante. Hermínio Martins, escreveu em 1971, durante o seu exílio no Reino Unido, que Portugal não é uma sociedade *plural* pois:

> Contrariamente às outras sociedades ex-potências imperiais, ainda não absorveu nenhuma fracção significativa dos seus súbditos coloniais ou ex-coloniais e, portanto, não diversificou a sua composição

etnocultural. Paradoxalmente, para uma sociedade «oceânica», Portugal tem tido bastante êxito na «exportação» dessa mesma diversidade etnocultural (1998: 99).

Um processo de homogeneização foi conduzido pelo Estado através dos séculos. Este processo combinou-se com o desenvolvimento precoce de identidade nacional e o facto de as fronteiras política terem permanecido intactas durante setecentos anos, para explicar a tradicional homogeneidade de sociedade portuguesa (Martins, 1998). Como Agostinho da Silva nos lembra, «Portugal é uno do Minho ao Algarve; dir-se-ia até que foi uno de mais, porque excluiu judeus e mouros e viu como inimigos, em todas as épocas a partir do século XVI, os que se recusavam a pensar exactamente como quem dominava» (1996: 14, in Souta, 1997: 165).

O *lusotropicalismo* foi politicamente usado tanto pelo Estado Novo português como pelo regime brasileiro. Durante o regime salazarista, o *lusotropicalismo* foi usado para afirmar a *nossa* autoridade moral enquanto potência colonial. Hoje este tipo de enquadramento politicamente correcto é de novo reafirmado para afirmar o Portugal multicultural e cosmopolita.

> Eu penso que há situações em Portugal que não se vêem em outros países, e que têm que ver com essa ideia [...] Porque eu não conheço outros países na Europa em que todos os partidos concordaram em votar favoravelmente uma lei de regularização de estrangeiros ilegais ou o direito dos estrangeiros de votar e ser candidatos em eleições locais» (entrevista com José Leitão, alto-comissário para as Comunidades Imigrante e Minorias Étnicas).

A ideia de Portugal como sendo um exemplo de relações interculturais foi parte fundamental das recentes comemorações, da criação da CPLP ou da própria ideia de *lusofonia*. As celebrações dos cinco séculos de encontro de culturas transmitiram uma ideia politicamente correcta de uma relação simétrica entre os Portugueses e os *outros*, reconstruindo a ideia de uma especificidade lusitana baseada na «ideologia *luso-tropicalista*, e é alimentada por actores políticos de diferentes quadrantes»

(Vala *et al*, 1999: 194). A Igreja Católica, por seu, lado, ao mesmo tempo que celebrava os Cinco Séculos de Evangelização, também reconheceu as *sombras* de cinco séculos de história[22] nos quais «nós pretendemos a aproximação de culturas [...] tentámos destruir o choque de culturas e promover agora o encontro de culturas» (entrevista com Firmino Cachada, Comissão Cinco Séculos de Evangelização).

Em grande medida através da pressão de muitas associações de imigrante existentes em Lisboa, foi permitido aos imigrantes votar pela primeira vez nas eleições locais[23] pela Lei 50/96. Porém, as associações ainda reclamam que o Estado não presta atenção suficiente aos problemas do racismo em relação aos negros e ciganos. Fernando Ká, presidente da Associação Guineense de Solidariedade Social, escreveu há tempos que «a maioria da população portuguesa tem sido mera espectadora de cenas desumanas, merecedoras de processos criminais de violação de direitos humanos, dos quais ciganos e negros têm sido vítimas» (*Expresso*, 15 de Fevereiro de 1997).

Contrastando com a forma politicamente correcta como os portugueses têm sido representados, as organizações anti-racistas acusam as autoridades de «violar a Convenção Europeia dos direitos humanos que proíbem a expulsão colectiva». Para eles, os Governos portugueses não apenas mostraram uma falta de interesse em implementar tais medidas na prática, como também uma duplicidade entre o modo como o Estado reage a atitudes de outros Estados face a emigrantes portugueses e o modo como o Estado trata (e expulsa) imigrantes em Portugal (*Público*, 30 de Agosto de 1998).

Contra as tendências assimilacionistas, as organizações de imigrantes e de minorias étnicas reivindicam também direitos

---

[22] O cardeal-patriarca de Lisboa, numa visita oficial a Angola, representando o papa, pediu perdão por tudo que foi negativo na história da evangelização.

[23] Nalguns locais, os seus votos foram decisivos. Dada a concentração local, algumas autarquias têm os seus próprios organismos para lidar com a imigração, como é o caso das câmaras municipais da Amadora e de Lisboa (Conselho Municipal das Comunidades Imigrantes e das Minorias Étnicas, 1993).

de cidadania total e reconhecimento dentro de uma sociedade *multicultural*. A resposta do Estado tem sido limitada, por exemplo, à organização de um festival anual, o Dia da Cultura Africana, que incidentalmente é organizado pela RDP África. É relevante que as minorias religiosas tenham recentemente adquirido o direito a um espaço na televisão pública e que o mesmo tipo de atenção não tenha sido prestado a outras minorias como as minorias étnicas ou a comunidade surda.

O Estado parece mais interessado no apoio de um canal de televisão (a RTP África) e numa estação de rádio (a RDP África), que foram criados, acima de tudo, para alcançar o espaço lusófono além-mar, o que reflecte, de alguma forma, as tradicionais tendências centrífugas da sociedade portuguesa. Desenvolver uma área cultural transnacional lusófona baseada no idioma e nos valores do universalismo e do humanismo parece ser uma prioridade para o Estado.

CONCLUSÃO

Desde a Segunda Guerra Mundial, apesar de a ideia de *raças* humanas estar desacreditada, um discurso sobre a *raça* e o racismo sobreviveu. Os outros diferentes continuam a ser identificados como outras *raças*, frequentemente, inferiores.

A tendência dos fluxos de imigração parece indicar que tais movimentos populacionais aumentarão no futuro, apresentando um desafio crescente aos Estados nacionais, especialmente a países que, como Portugal, são novos países de destino. Porém, uma das principais dimensões da redefinição da nação no Portugal pós-colonial é o da reconstrução como um exemplo ao lidar com a diversidade cultural. No Guia Oficial da Expo'98 era dito que «num mundo que se globaliza, Portugal valoriza as suas diferentes faces [...] Aceita e mostra-se capaz de integrar sem dramas o saber dos outros» num tempo em que a geografia tem cada vez mais uma face virtual (Parque Expo'98, 1998b: 235).

As mudanças demográficas que Portugal atravessou nos últimos 20 ou 30 anos são especialmente visíveis nos grandes centros do litoral como Lisboa. O *outro diferente* já não está distante, como acontecia quando o Estado Novo celebrava o *Mundo Português*. A visão tolerante e *inclusiva* da história nacional é reproduzida e a Expo'98 foi uma afirmação maciça desta maneira de os Portugueses se verem a si próprios.

O racismo parece, no discurso das elites, um mero acidente histórico, dados os «séculos de contacto e *intimidade sã* e *respeito* por diferente povos e culturas» e a «vocação atlântica e oceânica, a vocação universal e tolerante» da história portuguesa (entrevista com Clara Ferreira Alves, porta-voz do comissário-geral da Expo'98). Mas se a sociedade portuguesa for analisada sob um enquadramento colonial/pós-colonial, parece, pelo contrário, que as manifestações e os processos de reprodução do racismo não diferem muito de outras potências ex-imperiais. Isto é um desafio ao modo como Portugal se vê a si próprio enquanto possuidor de uma cultura não racista como «parte de um [...] padrão brasileiro de aceitação da multietnicidade e de miscigenação» (Fenton, 1999: 162), que estão na base da própria ideia de lusofonia, ou da criação da CPLP.

Um dos principais desafios que se colocam às sociedades poliétnicas é saber, primeiro, como negociar as diferenças e, depois, como as transformar em enriquecimento recíproco. A tolerância cultural, como observa Moreira, «não é apenas uma questão de paciência para com todos os que são diferentes [...] Significa ter conhecimento dos outros e reconhecer as suas culturas. Só com esta mentalidade se pode evitar a humilhação, o desrespeito e o desprezo que dão origem à violência étnica» (Moreira; 1996: 54-55).

Ora, o mito do *melting pot* que as propostas de Freyre parecem implicar não parece ser facilmente compatível com as crescentes reivindicações de reconhecimento de identidade por parte de diferentes grupos, que exigem políticas de pluralismo cultural em lugar da promoção da diluição da diferença numa única cultura nacional. A tradição de assimilação cultural – que, como vimos aparece muitas vezes a coberto de um discurso alegadamente universalista[24] – é, portanto, algo incompatível com as exigências e novos desafios para um Portugal comprometido com a integração europeia (Venâncio, 1996).

Crescentes tensões entre diferentes culturas e estilos de vida são um desafio à ideia generalizada de uma sociedade racialmente democrática, pelo que o Estado necessita de ser reimaginado em bases mais plurais. Como Stephen May argumenta, a reimaginação dos Estados-nação nesta base permite um «maior potencial para o reconhecimento não apenas de democracia política, mas também de democracia *etnocultural e etnolinguística*. Assim, longe de minar os princípios democráticos [...] a acomodação dos direitos das minorias podem expandi-los» (2001: 17).

---

[24] Neste discurso, o *universalismo* é o *nosso* universalismo, o universalismo português.

CONCLUSÃO

Três conclusões principais podem ser tiradas dos argumentos explanados neste livro. Em primeiro lugar, foi argumentado que quer uma abordagem modernista em relação às nações quer as abordagens que consideram a nação como uma realidade imemorial são algo insuficientes. Portugal é um Estado independente há aproximadamente sete séculos. Devido à sua homogeneidade, tem sido considerado como um dos Estados-nação mais antigos no mundo. É frequentemente dito que Portugal, antes da era do nacionalismo, era já uma nação com uma forte identidade nacional. No entanto, o caso de Portugal sugere que até mesmo Estados antigos podem ser reimaginados e reconstruídos sobre bases novas, num processo de reimaginação que é, apesar de tudo, baseado em materiais históricos, ao mesmo tempo que reivindica continuidade com a história ancestral. Em segundo lugar, as nações são reconstruídas como resultado de mudanças, novos desafios e novas necessidades. Em terceiro lugar, esses processos de reconstrução da nação são principalmente conduzidos pelas elites, mobilizando conjuntos de símbolos apropriados, frequentemente baseados em períodos específicos da história nacional conhecidos como as *idades de ouro*.

O caso português providencia exemplos valiosos na ilustração de como um país se redefine a si próprio e, particularmente, como a política de comemorações tem sido usada. Sublinhamos a forma como o Estado e a elite, na perseguição de interesses particulares, têm conduzido os processos de construção e manutenção da nação. Foram examinados dois momentos particulares: as celebrações da história nacional nos anos 1940 e 1990 e duas grandes exposições em ambos os períodos. Ambos os eventos se tornaram importantes instrumentos na (re)construção da identidade nacional portuguesa durante o século XX. Embora a mesma história nacional seja celebrada, os discursos sobre identidade nacional produzidos nos dois momentos usaram diferentes repertórios de significados e valores. Comparando os dois momentos, é possível ver quer a persistência quer a variação nas formas de memória colectiva e nas formas como a identidade nacional tem sido compreendida em Portugal.

Ciclos comemorativos têm sido momentos úteis para a produção e a promoção cultural em muitos países. Alguns exemplos são as comemorações da Revolução Francesa de 1789, as celebrações espanholas de Colombo, a comemoração centenário nos Estados Unidos e na Austrália e em Portugal em 1940 ou 1998 (Hespanha, 1999; Santos e Costa, 1999; Spillman, 1997). Estes dois momentos representam em Portugal a reconciliação diferente da identidade colectiva em períodos históricos diferentes. Em ambas as ocasiões os períodos históricos prévios são percebidos como *idades das trevas*, contrastando com o glorioso passado distante. Em ambas as ocasiões, a narrativa nacional é reconstruída, usando artefactos culturais e séries de imagens e de símbolos dessa *idade de ouro*.

Vários símbolos são recorrentes em ambos os processos de reimaginação da nação, tal como a histórica tradição marítima, a língua, as relações com povos de outras nações. Noutros temas, a narrativa da nação pode ser contrastada. Salazar desenvolveu uma imagem particular de Portugal com uma ênfase específica na moralidade, valores e modos de vida camponeses, o que foi representado na exposição de 1940. A paz interna, a ordem e a dimensão rural e espiritual da nação foram também apresentadas como exemplo para um mundo conturbado. O regime legitimou-se a si próprio reivindicando ser responsável pelo renascimento nacional levado a cabo com base na recuperação da realidade espiritual da nação que estava perdida e na noção de nação como pessoa, como um organismo vivo, como uma comunidade que representa muito mais do que a simples soma dos indivíduos. Na *auto-imagem pública* retratada em 1940, que teve uma participação mínima do público, o regime celebrou-se a si próprio como o verdadeiro guardião da identidade nacional e como o garante da paz e da ordem.

Os desafios do presente ou as diferentes necessidades de cada geração mudam o carácter da memória do grupo e resultam numa constante reconstrução da identidade da comunidade, desenvolvendo novas tendências, reconstruindo os modos de encarar a sua história e o mundo. Em 1940 as *virtudes da raça civilizadora* eram celebrados. Em 1960, quando Portugal comemorou o infante D. Henrique, *o Navegador*, a natureza imperialista do regime estava já sob forte criticismo internacional. Daí que a ênfase dessas comemorações tenha mudado para as missões e as *descobertas* científicas. Quando o novo ciclo de comemorações começou em 1986, apenas dez anos depois do colapso do império colonial, a metáfora do *encontro* substituiu o da *descoberta*. Portugal, reconstruiu, desta maneira, a sua memória colectiva de uma maneira que lhe permite, também, partilhá-la com o mundo lusófono, o que representa parte importante da sociedade portuguesa pós-colonial (Hespanha, 1999). Portugal é, no presente, uma sociedade pós-colonial, com um governo liberal, comprometido com o projecto da União Europeia e em relação próxima com o mundo capitalista. No entanto, durante a primeira metade do século XX, o discurso ideológico da identidade foi dominado por um discurso *particularista* do «orgulhosamente sós». Depois da democratização do regime e a sua integração no sistema mundial, o *nós* português tornou-se em «orgulhosamente com os outros». No primeiro período a nação foi imaginada ou reimaginada de uma maneira auto-excluída do sistema mundial, com uma ênfase nos *nossos* heróis, nos *nossos* antepassados e nos *nossos* feitos. Na era pós-colonial, a reimaginação da nação, embora envolvendo a nostalgia do passado, envolveu também a redefinição da sua posição enquanto participante na família internacional de nações.

Imagens particulares do passado têm sido mobilizadas no processo de reconstrução da nação sobre uma base *universalista*. Diversidade interna crescente é uma relativa novidade em Portugal. Ora, a mobilização de alguns conjuntos de significados e valores durante as recentes celebrações esteve directamente relacionada com a sua utilidade na gestão de tal diversidade. O discurso *universalista* tem não só a comunidade nacional como alvo, mas teve também objectivos de tomar uma posição face à comunidade internacional. O Portugal pós-colonial negoceia a sua posição no mundo, especialmente com as suas ex-colónias, tentando, de alguma forma, recuperar o mundo lusófono para a sua influência. A criação da CPLP parece um bom exemplo de tal projecto. Portugal *regressou a casa* depois de séculos em que desenvolveu uma mitologia cultural de *país em viagem*. O mundo luso-afro-brasileiro está a ser sujeito a redefinições para reflectir a realidade pós-colonial. Portugal é, por isto, um país que se encontra, de alguma maneira, entre o passado e o futuro (Carvalho, 1974, 1987, 1992; Ferreira, 1985, 1988; Mello, 1990; Mota, 1995; Petrella, 1988; Sá, 1980; Silva, 1994).

O 25 de Abril introduziu uma «libertação mental» que precipitou o repensar de Portugal depois do *retorno a casa* (Sá, 1977). Enquanto muitas imagens do passado, mobilizadas durante a reimaginação do Portugal democrático, sejam basicamente as mesmas que foram usadas na imaginação salazarista da nação, existem outras que são esquecidas. Dentro do novo enquadramento democrático, o anterior discurso da *raça* nacional do regime fascista[1] é inaceitável. Isso ajuda a explicar porque

---

[1] A lei 64/78 de 6 de Outubro extinguiu as organizações fascistas. No 3.º artigo, *fascismo* é definido como «a adopção, o apoio ou a disseminação de valores, princípios, instituições e métodos que são característica dos regimes conhecidos na história e especificamente adoptando a violência como uma forma de luta política, colonialismo, racismo, e a glorificação das figuras mais representativas de tais regimes». Depois de um caso de violência *skinhead*, em 1998, o procurador-geral ordenou uma investigação, que aclarou as relações entre os *skinheads* e uma associação chamada MAN (Movimento de Acção Nacional), registada como uma associa-ção

é que Portugal, enquanto presidente da UE, em 2000, propôs rapidamente medidas contra a Áustria, após um bom resultado de um partido de extrema-direita nas eleições austríacas. Como reacção, o ministro dos Negócios Estrangeiros da Áustria, em entrevista a um canal de televisão, criticou tais decisões apressadas das autoridades portuguesas.

Durante séculos, a sociedade portuguesa considerou *outros povos* como inferiores, a necessitar de serem civilizados, pelo que poderá demorar muito tempo até que o discurso democrático produza mudanças profundas nesta mentalidade (Cortesão e Pacheco, 1993). A definição dominantemente racial da nação do princípio do século xx foi reconstruída pelo regime salazarista. A imagem de aceitação de *misturas raciais* foi largamente construída, com base nas propostas de Freyre, à medida que o regime enfrentava a necessidade de legitimar o projecto colonial. Portugal apresentava-se como um país exemplar ao lidar com a diversidade através da miscigenação e da fusão com os *outros*.

A corrente dupla expectativa de «expectativa de particularismo» e «expectativa de universalismo» (Robertson, 1992: 102) introduz a necessidade de repensar o modo tradicional de ver a cultura portuguesa sob um ponto de vista lusotropical. Essa dupla expectativa advém do facto de que, por um lado, a nação vive num mundo de nações[2]. Por outro lado, dentro das fronteiras políticas nacionais, o Estado-nação enfrenta uma crescente diversidade, causada, principalmente, por fluxos migratórios globais

---

cultural mas levando a cabo actividades associadas a uma ideologia racista e xenofóbica. O procurador-geral usou os seus poderes para, de acordo com a lei 64/78, trazer o caso ao Tribunal Constitucional e dissolver a associação. Em Janeiro de 1994, o Tribunal considerou que a MAN já tinha cessado as suas operações em 1991, não tendo recomeçado posteriormente. O 4.º processo de revisão da Constituição aprovou uma nova redacção do artigo 46.º relacionado com a liberdade de associação, estabelecendo que «associações armadas, do tipo militar ou paramilitar fora do âmbito do Estado e das Forças Armadas, e organizações racistas ou que adop-tem a ideologia fascista não serão permitidas».

2 As Exposições *Mundiais* ou *Universais* têm sido, frequentemente, exposições de realizações *nacionais*.

pelo que os grupos minoritários reivindicam mais reconhecimento cultural e político (May, 2001). Como resultado, os discursos públicos de identidade nacional estão abertos à discussão pelas exigências de renegociação das definições do *eles* e do *nós*. Em Portugal, em 1999, vinte *associações africanas* criaram o *Europalop Network* para exigir participação na vida política. Um dos membros, durante a apresentação do projecto, disse que «nós queremos ser a solução; nós não queremos ser o problema» (*Diário de Notícias*, 10 de Junho de 1999).

O modo como os Estados gerem a diversidade e a conciliam com a identidade nacional é, então, um dos maiores desafios que enfrentam as autoridades nacionais. Os crescentes fluxos de imigração que tornaram evidentes a uma grande parte da população os contrastes culturais entre povos e grupos, e minou as anteriores crenças na estabilidade, aumentam as pressões sobre o Estado-nação para um crescente reconhecimento político e cultural. Apesar de muitas vezes se colocar erradamente a ênfase do problema na *cultura* (Fenton, 2003a), em várias circunstâncias, face à crescente diversidade, a identidade nacional e existentes formas de cidadania são desafiadas.

Como consequência da descolonização e da integração europeia, Portugal enfrenta importantes mudanças sociais e culturais. Portugal, tradicionalmente um país de emigração e um dos mais homogéneos Estados-nação, está a tornar-se gradualmente poliétnico e enfrenta desafios semelhantes aos seus vizinhos europeus e a outras potências ex-coloniais, pelo que as atitudes para com os *outros* parecem não ser tão encorajadores como a forma politicamente correcta da representação da elite da nação pode sugerir.

O Estado-nação precisa de ser reimaginado em modos mais plurais e não apenas ao nível do discurso. Num momento em que a *comunidade de destino* portuguesa entra no terceiro milénio tentando encontrar um projecto nacional para substituir o que terminou com a descolonização, a construção futura de um *ethos multicultural* vai provavelmente depender da capacidade do Estado para gerir a *realidade* e a *utopia*.

BIBLIOGRAFIA

AA. VV. (1970), *Raça e Ciência I*. São Paulo, Editora Perspectiva.
—— (1972), *Raça e Ciência II*. São Paulo, Editora Perspectiva.
—— (1993), *Emigração Imigração em Portugal. Actas do Colóquio Internacional sobre Emigração e Imigração em Portugal. Séculos XIX e XX*. Algés, Editorial Fragmentos.
—— (1997), *Galiza, Portugal. Uma só Nação*. Lisboa, Nova Arrancada.
—— (1998), *Portugal na Transição do Milénio*. Lisboa, Fim de Século.
—— (2001), "The Euro and European Identity: The Spanish and Portuguese Case", *Journal of Economic Psychology*, n.º 22, 441-460.
ABREU, G., e LAMBERT, H. (2003), "The education of Portuguese students in England and the Channel Islands Schools". Final Report.
Abril em Maio e SOS Racismo (1998), *Essas Outras Histórias Que Há para Contar. Colóquio Internacional em Tempo de Expo Há Outras Histórias Para Contar*. Lisboa, Edições Salamandra.
ACCIAIUOLI, Margarida (1991), *Os Anos 40 em Portugal. O País, o Regime e as Artes. «Restauração» e «Celebração»*. Vol. I. Dissertação de doutoramento em História da Arte Contemporânea. Lisboa, Faculdade de Ciências Sociais e Humanas, Universidade Nova de Lisboa.
AECOPS (1997), *Relatório AECOPS da Construção 96/97*.
Agência Geral das Colónias (1937), *Catálogo da Exposição Histórica da Ocupação*, vol. I.
Álbum «Portugal 1940». Comissão Executiva dos Centenários e S. P. N.
ALEXANDRE, Valentim (1995), «A África no Imaginário Político Português (Séculos XIX-XX)», *Penélope*, n.º 15, 39-52.
ALMEIDA, A. N., et al (1998), «Relações Familiares: Mudança e Diversidade «, *in* J. M. L. Viegas e A. F. Costa (eds.), *Portugal, Que Modernidade?*. Oeiras, Celta, 45-78.
ALMEIDA, A. N., e WALL, K. (1995), «A Família», *in* E. S. Ferreira e H. Rato (eds.), *Portugal hoje*. Instituto Nacional de Administração, 31-53.
ALMEIDA, J. F. (1995), «Evoluções Recentes e Valores na Sociedade», *in* E. S. Ferreira e H. Rato (eds.), *Portugal hoje*. Instituto Nacional de Administração, 55-70.
ALMEIDA, J. F., et al (1994), «Recomposição Socioprofissional e Novos Protagonismos», *in* A. Reis (ed.), *Portugal-20 Anos de Democracia*. Lisboa, Círculo de Leitores, 307-330.
ALMEIDA, João (1931), *O Espírito da Raça Portuguesa na Sua Expansão Além-Mar*. Lisboa.
—— (1950), *O Fundo Atlante da Raça Portuguesa e a Sua Evolução Histórica*. Lisboa.

ALMEIDA, José Carlos, *et al* (1995), «Bruxas, Médiuns e Curandeiras em Terras da Cova da Beira: Um Estudo de Caso (Fundão)», *Anais Universitários*, n.º 6, 273-295.
ALMEIDA, José Carlos (2001), *Commemorations of Portugal: National Identity and Public Celebration*, Bristol, University of Bristol (tese de doutoramento)
ALMEIDA, José Carlos (2003), *National Identity, Colonialism and Youth. Luso-tropicalism Revisited*. Research Seminar *Resituating Culture: Reflections on Diversity, Racism, Gender and Identity in the Context of Youth*. Budapeste, Council of Europe.
ALMEIDA, José Carlos (2004) «Portugal, o Atlântico e a Europa. A Identidade Nacional, a (Re)Imaginação da Nação e a Construção Europeia». *Nação e Defesa*, n.º 107, 2.ª série, pp. 147-172.
ALMEIDA, José Carlos (ed.) (2005), *Educação, Políticas Educativas e Multiculturalismo*. Lisboa, Editora Piaget (em preparação).
ALMEIDA, José Carlos (2004a), *Identidade Nacional e Imigração. Considerações sobre Etnicidade, Modernidade e «Ressentimento»*. Actas do V Congresso Português de Sociologia. Braga, Associação Portuguesa de Sociologia.
ALMEIDA, José Carlos e MADUREIRA, Cristiana (2003), Us and Them. The school, the nation and the politics of multiculturalism. Midterm Conference Europe 2003 *Critical Education & Utopia. Emergent Perspectives for the 21st Century*. Lisboa, International Sociological Association.
ALMEIDA, J., e PEREIRA, A. M. (1933), *O Ressurgimento Ultramarino. Grandeza e Romantismo de Uma Geração*. Lisboa.
ALMEIDA, Miguel V. (1998), «O Regresso do Luso-Tropicalismo. Nostalgias em Tempos Pós-Coloniais» in Abril em Maio e SOS Racismo, *Essas Outras Histórias Que Há para Contar. Colóquio Internacional em Tempo de Expo Há Outras Histórias Para Contar*. Lisboa, Edições Salamandra, 235-243.
—— (2004c), *Outros Destinos. Ensaios de Antropologia e Cidadania*. Porto, Campo das Letras.
ALTER, Peter (1989), *Nationalism*. Londres, Edward Arnold.
ALTIERI, Giovanna (1992), «Capoverdiani», in G. Altieri *et al*, *L'Arcipelago Immigrazione, Caratteristiche e Modelli Migratori dei Lavoratori Stranieri in Italia*. Roma, Ediesse, 185-201.
ÁLVARES, Patrício (1939), *Raça*. Lisboa, Ottos Grafica.
AMARO, António R. (1994), «A revista *Seara Nova*: Importante Lugar de Memória na Luta pela Modernidade (1921-1939)», *Vértice*, n.º 62, 25-36.
ANDERSON, Benedict (1991), *Imagined Communities. Reflections on the Origin and Spread of Nationalism*. Londres, Verso.
Anónimo (1818), «Differença das Côres e Configuração nos Homens», *Observador Portuguez*, in *Ethnologia*, n.º 3-4, 1995, 105-118.
ANTHIAS, F., e YUVAL-DAVIS, N. (1993), *Racialised Boundaries: Race, Nation, Gender, Colour, Class and the Anti-Racist Struggle*. Londres, Routledge.
ANTUNES, José F. (1980), *O Império com Pés de Barro. Colonização e Descolonização: as Ideologias em Portugal*. Lisboa, Publicações D. Quixote.
AZEVEDO, F. Alves (1935), «O Estado Novo e o Império», *Portugal Colonial – Revista Mensal de Propaganda e Expansão do Império Português*, n.º 50.
BAGANHA, Maria I. (ed.) (1997), *Immigration in Southern Europe*. Oeiras, Celta.
BALAKRISHNAN, Gobal (2000) (ed.), *Mapping the Nation*. Londres, Verso.
BALIBAR, Etienne (1991), «Is there a 'New Racism'?» in E. Balibar e I. Wallerstein (eds.), *Race, Nation, Class. Ambiguous Identities*. Londres, Verso, 17-28.

BAPTISTA, Jacinto (1996), «À Procura do Espírito na Política do Espírito, *in* João Medina (ed.) *História de Portugal. Vol. XIII: O «Estado Novo», II, Opressão e Resistência*. Amadora, Clube Internacional do Livro.
BARREIRA, C. (1994), «Os Estilos de Vida e Convívio Quotidiano», *in* A. Reis (ed.), *Portugal-20 Anos de Democracia*. Lisboa, Círculo de Leitores, 492-495.
BARRETO, A. (1995), «Portugal na Periferia do Centro: Mudança Social, 1960 a 1995», *Análise Social*, Vol. XXX (134), 841-855.
—— (1996), «Três Décadas de Mudança Social», *in* A. Barreto (ed.), *A Situação Social de Portugal, 1960-1995*. Lisboa, ICS, 35-60.
—— (1997), *Tempo de Mudança*. Lisboa, Relógio D'Água.
BARTH, Frederik (1969), «Ethnic Groups and Boundaries», *in* W. Sollors (1996) (ed.), *Theories of Ethnicity. A Classical Reader*. Londres, Macmillan, 294-324.
BASTOS, J., e BASTOS, S. (eds.) (1999), *Portugal Multicultural*. Lisboa, Fim de Século.
BAUMAN, Zygmunt (1997), «The Making and Unmaking of Strangers», *in* P. Werbner e T. Modood (eds.), *Debating Cultural Hybridity. Multi-Cultural Identities and the Politics of Anti-Racism*. Londres, Zed Books, 46-57.
BEISSINGER, Mark (1998), «Nationalisms that Bark and Nationalisms that Bite: Ernest Gellner and the Substantiation of nations», *in* J. A. Hall (ed.), *The State of the Nation. Ernest Gellner and the Theory of Nationalism*. Cambridge, Cambridge University Press,169-190.
BENNET, Tony (1995), *The Birth of the Museum. History, Theory, Politics*. Londres, Routledge.
BESSELAAR, José (1987), *O Sebastianismo – História Sumária*. Lisboa, Instituto de Cultura e Língua Portuguesa.
BILLIG, Michael (1995), *Banal Nationalism*. London, Sage Publications.
BJÖRGO, Tore, e WITTE, Rob (eds.) (1993), *Racist Violence in Europe*. Nova Iorque, St. Martin's Press.
BOORSTIN, Daniel J. (1992), «From Empire to Community», *Portuguese Studies*, volume 8, 71-78.
BOSWELL, David, e EVANS, Jessica (2002), *Representing the Nation: A reader*. Londres, Routledge e The Open University.
BOTELHO, Afonso (1990), *Da Saudade ao Saudosismo*. Lisboa, Instituto de Cultura e Língua Portuguesa.
—— (1997), *Saudade, Regresso à Origem*. Lisboa, Instituto de Filosofia Luso-Brasileira.
BOXER, C. R. (1988), *Relações Raciais no Império Colonial Português 1415-1825*. Porto, Afrontamento.
BRITO, Paulo A. (1997), *Nacionalismo e Nação*. Dissertação de mestrado em Relações Internacionais. Porto, Universidade Portucalense Infante D. Henrique.
BRUBAKER, Rogers (1998), «Myths and Misconceptions in the Study of nationalism», *in* J. A. Hall (ed.), *The State of the Nation. Ernest Gellner and the Theory of Nationalism*. Cambridge, Cambridge University Press, 272-306.
BRUNEAU, Thomas C. (1984), *Politics and Nationhood. Post-Revolutionary Portugal*. Nova Iorque, Praeger.
BRUNER, M. Lane (2002) *Strategies of Remembrance: The Rhetorical Dimensions of National Identity Construction*, University of South Carolina Press.
BURGOYNE, C. B., e ROUTH, D. A. (1999), "National Identity, European Identity and the Euro", *in* Keith Cameron (org.), *National Identity*, Exeter, Intellect, pp. 107--124.

CABRAL, Alfredo (1954), *O Nacionalismo na Obra de Garrett*. Lisboa, Papelaria Fernandes Livraria.
CABRAL, M. V. (1979), *Portugal na Alvorada do Século XX. Forças Sociais, Poder Político e Crescimento Económico de 1890 a 1914*. Lisboa, A Regra do Jogo.
—— (1998), «As Novas Metrópoles do Século XIX», *Diário de Notícias*, 2 de Outubro de 1998.
CAETANO, M., e ÁGUAS, N. (1987), *Carta de Pero Vaz de Caminha a El-Rei D. Manuel sobre o achamento do Brasil*. Mem Martins, Europa-América.
CAETANO, Marcello (1969), *Portugal não Pode Ceder*. Discurso no Palácio das Necessidades.
CALDEIRA, Arlindo M. (1995), «O Poder e a Memória Nacional. Heróis e Vilões na Mitologia Salazarista», *Penélope*, n.º 15, 121-139.
CALDEIRA, Isabel (1993), «O Afro-Americano e o Cabo-Verdiano: Identidade Étnica e Identidade Nacional» in Boaventura S. Santos (ed.), *Portugal: Um Retrato Singular*. Porto, Afrontamento, 593-628.
CALHOUN, Craig (1997), *Nationalism*. Buckingham, Open University Press.
CAMACHO, Brito (1936), «Política Colonial», *Cadernos Coloniais*, n.º 26, 9-34.
CANELO, David A. (1995a), *A «Obra do Resgate» e o Criptojudaísmo no Século XX*. Belmonte.
—— (1995b), *Criptojudaísmo e «Marranismo». Aspectos da Sua Génese e Desenvolvimento*. Belmonte.
CAPUCHA, L. M. A. (1998), «Pobreza, Exclusão Social e Marginalidades», *in* J. M. L. Viegas e A. F. Costa (eds.), *Portugal, Que Modernidade?* Oeiras, Celta, 209-242.
CARAPINHEIRO, G., e RODRIGUES, M. L. (1998), «Profissões: Protagonismos e Estratégias», *in* J. M. L. Viegas e A. F. Costa (eds.), *Portugal, que Modernidade?* Oeiras, Celta, 147-164.
CARDOSO, Carlos M. N. (1998), «The Colonialist View of the African-Origin 'Other' in Portuguese Society and its Education System», *Race Ethnicity and Education*, vol. I, n.º 2, 191-206.
CARDOSO, Humberto (1993), *O Partido Único em Cabo Verde: Um Assalto à Esperança*. Praia, Imprensa Nacional de Cabo Verde.
CARNEIRO, Ruy de Sá (1949), *A Política Colonial do Estado Novo*. 2.ª Conferência da União Nacional. Porto.
CARREIRA, Carlos (1916), *Raça Lusitana*. Lisboa.
CARRILHO, Maria (1998), *Portugal no Contexto Internacional. Opinião Pública, Defesa e Segurança*. Lisboa, Edições Cosmos e Instituto da Defesa Nacional.
CARVALHO, A., e BRITO, J. M. B. (1995), «O Sistema Produtivo, Distributivo e as Contas Externas», *in* E. S. Ferreira e H. Rato (eds.), *Portugal hoje*. Instituto Nacional de Administração, 241-266.
CARVALHO, Joaquim B. (1974), *Rumo de Portugal. A Europa ou o Atlântico?* Lisboa, Livros Horizonte.
CARVALHO, Pereira de (1940), *Portugal 1140-1940*. Associação da Shell Company of Portugal, Ltd às Comemorações Centenárias.
CARVALHO, Virgílio de (1987), *Cumprir agora Portugal. Uma Proposta para Uma Grande Estratégia Nacional*. Lisboa, Difel.
—— (1992), «Da Racionalidade da Lusofonia», *Africana*, n.º 11, 189-202.
CASTELLS, Manuel (1997), *The Power of Identity*. Oxford, Blackwell.
CASTLES, S., e MILLER, M. (1993), *The Age of Migration. International Population Movements in the Modern World*. Londres, MacMillan.

CASTLES, Stephen (2000), *Ethnicity and Globalization. From Migrant Worker to Transnational Citizen*. Londres, Sage.

CASTRO, Armando de (1989), «A Expansão Ultramarina Portuguesa: Uma Aventura Ecuménica na Interdependência Mundial», in *Actas do Congresso Internacional Bartolomeu Dias e a sua Época*. Vol. I. Porto, Universidade do Porto/CNCDP, 315--331.

CASTRO, Augusto de (1940), *A Exposição do Mundo Português e a Sua Finalidade Nacional*. Empresa Nacional de Publicidade.

CASTRO, P. e FREITAS, L. (1991), *Contributo para o Estudo de Grupos Étnicos Residentes na Cidade de Lisboa*. Lisboa, Laboratório Nacional de Engenharia Cívil.

CASTRO, Zília O. (1996), «Identidade e Tradição na Memória de 1640», *Revista Portuguesa de Hostória*, tomo XXXI, vol. II, 449-461.

Catálogo Official da Exposição Internacional do Porto (1865).

Chaves (1920), *Nacionalismo Etnográfico. A Agricultura e a Etnografia*. Associação Central da Agricultura Portuguesa.

CIDADE, Hernâni (1979), *Pe. António Vieira. A Obra e o Homem*. Lisboa, Arcádia.

COELHO, João Nuno (2001), *Portugal – A Equipa de Todos nós: Nacionalismo, Futebol e Media. A Reprodução da Nação nos Jornais Desportivos*. Porto, Edições Afrontamento.

Comissão das Comunidades Europeias (1994), *Livro Verde sobre a Política Social Europeia-Opções para a União*. Luxemburgo, Serviço das Publicações Oficiais das Comunidades Europeias.

Comissão Executiva da Exposição Nacional de Trajos Regionais (1936), *Livro de Honra da Exposição Nacional de Trajos Regionais*.

Comissão Executiva do V Centenário da Morte do Infante D. Henrique (1960), *Exposição Henriquina*. Lisboa.

——(1961), *Comemoração do V Centenário da Morte do Infante D. Henrique*. Vols. I-IV. Lisboa, Presidência do Conselho.

Comissão Nacional para as Comemorações dos Descobrimentos Portugueses, *Encontro dos Povos*.

——(1995), *Portugal na Abertura do Mundo*. Lisboa.

Comissariado da Exposição Mundial de Lisboa (1994a), *A Última Exposição do Século XX*.

——(1994b), *Plano Director da Expo'98*.

Comissariado de Portugal para a Exposição Universal de Sevilha (1992a), *Portugal – A Formação de um País*.

——(1992b), *Portugal – Língua e Cultura*.

Conde, I. (1998), «Contextos, Culturas, Identidades», *in* J. M. L. Viegas e A. F. Costa (eds.), *Portugal, Que Modernidade?*. Oeiras, Celta, 79-118.

Conferência Episcopal Portuguesa (1989), *Cinco Séculos de Evangelização e Encontro de Culturas. Anúncio das Comemorações*. Fátima.

CÓNIM, Custódio, (1996), «Perspectivas de Evolução da População. Portugal, 1994-2024», *Prospectiva e Planeamento*, 2, 143-181.

CONNERTON, Paul (1989) *How Societies Remember*. Cambridge, Cambridge University Press.

Conselho Municipal das Comunidades Imigrantes e das Minorias Étnicas (1993), *Uma Proposta de Integração. Lisboa também É Nossa*.

CONTADOR, António C. (1998), «Consciência de Geração e Etnicidade: Da Segunda Geração aos Novos Luso-Africanos», *Sociologia-Problemas e Práticas*, n.º 26, 57-83.
CORKILL, David (1996), «Multiple National Identities, Immigration and Racism in Spain and Portugal», in B. Jenkins e S. A. Sofos (eds.), *Nation and Identity in Contemporary Europe*. London, Routledge, 155-171.
CORLIN, Claes (1993), «Symbols of Mobilization: Ethnicity and Nationalism as Cultural Constructions», in H. Lindholm (ed.), *Ethnicity and Nationalism. Formation of Identity and Dinamics of Conflict in the 1990s*. Goteburgo, Nordnes, 51-67.
CORNELIUS, A.; MARTIN, P. L., e HOLLIFIELD, J. F. (eds.) (1994), *Controlling Immigration. A Global Perspective*. Stanford, Stanford University Press.
CORRÊA, Mendes (1919), *Raça e Nacionalidade*. Porto, Renascença Portuguesa.
—— (1940a), *Da Raça e do Espírito*. Porto, Imprensa Portuguesa.
—— (1940b), *O Mestiçamento nas Colónias Portuguesas*. Lisboa.
—— (1944), *Raízes de Portugal*. Lisboa.
CORREIA, P. P. (1994), «A Descolonização», in A. Reis (ed.), *Portugal-20 Anos de Democracia*. Lisboa, Círculo de Leitores, 40-73.
CORTESÃO, L., e PACHECO, N. (1993), «O Conceito de Educação Intercultural. Interculturalismo e Realidade Portuguesa», *Forma*, n.º 47, 54-61.
CORTESÃO, L., e PINTO, F. (eds.) (1995), *O Povo Cigano: Cidadãos na Sombra, Processos Explícitos e Ocultos de Exclusão*. Porto, Afrontamento.
COSTA, Dalila, e GOMES, Pinharanda (1976), *Introdução à Saudade*. Porto, Lello & Irmão – Editores.
Council of Europe (2000), *Towards a Migration Management Strategy*. Estrasburgo.
CRUZ, M. B. (1989), «Nacionalismo e Patriotismo na Sociedade Portuguesa Actual. Relatório de Investigação.», in AA. VV., *Nacionalismo e Patriotismo na Sociedade Portuguesa Actual*. Lisboa, Instituto da Defesa Nacional, 75-132.
—— (1999), *O Estado Novo e a Igreja Católica*. Lisboa, Editorial Bizâncio.
DAEHNHARDT, Rainer (1994), «As Origens de Portugal e o Sentimento de Lusitanidade», in E. Amarante e R. Daehnhardt (eds.), *Portugal, a Missão Que Falta Cumprir. Vol. I – Arquétipos e Mitos*. Porto, Edições Nova Acrópole, 83-90.
DAVIDSON, Basil (1988), *As Ilhas Afortunadas*. Lisboa, Editorial Caminho.
DEVLIN, Bernie et al (1997), *Intelligence, Genes and Success: Scientists Respond to the Bell Curve*. Nova Iorque, Copernicus.
Diário de Notícias (1992a), *Descobrimentos. A Era de Vasco da Gama*.
—— (1992b), *DN Descobrimentos. Guia Expo'92*.
DIAS, Jorge, (1950), *O Essencial sobre os Elementos Fundamentais da Cultura Portuguesa*. Lisboa, Imprensa Nacional Casa da Moeda.
ECC-CO (1998), *Plano de Actividades para o Triénio 1998/99/2000*.
EDENSOR, Tim (2002), *National Identity, Popular Culture & Everyday Life*. Oxford, Berg.
EGERTON, F. C. C. (1943), *Salazar, Rebuilder of Portugal*. Londres, Hodder e Stoughton.
ELIADE, Mircea (1998), «Uma Revolução Espiritual» in AA. VV., *Salazar sem Máscaras*. Lisboa, Nova Arrancada, 161-172.
ENGUITA, Mariano F. (1996), «Escola e Etnicidade: O Caso dos Ciganos», *Educação, Sociedade e Culturas*, n.º 6, 5-22.
ERIKSEN, Thomas H. (1993a), *Ethnicity and Nationalism*. Londres, Pluto Press.
—— (1993b), «Formal and Informal Nationalism», *Ethnic and Racial Studies*, vol. 16, n.º 1, 1-25.

European Foundation for the Improvement of Living and Working Conditions (1996), *Preventing Racism at the Workplace: a Report on 16 European Countries*. Luxembourg, Office for Official Publications of the European Communities.
European Commission (2000), *Communication on an Open Method of Coordination for the Community Immigration Policy*. Brussels.
Exposição do Mundo Português. Guia da Secção Colonial (1940).
FAFE, José F. (1990), *Nação: Fim ou Metamorfose?* Lisboa, Imprensa Nacional-Casa da Moeda.
—— (1993), *Portugal. Meu Remorso de Todos nós*. Lisboa, Caminho.
FAGUNDES, João (1996), «Obras Públicas – A Grande Fachada do "Estado Novo"» *in* João Medina (ed.) *História de Portugal. Vol. XII: O «Estado Novo», I, O Ditador e a Ditadura*. Amadora, Clube Internacional do Livro.
FENTON, Steve (1984), *Durkheim and Modern Sociology*. Cambridge. Cambridge University Press.
—— (1999), *Ethnicity. Racism, Class and Culture*. Londres, MacMillan.
—— (2003), *Etnicity*. Cambridge, Polity Press.
—— (2003a) «What Kind of a Solution is Multiculturalism? It Depends what the Problem is», Paper in *Encontro Internacional sobre Educação, Políticas Educativas e Multiculturalismo*, Macedo de Cavaleiros, Instituto Piaget.
—— (2004), «Modernidade, Etnicidade e Religião», *in* Rodrigues, Donizete (ed.) *Em Nome de Deus: A Religião na Sociedade Contemporânea*, Porto, Afrontamento, pp. 53--75.
FERNANDES, Castro (1949), *O Momento Económico. Discurso do Ministro da Economia na II Conferência da União Nacional*. Secretariado Nacional da Informação.
FERREIRA, António M. (1996), «World Expos: The Value of the Theme.», *BIE's Bulletin*, 21-23.
FERREIRA, Claudino (1998), «A Exposição Mundial de Lisboa de 1998: Contextos de Produção de um Mega-Evento Cultural», *Revista Crítica de Ciências Sociais*, n.º 51, 43-67.
FERREIRA, E. S. (1995), «A Lógica da Opção pela Europa», *in* E. S. Ferreira e H. Rato (eds.), *Portugal hoje*. Instituto Nacional de Administração, 291-306.
FERREIRA, José M. (1985), *Portugal em Transe. Notas de Política Internacional e Política de Defesa*. Aveiro, Pandora.
—— (1988), *Portugal. Os Próximos 20 Anos. Posição de Portugal no Mundo. Vol. IV*. Lisboa, Fundação Calouste Gulbenkian.
FERREIRA, M. F., e MARCELINO, Z. E. (1994), «Guerra Colonial, Ideologia e Ensino», *Vértice*, n.º 58, 75-78.
FERRO, António (1937), «Discurso de Inauguração do Pavilhão de Portugal» *in Guidebook Le Portugal à L'Exposition Internationale de Paris 1937*.
—— (1939), «Discurso de Inauguração do Pavilhão de Portugal» *in Portugal in New York World's Fair. The Official Book of the Portuguese Representation in the International Exhibition of New York 1939*.
FERRO, Marc (1996), *História das Colonizações. Das Conquistas às Independências – Sécs. XIII-XIX*. Lisboa, Editorial Estampa.
FIGUEIRA, João P. (1995), *Manual de Apoio*. Loures, Instituto Nacional de Polícia e Ciências Criminais.
FIGUEIREDO, António M. (1947), *Há Quarenta e Seis Anos... «O Sangue de Preto no Povo Português»*. Lisboa.

FILHO, João Lopes (1983), *Contribuição para o Estudo da Cultura Cabo-Verdiana*. Lisboa, Ulmeiro.
FINER, S. E. (1999), *The History of Government From the Earliest Times. Volume III. Empires, Monarchies, and the Modern State*. Oxford, Oxford University Press.
Folheto da Exposição do Mundo Português (1940).
FONSECA, Joaquim R. (1942), *Portugal – Brasil*. Lisboa.
FONSECA, Luís A. (1988), *Bartolomeu Dias e a Génese da Modernity*. Offprint of the book *Bartolomeu Dias-No 500.º Aniversário da Dobragem do Cabo da Boa Esperança. 1487/88- -1988. Comemorações em Durban*. Porto, Fundação Eng. António de Almeida.
FRANÇA, Luís de (ed.) (1992), *A Comunidade Cabo-Verdiana em Portugal*. Cadernos do Instituto de Estudos para o Desenvolvimento, n.º 23.
FREELAND, Alan (1996), «The People and the Poet: Portuguese National Identity and the Camões Tercentenary (1880)» *in* C. Mare-Molinero e Angel Smith (eds.), *Nationalism and the Nation in the Iberian Peninsula. Competing and Conflicting Identities*. Oxford, Berg, 53-67.
FREIRE, Manuel Leal (1966), N*a Segunda Hora Portuguesa*.
FREYRE, Gilberto (1958), *Integração Portuguesa nos Trópicos*. Junta de Investigações do Ultramar.
FREYRE, Gilberto (1964), *Casa-Grande & Senzala*. 1.º tomo. Rio de Janeiro, Livraria José Olympio Editora.
FRIAS, Eduardo (1971), *O Nacionalismo Místico de Fernando Pessoa*. Braga, Editora Pax.
FURTADO, Cláudio A. (1993), *A Transformação das Estruturas Agrárias Numa Sociedade em Mudança – Santiago, Cabo Verde*. Praia, Instituto cabo-verdiano do Livro e do Disco.
GALA, Elísio, e SAMUEL, Paulo (eds.) (1995), *As Linhas Míticas do Pensamento Português*. Lisboa, Fundação Lusíada.
GALOPIN, Marcel (1997), *As Exposições Internacionais do Século XX e o BIE*. Lisboa, Parque Expo'98.
GARCEZ, Maria H. (1992), «Motivos das Navegações na Poesia Portuguesa do Século XX: o Velho do Restelo», *Estudos Portugueses e Africanos*, n.º 20, 5-13.
GARCIA, Maria A. (1993), *Os Judeus de Belmonte. Os Caminhos da Memória*. Lisboa, Universidade Nova de Lisboa.
GARIN, Vasco (1961), *Portugal and the U.N.O. Speech Delievered by the Portuguese Delegat on the 3rd March 1961 at the Security Council*. Lisboa.
GATO, Maria A. (1997), *Expo'98 – Uma Ocasião para Construir a Cidade*. Dissertação de mestrado em Geografia e Planeamento Regional – Gestão do Território. Lisboa, Faculdade de Ciências Sociais e Humanas, Universidade Nova de Lisboa.
GELLNER, Ernest (1983), *Nations and Nationalism*. Oxford, Blackwell.
—— (1994), *Encounters with Nationalism*. Oxford, Blackwell.
—— (1996), «Do Nations Have Navels?», *Nations and Nationalism*, 2 (3), 366-370.
GIL, José (1995), *Salazar: A Retórica da Invisibilidade*. Lisboa, Relógio D'Água.
GILLIS, John R. (1994), «Memory and Identity: The History of a Relationship» *in* John R. Gillis (ed.), *Commemorations. The Politics of National Identity*. Princeton, Princeton University Press, 3-24.
GILROY, Paul (1987), *There Ain't no Black in the Union Jack. The Cultural Politics of Race and Nation*. Londres, Hutchinson.
GIMBLETT, Barbara (1998), *Destination Culture. Tourism, Museums, and Heritage*. Londres, University of California Press.

GONÇALVES, Joaquim C. (1989), «Os "Excessos" dos Lusitanos», *in Actas do Congresso Internacional Bartolomeu Dias e a sua Época*. Vol. IV. Porto, Universidade do Porto e CNCDP, 95-101.

GREENFELD, Liah (1992), *Nationalism. Five Roads to Modernity*. Cambridge, Harvard University Press.

GREENHALGH, Paul (1988), *Ephemeral Vistas. The Exhibitions Universelles, Great Exhibitions and World's Fairs, 1851-1939*. Manchester, Manchester University Press.

—— (1989), «Education, Entertainment and Politics: Lessons from the Great International Exhibitions» *in* Peter Vergo (ed.), *The New Museology*. Londres, Reaktion Books, 74-98.

Guia Oficial da Exposição do Mundo Português (1940).

GUIBERNAU, Montserrat (1996), *Nationalisms. The Nation-State and Nationalism in the Twentieth Century*. Cambridge, Polity Press.

GUIMARÃES, Ângela (1987), «O Labirinto dos Mitos», *in* AA. VV., *O Estado Novo. Das Origens ao Fim da Autarcia 1926-1959*. Vol. II. Lisboa, Fragmentos, 107-121.

HALL, Patrik (1997), «Nationalism and Historicity», *Nations and Nationalism*, 3 (1), 3-23.

HANDLER, Richard (1994), «Is 'Identity' a Useful Cross-Cultural Concept?» *in* John R. Gillis (ed.), *Commemorations. The Politics of National Identity*. Princeton, Princeton University Press, 27-40.

HANSEN, L., e WAEVER, O. (eds) (2002) *European Integration and National Identity. The Challenge of the Nordic States*. Londres, Routledge.

HARGREAVES, J. & FERRANDO, M. G. (1997), «Public Opinion, National Integration and National Identity in Spain: The Case of the Barcelona Olympic Games», *Nations and Nationalism 3 (1)*, 65-87.

HASTINGS, Adrian (1997), *The Construction of Nationhood: Ethnicity, Religion and Nationalism*. Cambridge, Cambridge University Press.

HASTINGS, Adrian (1998), «Special Peoples», *Natins and Nationalism 5 (3)*, 381-396.

HENDERSON, Tracy (1996), «Language and Identity in Galicia: The Current Ortographic Debate», *in* Clare Mar-Molinero e Angel Smith (eds.), *Nationalism and the Nation in the Iberian Peninsula*. Oxford, Berg, 237-251.

HENRIQUES, Raquel P. (1990), *António Ferro. Estudo e Antologia*. Lisboa, Alfa.

HERMET, Guy (1996), *História das Nações e do Nacionalismo na Europa*. Lisboa, Editorial Estampa.

HERRNSTEIN, R., e MURRAY, C. (1996), *The Bell Curve: Intelligence and Class Structure in American Life*. London, Simon & Sherster.

HESPANHA, António M. (1998), «Um Patriotismo Pós-Colonial» (entrevista), *História*, n.º 3, 2.ª Série.

HESPANHA, António M. (ed.) (1999), *Há 500 Anos. Balanço de Três Anos de Comemorações dos Descobrimentos Portugueses 1996-1998*. Lisboa, Comissão Nacional para as Comemorações dos Descobrimentos Portugueses.

HOBSBAWM, Eric (1983), «Introduction: Inventing Traditions», *in* E. Hobsbawm e T. Ranger (eds.), *The Invention of Tradition*. Cambridge, Cambridge University Press, 1-14.

HOBSBAWM, Eric (1990), *Nations and Nationalism Since 1780. Programme, Myth, Reality*. Cambridge, Cambridge University Press.

HOBSBAWM, Eric (1993), «Qu'est-ce qu'un conflit ethnique?», *Actes de la Recherche en Sciences Sociales*, n.º 100, 51-57.

HOLTON, Robert J. (1998), *Globalization and the Nation-State*. London, MacMillan Press.

HOMEM, Amadeu C. (1992), «O «Ultimato» Inglês de 1890 e a Opinião Pública», *Revista de História das Ideias*, vol. 14, 281-296.

HOOYKAAS, R. (1970), *The Impact of the Voyages of Discovery on Portuguese Humanist Literature*. Lisboa, Junta de Investigações do Ultramar.
HORNE, Winston A. Van (ed.) (1997), *Global Convulsions. Race, Ethnicity, and Nationalism at the End of the Twentieth Century*. Albany, State University of New York Press.
HOULIHAN, Barrie (1997), «Sport, national Identity and Public Policy», *Nations and Nationalism*, 3 (1), 113-137.
HROCH, Miroslav (1998), «Real and Constructed: the Nature of the Nation», *in* J. A. Hall (ed.), *The State of the Nation. Ernest Gellner and the Theory of Nationalism*. Cambridge, Cambridge University Press, 91-106.
HUSBANDS, Christopher (1983), *Racial Exclusionism and the City: the Urban Support of the National Front*, Londres, George Allen & Unwin.
HUTCHINSON, John (1987), *The Dynamics of Cultural Nationalism. The Gaelic Revival and the Creation of the Irish Nation State*. Londres, Allen & Unwin.
HUTCHINSON, John (1994), *Modern Nationalism*. Londres, Fontana Press.
Instituto Nacional de Estatística (1997), *Estatísticas Demográficas*.
JACKSON, K. David (1997), *Os Construtores dos Oceanos*. Lisboa, Pavilhão de Portugal – Expo'98; Assírio & Alvim.
JENKINS, Richard (1995), «Nations and Nationalisms: Towards more open models», *Nations and Nationalism*, 1 (3), 369-390.
JENKINS, Richard (1997), *Rethinking Ethnicity. Arguments and Explorations*. Londres, Sage Publications.
JESUS, Quirino A. (1932), *Nacionalismo Português*. Porto, Empresa Industrial Gráfica do Porto.
KOHN, Hans (1967), *The Idea of Nationalism*. Nova Iorque, Collier Books.
KYMLICKA, Will (1995), *Multicultural Citizenship. A Liberal Theory of Minority Rights*. Oxford, Clarendon Press.
LAITIN, David (1998), «Nationalism and Language: a Post-Soviet Perspective», *in* J. A. Hall (ed.), *The State of the Nation. Ernest Gellner and the Theory of Nationalism*. Cambridge, Cambridge University Press,135-157.
LEAL, Ernesto S. (1997), *Nação e Nacionalismo. A Cruzada Nacional D. Nuno Álvares Pereira e as Origens Simbólicas, Ideológicas e Políticas do Estado Novo (1890-1940)*. Dissertação de doutoramento em História. Lisboa, Faculdade de Letras, Universidade de Lisboa.
LEÃO, F. Cunha (1998, original of 1960), *O Enigma Português*. Lisboa, Guimarães Editores.
LEITÃO, José (1997), «The Portuguese Immigration Polity and the New European Order», *in* Maria I. Baganha (ed.), *Immigration in Southern Europe*. Oeiras, Celta, 121-129.
LEITE, António (1991), «Enquadramento Legal da Actividade Missionária Portuguesa», *in* Secretariado Nacional das Comemorações dos 5 Séculos, *Evangelização e Culturas*.
LENCASTRE, Julio G. (1932), *Preparação Moral, Intelectual e Profissional do Indigena*. Lisboa, Oficinas Fernandes.
LERNER, Adam J. (1993), «The Nineteenth-Century Monument and the Embodiment of National Time», *in* M. Ringrose e A. J. Lerner (eds.), *Reimagining the Nation*. Buckingham, Open University Press and Millenium: Journal of International Studies, 176-196.
LIMA, Joaquim (1966), *Raça*. Lisboa.
LIMA, Matias (1923), *Raça Heróica*. Porto, Tipografia Sequeira.

LINDHOLM, Helena (1993), «A Conceptual Discussion», *in* H. Lindholm (ed.), *Ethnicity and Nationalism. Formation of Identity and Dinamics of Conflict in the 1990's*. Goteburgo, Nordnes, 1-39.
Lisbon International Exposition Commission (1993), *The Oceans. A Heritage for the Future*.
LIVELY, Adam (1998), *Masks. Blackness, Race, and the Imagination*. Londres, Vintage.
LLOBERA, Josep R. (1994), *The God of Modernity. The Development of Nationalism in Western Europe*. Oxford, Berg.
LOBO, A. de Sousa (1982), *Origens do Sebastianismo. História e Perfiguração Dramática*. Lisboa, Edições Rolim.
LOURENÇO, Eduardo (1978), *O Labirinto da Saudade. Psicanálise Mítica do Destino Português*. Lisboa, Publicações D. Quixote.
—— (1988), «Portugal e a Europa», *Oceanos*, n.º 1, 1989.
—— (1994), *Nós e a Europa ou as Duas Razões*. Lisboa, Imprensa Nacional-Casa da Moeda.
LOURENÇO, Eduardo (1997), *Nós como Futuro*. Lisboa, Pavilhão de Portugal – Expo'98; Assírio & Alvim.
LOURO, Ilídio M. P. (1996), «Portugal e as Exposições Universais», *História*, n.º 27, 5-21.
LOWENTHAL, David (1994), «Identity, Heritage, and History» *in* John R. Gillis (ed.), *Commemorations. The Politics of National Identity*. Princeton, Princeton University Press, 41-57.
MACHADO, F. L., e Costa, A. F. (1998), «Processos de Uma Modernidade Inacabada. Mudanças Estruturais e Mobilidade Social.», *in* J. M. L. Viegas e A. F. Costa (eds.), *Portugal, Que Modernidade?* Oeiras, Celta, 17-44.
MACHADO, Fernando Luís (1992), «Etnicidade em Portugal: Contrastes e Politização», *Sociologia – Problemas e Práticas*, n.º 12, 123-136.
MACHADO, Fernando Luís (1997), «Contornos e Especificidades da Imigração em Portugal», *Sociologia – Problemas e Práticas*, n.º 24, 9-44.
MAGALHÃES, Barbedo de (1997), *Condições Internas e Externas da Política Indonésia e da Situação de Timor*. Paper in the Workshop: Portugal e o Sudeste Asiático, Covilhã, Universidade da Beira Interior.
MAGALHÃES, José C. (1971), *A Nação Portuguesa no Mundo Contemporâneo*. Lisboa, Editorial Grémio Literário.
MALHEIROS, Jorge M. (1996), *Imigrantes na Região de Lisboa. Os Anos da Mudança. Imigração e o Processo de Integração das Comunidades de Origem Indiana*. Liboa, Edições Colibri.
MARIOTTE, Amadeu (1917), *O Nacionalismo Rácico do Integralismo Lusitano*. Lisboa, Aillaud e Bertrand.
MAR-MOLINERO, Clare (1996), «The Role of Language in Spanish Nation-Building», *in* Clare Mar-Molinero e Angel Smith (eds.), *Nationalism and the Nation in the Iberian Peninsula*. Oxford, Berg, 69-87.
MAR-MOLINERO, Clare (2000), *The Politics of Language in the Spanish-Speaking World. From Colonisation to Globalisation*. Londres, Routledge.
MARTINS, Hermínio (1998), *Classe, Status e Poder*. Lisboa, Imprensa de Ciências Sociais.
MARTINS, Moisés L. (1990), «O Modo Superlativo de Enunciar a Nossa Identidade: «Português, Logo Católico», «*Cadernos do Noroeste*, vol. 3 (1-2), 163-176.
MARTINS, Oliveira (1891), *Portugal em Africa. A Questão Colonial – O Conflicto Anglo-Portuguez*. Porto, Lugan & Genelioux.

MARTINS, Oliveira (1973), *História da Civilização Ibérica*. Lisboa, Guimarães & C.ª Editores.
MARX, Anthony W. (1997), *Making Race and Nation: a Comparison of South Africa, the United States, and Brazil*. Cambridge, Cambridge University Press.
MATTER, E. Ann (2001), «Apparitions of the Virgin Mary in the Late Twentieth Century: Apocalyptic, Representation, Politics», *Religion*, 31, 125-153.
MATTOSO, José (1993a) (ed.), *História de Portugal. A Monarquia Feudal (1096-1480)*. Vol. II. Lisboa, Círculo de Leitores.
—— (1993b) (ed.), *História de Portugal. No Alvorecer da Modernidade (1480-1620)*. Vol. III. Lisboa, Círculo de Leitores.
—— (1993c) (ed.), *História de Portugal. O Antigo Regime (1620-1807)*. Vol. IV. Lisboa, Círculo de Leitores.
—— (1998), *A Identidade Nacional*. Lisboa, Gradiva e Fundação Mário Soares.
MAY, Stephen (2001), *Language and Minority Rights: Ethnicity, Nationalism and the Politics of Language*. Londres, Longman.
MCCROME, David (1998), *The Sociology of Nationalism. Tomorrow's Ancestors*. Londres, Routledge.
MEDINA, João (1996), «Deus, Pátria, Família: Ideologia e Mentalidade do Salazarismo» in João Medina (ed.) *História de Portugal. Vol. XI: O «Estado Novo», I, O Ditador e a Ditadura*. Amadora, Clube Internacional do Livro.
—— (1996) (ed.), *História de Portugal. Vol. XIII: O «Estado Novo», II, Opressão e Resistência*. Amadora, Clube Internacional do Livro.
MEEK, Margaret (2001) (ed.), *Children's Literature and National Identity*. Stoke on Trent, Trentham Books.
MELLO, Manuel J. H. (1990), *Portugal, A Europa e o Futuro*. Lisboa, Editorial Notícias.
MELO, Severo (1997), «A Natureza Fascista do «Estado Novo»», *Vértice*, n.º 78, 98-105.
MICHAËLIS, Carolina (1996, original of 1922), *A Saudade Portuguesa*. Lisboa, Guimarães Editores.
MILES, Robert (1982), *Racism and Migrant Labour*. Londres, Routledge & Kegan Paul.
—— (1989), *Racism*. London, Routledge.
—— (1993), *Racism after 'Race Relations'*. Londres, Routledge.
—— (1994), «Explaining Racism in Contemporary Europe» *in* A. Rattansi e S. Westwood (eds.), *Racism, Modernity and identity on the Western Front*. Cambridge, Polity Press, 189-221.
Ministério da Educação Nacional (1958a), *Livro de Leitura da 3.ª Classe*. Porto, Editora Educação Nacional.
Ministério da Educação Nacional (1958b), *O Livro da 2.ª Classe*. Porto, Livraria Editora Figueirinhas.
Ministério do Equipamento, do Planeamento e da Administração do Território (1998), *Portugal em Grande*. Lisboa, Pavilhão do Território Expo'98.
Minority Rights Group International (1999), *Afro-Brazilians: Time for Recognition*.
MODOOD, Tariq (1992), *Not Easy Being British: Colour, Culture and Citizenship*. Runnymede Trust e Trentham Books.
MODOOD, Tariq (1997), «Introduction: The Politics of Multiculturalism in the New Europe», *in* T. Modood e P. Werbner (eds.), *The Politics of Multiculturalism in the New Europe. Racism, Identity and Community*. Londres, Zed Books, 1-25.
MODOOD, Tariq, *et al* (1997), *Ethnic Minorities in Britain. Diversity and Disadvantage*. Londres, Policy Studies Institute.

Moinho da Juventude, (1996), *Uma Cornucópia de Interculturalidade no Bairro do Alto da Cova da Moura*.
MONTAGU, Ashley (ed.) (1999), *Race and IQ*. Nova Iorque, Oxford University Press.
MOREIRA, A. (1995), «Conceito Estratégico Nacional», *in* E. S. Ferreira e H. Rato (eds.), *Portugal hoje*. Instituto Nacional de Administração, 307-322.
MOREIRA, Carlos D. (1996), *Identidade e Diferença. Os Desafios do Pluralismo Cultural*. Lisboa, Instituto Superior de Ciências Sociais e Políticas.
MOTA, Carlos G. (1995), «O Mundo Luso-Afro-Brasileiro Revisitado», *in Arquivos do Centro Cultural Calouste Gulbenkian*. Lisboa, Centro Cultural Calouste Gulbenkian e Comissão Nacional para as Comemorações dos Descobrimentos Portugueses, 197-215.
MOUZELIS, Nicos (1998), «Ernest Gellner's Theory of Nationalism: Some Definitional and Methodological Issues», *in* J. A. Hall (ed.), *The State of the Nation. Ernest Gellner and the Theory of Nationalism*. Cambridge, Cambridge University Press, 158-165.
NAIRN, Tom (1998), «The Curse of Rurality: Limits of Modernisation Theory», *in* J. A. Hall (ed.), *The State of the Nation. Ernest Gellner and the Theory of Nationalism*. Cambridge, Cambridge University Press, 107-134.
Neves, J. L. C. (1994), «O Crescimento Económico Português no Pós-Guerra: Um Quadro Global», *Análise Social*, vol. XXIX (128), 1005-1034.
NORTE, Amália P. (1949), *Raça Eterna*. Lisboa, Editorial Império.
Observatório do Emprego e Formação Profissional (1997), *Diálogos com Interlocutores a Nível Nacional*. Lisboa, Expo'98.
O'LEARY, Brendan (1998), «Ernest Gellner's Diagnoses of Nationalism: a Critical Overview, or, What is Living and What is Dead in Ernest Gellner's Philosophy of Nationalism», *in* J. A. Hall (ed.), *The State of the Nation. Ernest Gellner and the Theory of Nationalism*. Cambridge, Cambridge University Press, 40-88.
O Livro da Primeira Exposição Colonial Portuguesa (1934).
OOMMEN, T. K. (1994), «Estado, Nação e Etnia. Os Laços Processuais», *Revista Crítica de Ciências Sociais*, n.º 39, 3-29.
—— (1997), *Citizenship, Nationality and Ethnicity. Reconciling Competing Identities*. Cambridge, Polity Press.
O Regresso das Caravelas, Folheto.
ORTEGA y Gasset, José (1951), *The Revolt of the Masses*. Londres, George Allen & Unwin ltd.
PAGDEN, Anthony (ed) (2002) *The Idea of Europe. From Antiquity to the European Union*, Cambridge, Cambridge University Press.
PAIS, José M. (1985), «De Espanha nem Bom Vento nem Bom Casamento»: sobre o Enigma Sociológico de Um Provérbio Português», *Análise Social*, vol. XXI (86), 229-243.
PALACIN, Luís (1986), *Vieira e a Visão Trágica do Barroco*. São Paulo, Editora Hucitec.
PALIDDA, Salvatore (1999), «La Criminalisation des Migrants», *Actes de la Recherche en Sciences-Sociales*, n.º 129, 39-49.
PAPASTERGIADIS, Nikos (1997), «Tracing Hybridity in Theory», *in* P. Werbner e T. Modood (eds.), *Debatinbg Cultural Hybridity. Multi-Cultural Identities and the Politics of Anti-Racism*. Londres, Zed Books, 257-281.
PAREKH, Bhikhu (1995), «The Concept of National Identity», *New Community*, 21(2), 255-268.

Parque Expo'98 (1998a), *Catálogo Oficial do Pavilhão de Portugal.*
—— (1998b), *Guia Oficial da Expo´98.*
PEDREIRINHO, José M. (1990), «Exposição Histórica do Mundo Português, a Metáfora da Cidade», *História,* n.º 132, 4-27.
PEREIRA, Teothónio (1967), *Nacionalismo Português.* Coimbra, Comunidade Distrital. Separata da publicação *Pontos de Doutrina.*
PERESTRELO, João (1934), *Raças Nacionais e a Raça Portuguesa.* Lisboa.
PETRELLA, Riccardo (1988), *Portugal. Os Próximos 20 Anos. Reflexões sobre o Futuro de Portugal (e da Europa). Vol. VII.* Lisboa, Fundação Calouste Gulbenkian.
PHILLIPS, Anne (1995), *The Politics of Presence. The Political Representation of Gender, Ethnicity, and Race.* Oxford, Clarendon Press.
PHIZACKLEA, A., e MILES, R. (1980), *Labour and Racism.* Londres, Routledge e Kegan Paul.
PIMENTEL, Irene (1998), «A Eugenia na Primeira Metade do Século XX. O Aperfeiçoamento da Raça.», *História,* n.º 3, 2.ª série, 18-27.
PIMENTEL, Maria R. (1989), «O Escravo Negro na Sociedade Portuguesa até Meados do Século XVI», in AA. VV., *Actas do Congresso Internacional Bartolomeu Dias e a Sua Época,* vol. IV. Porto, Universidade do Porto & CNCDP, 165-177.
PINTO, António C. (1990), «O Salazarismo na Recente Investigação sobre o Fascismo Europeu – Velhos Problemas, Velhas Respostas?», *Análise Social,* vol. XXV (108-109), 695-713.
PIRES, António M. (1992), *A Ideia de Decadência na Geração de 70.* Lisboa, Vega.
PIRES, Francisco Lucas (1997), *Schengen e a Comunidade de Países Lusófonos.* Coimbra, Coimbra Editora.
PITA, Gabriel de Jesus (1995), *A Igreja Católica perante o Nacionalismo Português do Estado: A Revista* Lumen, *1937-1945,* vol. II. Dissertação de mestrado em História Contemporânea. Lisboa, Faculdade de Letras, Universidade de Lisboa.
Porto 1865 – Uma Exposição. O Cristal de Ferro (1994). Jornal de Notícias e Diário de Notícias.
Portugal e Camões. Estudo Político-Moral nos «Lusíadas» (1880). Lisboa, Lallemant Frères Typ. Lisboa.
Presidência do Conselho de Ministros de Portugal (1938), *VIII Centenário da Fundação de Portugal e Terceiro da restauração da Independência.*
Programa Estratégico da Comissão Nacional para as Comemorações dos Descobrimentos Portugueses.
Programa Oficial das Comemorações Centenárias (1940).
QUADROS, António (1982), *Poesia e Filosofia do Mito Sebastianista. Vol. I. O Sebastianismo em Portugal e no Brasil.* Lisboa, Guimarães & C.ª Editores.
—— (1983), *Poesia e Filosofia do Mito Sebastianista. Vol. II. Polémica, História e Teoria do Mito.* Lisboa, Guimarães & C.ª Editores.
—— (1989), «Ensaio sobre a Identidade Portuguesa como Fundamento da Independência Nacional. Societarismo, Paisanismo, Nacionalismo, Patriotismo e Estatismo», in AA. VV., *Nacionalismo e Patriotismo na Sociedade Portuguesa Actual.* Lisboa, Instituto da Defesa Nacional, 13-28.
—— (1992), *Memórias das Origens. Saudades do Futuro. Valores, Mitos, Arquétipos, Ideias.* Mem Martins, Publicações Europa-América.
QUERIDO, Jorge (1989), *Cabo Verde – Subsídios para a História da Nossa Luta de Libertação.* Lisboa, Vega.

Ramos do Ó, Jorge M. (1987), «Modernidade e Tradição. Algumas Reflexões em torno da Exposição do Mundo Português, in AA. VV., *O Estado Novo. Das Origens ao fim da Autarcia 1926-1959*. Vol. II. Lisboa, Fragmentos, 177-185.

Rattansi, A. (1994), «"Western" Racisms, Ethnicities and Identities in a "postmodern" frame», in A. Rattansi e S. Westwood (eds.), *Racism, Modernity and Identity on the Western Front*. Cambridge, Polity Press, 15-86.

Rattansi, A., e Westwood, S. (1994), «Modern Racisms, Racialized Identities», in A. Rattansi e S. Westwood (eds.), *Racism, Modernity and Identity on the Western Front*. Cambridge, Polity Press, 1-12.

Reis, A. (1994), «A Revolução de 25 de Abril», in A. Reis (ed.), *Portugal-20 Anos de Democracia*. Lisboa, Círculo de Leitores, 12-18.

Reis, M., e Lima, A. V. (1998), «Desenvolvimento, Território e Ambiente», in J. M. L. Viegas e A. F. Costa (eds.), *Portugal, Que Modernidade?*. Oeiras, Celta, 329-363.

Renan, Ernest (1990, original 1882), «What is a nation?», in H. K. Bhabha (ed.), *Nation and Narration*. Londres, Routledge, 8-22.

Renaud, Michel (1998), «O Que É Uma Exposição? Análise Semântica e Filosófica.», *Brotéria*, n.º 146, 251-272.

Rex, John (1988), *The Ghetto and the Underclass. Essays on Race and Social Policy*. Aldershot, Avebury.

Rex, John, e Tomlinson, Sally (1979), *Colonial Immigrants in a British City. A Class Analysis*. Londres, Routledge e Kegan Paul.

Ribeiro, Orlando (1994), *Originalidade da Expansão Portuguesa*. Lisboa, Edições João Sá da Costa.

Ribera y Rovira (1911), *Portugal y Galicia Nación. Identidad Etnica, Historica, Literaria, Filologica y Artistica*. Barcelona, R. Tobella.

Robertson, Roland (1992), *Globalization. Social Theory and Global Culture*. Londres, Sage.

Rosas, A., e Rollo, Maria F. (eds.) (1998a), *Língua Portuguesa: A Herança Comum*. Lisboa, Pavilhão de Portugal – Expo'98; Assírio & Alvim.

——(eds.) (1998b), *Os Portugueses e os Desafios do Milénio*. Lisboa, Pavilhão de Portugal – Expo'98; Assírio & Alvim.

Rosas, Fernando (2001), *O Salazarismo e o Homem Novo: Ensaios sobre o Estado Novo e a Questão do Totalitarismo*, Análise Social, vol. xxxv (157): 1031-1054.

——(eds.) (1998c), *Valor da Universalidade*. Lisboa, Pavilhão de Portugal – Expo'98; Assírio & Alvim.

Russell-Wood, A. J. R. (1997), *Portugal e o Mar. Um Mundo Entrelaçado*. Lisboa, Pavilhão de Portugal – Expo'98; Assírio & Alvim.

Sacarrão, G.F. (1981), *A Biologia do Egoísmo. Herança Biológica de Que o Homem Seria Pioneiro*. Publicações Europa-América.

Saint-Maurice, Ana (1997), *Identidades Reconstruídas. Cabo-Verdianos em Portugal*. Lisboa, Celta.

Salazar, Oliveira (1935), *A Posição Portuguesa perante o Mundo É a de Um Nacionalismo Intransigente mas Equilibrado*. Discurso na Conferência do Império Colonial. Lisboa, Agência Geral das Colónias.

Salazar, Oliveira (1940), «Discurso no Castelo de Guimarães», in *1940 – Álbum Comemorativo*. Fundação Festas de Guimarães.

Salazar, Oliveira (1946), *Os Nossos Interesses de Nação*. Discurso na reunião das Comissões Dirigentes da União Nacional. Lisboa, Secretariado Nacional da Informação.

Salazar, Oliveira (1949), *O Meu Depoimento*. Discurso na II Conferência da União Nacional. Lisboa, Secretariado Nacional da Informação.

SALAZAR, Oliveira (1954), *Discursos, Notas, Relatórios, Teses, Artigos e Entrevistas 1909-1953*. Editorial Vanguarda.
SALAZAR, Oliveira (1960), *Portugal e a Campanha Anticolonialista*. Lisboa, Secretariado Nacional da Informação.
SALAZAR, Oliveira (1966), *No 40.º Aniversário do 28 de Maio*. Lisboa, Secretariado Nacional da Informação.
SALT, John (2003), Current trends in International migration in Europe. Estrasburgo, Council fo Europe.
SAMPAIO, Albino F. (1926), *Porque me Orgulho de Ser Português*. Empresa Literária Fluminense.
SANTOS, Boaventura S. (1992), *O Estado e a Sociedade em Portugal (1974-1988)*. Porto, Edições Afrontamento.
—— (1994), *Pela Mão de Alice. O Social e o Político na Pós-Modernidade*. Porto, Edições Afrontamento.
SANTOS, João M. (1992), «A Ideologia da Expansão Portuguesa. Séculos XV e XVI», *Revista de História das Ideias*, vol. 14, 69-73.
SANTOS, José A. (1949), *O Nacionalismo Português na História Contemporânea*. Lisboa, Companhia Nacional Editora.
SANTOS, Maria L. L., e COSTA, António F. (eds.) (1999), *Impactos Culturais da Expo'98*. Lisboa, Observatório das Actividades Culturais.
SANTOS, Reynaldo dos (1940), *Comemorações Nacionais. Palavras Pronunciadas na Inauguração das Exposições de Arte e Monumento a Pedro Álvares Cabral*. Lisboa.
—— (1960), «A Exposição Henriquina em Belém», *Colóquio*, n.º 10.
SANTOS, Rui A. (1998), «A Exposição do Mundo Português. Celebração Magna do Estado-Novo Salazarista», in Pedro Tamen *et al*, *Mário Novais. Exposição do Mundo Português, 1940*. Lisboa, Fundação Calouste Gulbenkian, 57-79.
SARAIVA, António J. (1996), *A Cultura em Portugal. Teoria e História. Vol. I*. Lisboa, Gradiva.
SARUP, Madan (1996), *Identity, Culture and the Postmodern World*. Geórgia, The University of Georgia Press.
SAUNDERS, John (1972), «Class, Color, and Prejudice: A Brazilian Counterpoint», *in* Ernest Q. Campbell (ed.), *Racial Tensions and National Identity*. Nashville, Vanderbilt University Press, 141-165.
SÁ, Victor de (1977), *Repensar Portugal. Reflexões sobre o Colonialismo e a Descolonização*. Lisboa, Livros Horizonte.
—— (1980), *No Mar do Futuro*. Lisboa, Livros Horizonte.
—— (1981), *Época Contemporânea Portuguesa*, vol. I. Lisboa, Livros Horizonte.
SCHNAPPER, Dominique (1994), *La Communauté des Citoyens. Sur L'idée Moderne de Nation*. Paris, Gallimard.
SCHWARCZ, Lilia (1993), *O Espectáculo das Raças. Cientistas, Instituições e Questão Racial no Brasil 1870-1930*. São Paulo, Companhia das Letras.
SCHWARZ, Samuel (1993), *Os Cristãos Novos em Portugal no Século XX*. Lisboa, Universidade Nova de Lisboa.
SCHÖPFLIN, George (2000), *Nations, Identity, Power. The New Politics of Europe*. Londres, Hurst & Company.
Secção de Propaganda e Recepção da Comissão Executiva dos Centenários (1940) *Portugal – Oito Séculos de História*.
Secretariado Nacional da Informação (1948), *Catorze Anos de Política do Espírito*.

Serrão, Joaquim V. (1995), «Lusitanidade e Hispanidade: Realidades Pioneiras na Formação do Estado Moderno», *Mare Liberum* – *Revista de História dos Mares*, n.º 10, «II Congresso Luso-Espanhol Sobre Descobrimentos e Expansão Colonial». CNCDP, 13-19.

Serviços de Instrução de Moçambique (1962), *Portugal no Mundo. Livro de Leituras para a 4.ª Classe*. Lourenço Marques.

Seton-Watson, Hugh (1994), «Old and New Nations», *in* J. Hutchinson e A. D. Smith (eds.), *Nationalism*. Oxford, Oxford University Press.

Shafer, Boyd C. (1972), *Faces of Nationalism. New Realities and Old Myths*. Nova Iorque, Harcourt Brace Jovanovich.

Show, Paul V. (1957), «Gilberto Freyre's 'Luso-tropicalism'», *Garcia de Orta*. Vol. V, n.º 3, 379-404.

Silva, Teresa C. (1994), «Mar Português-Reescrever Portugal no Verso e no Reverso da Aventura», *Estudos Portugueses e Africanos*, n.º 24, 55-67.

Silveira, Paula (1987), «Os Valores do Quotidiano no Estado Novo: Rupturas ou Continuidade?», *in* AA. VV., *O Estado Novo. Das Origens ao Fim da Autarcia 1926-1959*. Vol. II. Lisboa, Fragmentos, 303-320.

Smith, Anthony D. (1979), *Nationalism in the Twentieth Century*. Oxford, Martin Robertson.

—— (1986), *The Ethnic Origins of Nations*. Oxford, Blackwell.

—— (1991), *National Identity*. Londres, Penguin Books.

—— (1996a), *Nations and Nationalism in a Global Era*. Cambridge, Polity Press.

—— (1996b), «The Nation: Invented, Imagined, Reconstructed?», *in* M. Ringrose e A. J. Lerner (eds..), *Reimagining the Nation*. Buckingham, Open University Press and Millenium: Journal of International Studies, 9-28.

—— (1998), *Nationalism and Modernism*. Londres, Routledge.

—— (1999), «Ethnic Election and National Destiny: Some Religious Origins of Nationalist Ideals», *Nations and Nationalisms*, 5 (3), 331-355.

Smith, Harrington T. (1994), *The Pedagogy of Nationhood. Concepts of National Identity in the Iberian Peninsula, 1874-1925*. PhD Thesis, Department of Hispanic Studies, Brown University.

Sobral, José M. (1999), «Da Casa à Nação: Passado, Memória, Identidade», *Etnográfica*, vol. III (1), 71-86.

—— (2000), *O Processo de Formação das Nações: Reflexão sobre Algumas Interpretações e o Caso Português*. Paper in the IV Congresso Português de Sociologia.

Soromenho-Marques, V. (1996), *A Era da Cidadania*. Mem Martins, Publicações Europa-América.

Souta, Luís (1997), *Multiculturalidade & Educação*, Porto, Profedições.

Soysal, Yasemin N. (1994), *Limits of Citizenship. Migrants and Postnational Membership in Europe*. Londres, The University of Chicago Press.

Spillman, Lyn (1997), *Nation and Commemoration. Creating National Identities in the United States and Australia*. Cambridge. Cambridge University Press.

Stepan, Alfred (1998), «Modern Multinational Democracies: Transcending a Gellnerian Oxymoron», *in* J. A. Hall (ed.), *The State of the Nation. Ernest Gellner and the Theory of Nationalism*. Cambridge, Cambridge University Press, 219-239.

Stoer, Stephen R. (1986), *Educação e Mudança Social em Portugal. 1970-1980, Uma Década de Transição*. Porto. Afrontamento.

Subrahmanyam, Sanjay (1997), *The Career and legend of Vasco da Gama*. Cambridge, Cambridge University Press.

TAMAGNINI, Eusébio (1940) «Os Grupos Sanguíneos dos Portugueses» in AA. VV., *Actas do Congresso Nacional de Ciências da População*. Vol. I. Porto.
TELO, A. J. (1997), «Treze Teses sobre a Disfunção Nacional – Portugal no Sistema Internacional», *Análise Social*, vol. XXXII (142), 649-683.
TINHORÃO, José R. (1988), *Os Negros em Portugal. Uma Presença Silenciosa*. Lisboa, Caminho.
TORGAL, Luís R. (1996), «Cinema e Propaganda no Estado Novo», *Revista de História das Ideias*, vol. 18, 277-337.
Understanding Global Issues: Migrants and Refugees. Millions of People on the Move. 96/9.
VAKIL, AbdoolKarim A. (1996), «Nationalising Cultural Politics: Representations of the Portuguese "Discoveries" and the Rhetoric of Identitarianism, 1880-1926», in C. Mare-Molinero e Angel Smith (orgs.), *Nationalism and the Nation in the Iberian Peninsula. Competing and Conflicting Identities*. Oxford, Berg, 33-52.
VALA, J. et al (1999), *Expressões dos Racismos em Portugal*. Lisboa, Imprensa de Ciências Sociais.
VAN DIJK, T. A. (1993), *Elite Discourse and Racism*. Londres, Sage.
VELEZ, João P. (1997), «Expo'98: Progress and New Developments», in AA. VV., *The Challenges of International Expositions in the Third Millennium*. Canada'2005; University of Calgary.
VENÂNCIO, José C. (1996), *Colonialism, Antropologia e Lusofonias. Repensando a Presença Portuguesa nos Trópicos*. Lisboa, Vega.
VENÂNCIO, J. C., e Moreira, A. (2000), *Luso-Tropicalismo. Uma Teoria Social em Questão*, Lisboa, Vega.
VERÍSSIMO, Artur S. (1997), *Viriato e o Mito da Antemanhã (Mito e Identidade Nacional)*. Dissertação de mestrado. Universidade dos Açores.
VIEGAS, J. M. L. (1998), «Elites e Cultura Política. Liberalização Económica e Políticas Sociais no Contexto da Integração Comunitária», in J. M. L. Viegas e A. F. Costa (eds.), *Portugal, Que Modernidade?* Oeiras, Celta, 121-145.
VIGILANT, Linda (1997), «Race and biology», in Winston A. Van Horne (ed.), *Global Convulsions. Race, Ethnicity, and Nationalism at the End of the Twentieth Century*. Albany, State University of New York Press, 49-62.
VILLECHENON, Florence P. (1992), *Les Expositions Universelles*. Paris, Presses Universitaires de France.
WALLERSTEIN, Immanuel (1974, original ed.), *O Sistema Mundial Moderno. Vol. II. O Mercantilismo e a Consolidação da Economia-Mundo Europeia, 1600-1750*. Porto, Afrontamento.
—— (1991), «The Ideological Tensions of Capitalism: Universalism versus Racism and Sexism» in E. Balibar e I. Wallerstein, *Race, Nation, Class: Ambiguous Identities*. Londres, Verso, 29-36.
WALZER, Michael (1997), «The Politics of Difference. Statehood and Toleration in a Multicultural World», in Robert M., e Jeff M. (eds.), *The Morality of Nationalism*. Oxford, Oxford University Press, 245-273.
WEBER, Eugen (1976), *Peasants into Frenchmen. The Modernization of Rural France 1870-1914*. Stanford, CA, Stanford University Press.
WEBER, Max (1994, original 1948), «The Nation», in J. Hutchinson e A. Smith (eds.), *Nationalism*. Oxford, Oxford University Press, 21-25.
WETHERELL, M., e Potter, J. (1992), *Mapping the Language of racism. Discourse and the Legitimation of Exploitation*. Hertfordshire, Harvester Wheatsheaf.

WHEELER, Douglas L. (1978 – data da versão original em inglês), *História Política de Portugal, 1910-1926*. Mem Martins, Publicações Europa-América.
WIEVIORKA, Michel (1994), «Racism in Europe: Unity and Diversity» *in* Rattansi, A. e Westwood, S. (eds), *Racism, Modernity and Idenity on the Western Front*. Cambridge, Polity, 173-188.
—— (1995a), *A Democracia à Prova. Nacionalismo, Populismo e Etnicidade*. Lisboa, Instituto Piaget.
—— (1995b), *The Arena of Racism*. Londres, Sage.
YUVAL-DAVIS, Nira (1997), «Ethnicity, Gender Relations and Multiculturalism», *in* P. Werbner e T. Modood (eds.), *Debatinbg Cultural Hybridity. Multi-Cultural Identities and the Politics of Anti-Racism*. Londres, Zed Books, 193-20.

ÍNDICE DE TABELAS

TABELA 1: *RAZÕES DE ORGULHO PARA OS PORTUGUESES (ESCOLHA MÚLTIPLA) (PERCENTAGEM)* 194

TABELA 2: *REPERTÓRIOS DE SÍMBOLOS MOBILIZADOS DURANTE AS EXPOSIÇÕES/COMEMORAÇÕES DE 1940 E DE 1998* 223

ÍNDICE

Agradecimentos 9
Prefácio 11
Introdução 13

CAPÍTULO 1 – *NAÇÕES E IDENTIDADE NACIONAL* 21

    Introdução 21
    A *Kulturnation* e a *nação electiva* 23
    A identidade do grupo e a negociação de fronteiras 24
    Nação e modernidade 27
    Nações como *invenções* e comunidades *imaginadas* 39
    O simbolismo étnico do nacionalismo 42
    Identidade nacional e mudança 47
    Conclusão 50

CAPÍTULO 2 – *A NAÇÃO E O ESTADO. OS FACTORES E O PROCESSO DE CONSTRUÇÃO DA NACIONALIDADE EM PORTUGAL* ... 53

    Introdução 53
    Os Portugueses: um povo escolhido por Deus 54
    O rei, um símbolo de unidade 58
    A Terra: a nossa terra 59
    As ameaças externas 60
    O império e a comunidade de história e destino 63
    Nós e *eles*. Noções de pertença, pureza e *impureza* 65
    Uma visão literária e humanista da história – o mito de *Os Lusíadas* 67
    A monarquia dual e a *restauração* 73
    As *Idades de Ouro* e a sensação de decadência nacional .. 76
    Portugal, a modernidade e o ultimato britânico 79

Colonialismo e nacionalismo 83
Conclusão.. 84

CAPÍTULO 3 – *AS POLÍTICAS DE COMEMORAÇÃO. REPRESENTAR A NAÇÃO, CELEBRAR A HERANÇA E RECONSTRUIR UM PROJECTO COMUM* 87

Introdução 87
O nacionalismo e o processo de manutenção da nação em estados estabelecidos.. 88
O *agitar da bandeira* em alturas de competições internacionais...... 91
Celebrar a história, redefinir a nação........................ 92
A memória colectiva e a reconstrução de um destino comum...... 95
Decadência e renascimento nacional 97
A leitura ideológica das histórias nacionais................... 100
Educação e identidade nacional 101
A nação e os grandes eventos nacionais: as exposições internacionais... 104
Conclusão.. 109

CAPÍTULO 4 – *AS POLÍTICAS DE IDENTIDADE E DE COMEMORAÇÃO DURANTE O* ESTADO NOVO 111

Introdução 111
A Primeira República e o Estado Novo 112
O duplo centenário e a Exposição do Mundo Português.......... 115
A autoridade necessária e a liberdade possível................. 118
Modernidade, tradição e ruralidade 124
A política do espírito..................................... 131
O carácter espiritual (e religioso) da nação 134
Português, logo católico 136
A família nacional – a nação como uma pessoa colectiva 140
A celebração da *raça civilizadora* 148
A Nação e o universalismo português – um exemplo para o mundo 153
Conclusão.. 157

CAPÍTULO 5 – *TRADIÇÃO, MODERNIDADE E MUDANÇA SOCIAL NO PORTUGAL PÓS-REVOLUCIONÁRIO* 161

Introdução 161
O *25 de Abril* e a mudança social 163
Hiperidentidade ou crise de identidade 164
A reconstrução de um projecto político – o *regresso a casa*, a descolonização e a modernização...................... 166
A integração europeia e o desenvolvimento económico 169

O crescimento económico e a construção de uma sociedade capitalista. 170
Modernidade e tradição 172
De uma sociedade *dual* a uma sociedade plural 174
Portugal e o sistema internacional de Estados-nação 176
A vocação atlântica e a opção europeia 179
Unidade e diversidade 180
Conclusão 183

CAPÍTULO 6 – *A CELEBRAÇÃO DO PASSADO E A REIMAGINAÇÃO DA NAÇÃO NO PORTUGAL PÓS-REVOLUCIONÁRIO* 187

Introdução 187
A continuidade histórica e a redefinição da nação 188
A celebração do passado – o quinto centenário dos *Descobrimentos*. . . 193
A Expo'98 e a defesa do Património da Humanidade: «Os Oceanos: uma Herança para o Futuro» 198
O *encontro de culturas* universal. 199
As lutas ideológicas na definição da identidade. 204
Exibir o Portugal pós-revolucionário 210
Uma narrativa de modernidade para o século XXI 212
O *nosso* patriotismo e o nacionalismo *deles* 213
O fim do império e o *regresso a casa* 216
Conclusão 220

CAPÍTULO 7 – *IDENTIDADE, COLONIALISMO E ETNICIDADE DA* RAÇA *NACIONAL À* NAÇÃO *MULTICULTURAL* 225

Introdução 225
Nós e os *outros* – o assombro da diferença e a imaginação da *raça*. . . 227
A *raça* como estrutura da ordem social 229
A base *étnica* na definição da nação 231
O *lusotropicalismo* e o colonialismo. 238
A *raça*, a estratificação e a construção dos impérios coloniais 246
A cidadania, o sistema educativo e os vários modelos de integração 250
Universalismo e particularismo 252
A maioria e as minorias. 255
Conclusão 259

CAPÍTULO 8 – *RACISMO E XENOFOBIA. O* LUSOTROPICALISMO *REVISITADO NO PORTUGAL PÓS-COLONIAL* 261

Introdução 261
A minoria étnica, a maioria étnica, a modernidade e o *ressentimento* 262
Portugal, destino de imigração. 267
A mão-de-obra imigrante e o sector da construção civil 270

    Nós e *eles:* juntos mas separados............................ 273
    Racismo e xenofobia em sociedades pós-coloniais............. 277
    A etnicização da criminalidade: *eles* como uma ameaça social.... 280
    As *ilhas étnicas*: a vida nalguns *bairros* de Lisboa............... 283
    O lusotropicalismo revisitado............................... 287
    Conclusão.. 291

Conclusão.. 295

Bibliografia.. 301

Índice de tabelas... 321

Epistemologia e Sociedade

1. INEVITÁVEL MORAL
   Paul Valadier
2. INTRODUÇÃO AO PENSAMENTO COMPLEXO – (4.ª edição)
   Edgar Morin
3. CONTRIBUIÇÕES DE THOMAS KUHN PARA UMA EPISTEMOLOGIA DA MOTRICIDADE HUMANA
   Anna Maria Feitosa
4. TOXICODEPENDÊNCIA E AUTO-ORGANIZAÇÃO
   João Eduardo Marques Teixeira
5. TERRA-PÁTRIA
   Edgar Morin / Anne Brigitte Kern
6. NAS RAÍZES DO UNIVERSO
   Ervin Laszlo
7. O TERCEIRO INSTRUÍDO
   Michel Serres
8. COM RAZÃO OU SEM ELA
   Henri Atlan
9. O HOMEM E AS SUAS TRÊS ÉTICAS
   Stéphane Lupasco
10. TUDO, NÃO, TALVEZ
    Henri Atlan
11. A UTOPIA DA COMUNICAÇÃO
    Philippe Breton
12. O XIº MANDAMENTO
    André Glucksmann
13. CRÍTICA DA COMUNICAÇÃO
    Lucien Sfez
14. JEAN PIAGET E O SUJEITO DO CONHECIMENTO
    José Luís Brandão da Luz
15. A INTELIGÊNCIA DA NATUREZA
    Michel Lamy
16. CRÍTICA DA MODERNIDADE
    Alain Touraine
17. OLHARES SOBRE A MATÉRIA
    Bernard d'Espagnat / Étienne Klein
18. EVOLUÇÃO
    Ervin Laszlo
19. A CRIAÇÃO DA VIDA
    Michel Bounias
20. DA EPISTEMOLOGIA À BIOLOGIA
    Maria Manuel Araújo Jorge
21. INVESTIGAÇÃO QUALITATIVA - (2ª edição)
    Michelle Lessard-Hébert / Gabriel Goyett / Gérald Boutin
22. O CONTRATO NATURAL
    Michel Serres
23. AS TECNOLOGIAS DA INTELIGÊNCIA
    Pierre Lévy
24. A CONVERSÃO DO OLHAR
    Michel Barat
25. O PODER E A REGRA
    Erhard Friedberg
26. A COMUNICAÇÃO
    Lucien Sfez
27. A MÁQUINA UNIVERSO
    Pierre Lévy
28. O VÍNCULO E A POSSIBILIDADE
    Mauro Ceruti
29. MOTRICIDADE HUMANA
    Manuel Sérgio
30. PARA UMA TEORIA DO CORPO HUMANO
    José Eduardo Alves Jana
31. A SOLIDARIEDADE
    Jean Duvignaud
32. A CIÊNCIA E O SENTIDO DA VIDA
    Jacques Arsac
33. A RODA DAS CIÊNCIAS
    Paul Caro
34. A DANÇA QUE CRIA
    Mauro Ceruti
35. AS CIÊNCIAS COGNITIVAS
    Georges Vignaux
36. O ENIGMA DA EVOLUÇÃO DO HOMEM
    Josef H. Reichholf
37. A RAZÃO CONTRADITÓRIA
    Jean-Jacques Wunenburguer
38. ELEMENTOS FUNDAMENTAIS DAS CIÊNCIAS CINDÍNICAS
    Georges-Yves Kervern
39. O DESPORTO EM PORTUGAL
    Alberto Trovão do Rosário
40. O HOMEM PARANÓIDE
    Claude Olievenstein
41. AS TEORIAS DA EXCLUSÃO
    Martine Xiberras
42. A INVENÇÃO DA COMUNICAÇÃO
    Armand Mattelart
43. LÉVINAS – A UTOPIA DO HUMANO
    Catherine Chalier
44. PROJECTO PARA UMA ÉTICA MUNDIAL
    Hans Küng
45. QUESTÕES SOBRE A VIDA
    Henri Atlan / Catherine Bousquet
46. A ATRACÇÃO DO FUTURO
    Pierre Fougeyrollas
47. DIÁLOGOS COM A ESFINGE
    Étienne Klein
48. SOCIOLOGIA DA EXPERIÊNCIA
    François Dubet
49. DIÁLOGO SOBRE A CIÊNCIA, A CULTURA E O TEMPO
    Michel Serres
50. A SOCIEDADE PIGMALIÃO
    Pierre Tap
51. O INATO E O ADQUIRIDO
    Jean-François Skrzypczak
52. ELOGIO DA CONSCIÊNCIA
    Paul Valadier
53. ANTROPOLOGIA DO PROJECTO
    Jean-Pierre Boutinet
54. O DESTINO DOS IMIGRADOS
    Emmanuel Todd
55. PARA ACABAR COM O DARWINISMO
    Rosine Chandebois
56. JEAN PIAGET – APRENDIZ E MESTRE
    Jean-Marc Barrelet / Anne-Nelly Perret-Clermont
57. A COMUNICAÇÃO-MUNDO
    Armand Mattelart
58. A FORMAÇÃO HUMANA NO PROJECTO DA MODERNIDADE
    F. Cabral Pinto
59. PARA UMA CRÍTICA DA RAZÃO BIOÉTICA
    Lucien Sève
60. A SOCIEDADE INTOXICADA
    Martine Xiberras
61. O ESPÍRITO DA DÁDIVA
    Jacques T. Godbout / Alain Caillé
62. AS NOVAS FACES DA LOUCURA
    Jean-Pierre Olié / Christian Spadone
63. IDEOGRAFIA DINÂMICA
    Pierre Lévy
64. QUEM SOMOS NÓS
    Luca e Francesco Cavalli Sforza
65. METODOLOGIA DA INVESTIGAÇÃO EM CIÊNCIAS HUMANAS
    Bruno Deshaies
66. AS CIÊNCIAS HUMANAS EM MOVIMENTO
    Charles Maccio
67. A DEMISSÃO DOS INTELECTUAIS
    Alain Caillé
68. A INTELIGÊNCIA COLECTIVA
    Pierre Lévy
69. ATLAS
    Michel Serres
70. O CÉREBRO E A LIBERDADE
    Pierre Karli
71. ECOFEMINISMO
    Maria Mies / Vandana Shiva
72. À IMAGEM DO HOMEM
    Philippe Breton
73. ABORDAGEM À MODERNIDADE
    Jean-Marie Domenach
74. PRINCÍPIOS E VALORES NA EDUCAÇÃO CIENTÍFICA
    Michael Poole
75. DA CIÊNCIA À ÉTICA
    Hans-Peter Dürr
76. OS CORPOS TRANSFIGURADOS
    Michel Tibon-Cornillot
77. DO BIG BANG À PESSOA HUMANA
    Daniel Duarte de Carvalho
78. O EUGENISMO
    André Pichot
79. A SAÚDE PERFEITA
    Lucien Sfez
80. EDGAR MORIN
    Myron Kofman
81. A DEMANDA DA RAÇA
    Édouard Conte / Cornelia Essner
82. HUMANISMO E TÉCNICA
    Bruno Jarrosson
83. O SÉCULO DAS IDEOLOGIAS
    Jean-Pierre Faye
84. MULTICULTURALISMO
    Charles Taylor
85. A SOCIEDADE EM BUSCA DE VALORES
    Edgar Morin / Ilya Prigogine e outros
86. O JUSTO E O VERDADEIRO
    Raymond Boudon
87. COMO GERIR AS PERSONALIDADES DIFÍCEIS
    François Lelord / Christophe André
88. PARA UMA UTOPIA REALISTA EM TORNO DE EDGAR MORIN
    Encontros de Châteauvallon

89. AS ÁRVORES DO CONHECIMENTO
    Michel Authier / Pierre Lévy
90. DO UNIVERSO AO SER
    Jean-Marie Pelt
91. O CREPÚSCULO DA CRIAÇÃO
    Marcus Chown
92. MASCULINO/FEMININO
    Françoise Héritier
93. A ANARQUIA DOS VALORES
    Paul Valadier
94. CIÊNCIA CIDADÃ
    Alan Irwin
95. UMA INCERTA REALIDADE
    Bernard d'Espagnat
96. IGUAIS E DIFERENTES
    Alain Touraine
97. NATUREZA E TÉCNICA
    Dominique Bourg
98. METODOLOGIA DA RECOLHA
    DE DADOS
    Jean-Marie de Ketele / Xavier Roegiers
99. AS SOCIEDADES DOENTES
    DO PROGRESSO
    Marc Ferro
100. DO SILÊNCIO
    David Le Breton
101. DO SEXTO SENTIDO
    Boris Cyrulnik
102. ÍNTIMAS CONVICÇÕES
    Hubert Reeves
103. PERDEU-SE METADE
    DO UNIVERSO
    Jean-Pierre Petit
104. NASCIMENTO DAS DIVINDADES,
    NASCIMENTO DA AGRICULTURA
    Jacques Cauvin
105. O IMPULSO CRIADOR
    Josef H. Reichholf
106. O CONSTRUTIVISMO – Vol. I
    Jean-Louis Le Moigne
107. O CONSTRUTIVISMO – Vol. II
    Jean-Louis Le Moigne
108. UMA MESMA ÉTICA PARA TODOS?
    Direcção de *Jean-Pierre Changeux*
109. O LUGAR DO CORPO
    Paulo Cunha e Silva
110. OS GRANDES PENSADORES
    CONTEMPORÂNEOS
    François Stirn
111. O DARWINISMO
    OU O FIM DE UM MITO
    Rémy Chauvin
112. A REDE E O INFINITO
    Philipe Forget / Gilles Polycarpe
113. O PRAZER E O MAL
    Giulia Sissa
114. A GRANDE IMPLOSÃO
    Pierre Thuillier
115. AMOR, POESIA, SABEDORIA
    Edgar Morin
116. PIAGET UM REQUESTIONAMENTO
    David Cohen
117. A POLÍTICA DO REBELDE
    Michel Onfray
118. A CIÊNCIA ENQUANTO
    PROCESSO INTERROGANTE
    N. Sanitt
119. CIÊNCIA DA MOTRICIDADE
    HUMANA
    Ubirajara Oro
120. UM CORTE EPISTEMOLÓGICO
    Manuel Sérgio – (2.ª edição)
121. ANTROPOLOGIA INGÉNUA
    ANTROPOLOGIA ERUDITA
    Wiktor Stoczkowski
122. O 3.º MILÉNIO
    Erwin Laszlo

123. O COMPUTADOR NA CATEDRAL
    Jean Caillaud
124. O HOMEM ARTIFÍCIO
    Dominique Bourg
125. IMAGINÁRIO TÉCNICO
    E ÉTICA SOCIAL
    Bertrand Heriard Dubreuil
126. O PRINCÍPIO DE NOÉ
    Michel Lacroix
127. JORNALISMO E VERDADE
    Daniel Cornu
128. VIAGENS NO FUTURO
    Nicolas Prantzos
129. DEUS, A MEDICINA E O EMBRIÃO
    René Frydman
130. A SABEDORIA DOS MODERNOS
    André Comte-Sponville / Luc Ferry
131. A FAMÍLIA
    Evelyne Sullerot
132. O SENTIDO E A ACÇÃO
    *Manuel Sérgio / Trovão do Rosário /
    Anna Maria Feitosa / Fernando Almada /
    Jorge Vilela / Viegas Tavares*
133. A ORIGEM DO HOMEM
    Claude-Louis Gallien
134. A EFICÁCIA DA METÁFORA
    NA PRODUÇÃO DA CIÊNCIA
    Paula Contenças
135. GENES, POVOS E LÍNGUAS
    Luigi Luca Cavalli-Sforza
136. A LÓGICA DOS EFEITOS
    PERVERSOS
    André Gosselin
137. A CLONAGEM EM QUESTÃO
    Axel Kahn / Fabrice Papillon
138. CIBERCULTURA
    Pierre Lévy
139. O SELO DA INDIVIDUALIDADE
    Jean Dausset
140. FOGOS, FÁTUOS
    E COGUMELOS NUCLEARES
    Georges Charpak / Richard L. Garwin
141. A DIVERSIDADE DO MUNDO
    Emmanuel Todd
142. AS CENTELHAS DE ACASO
    Henri Atlan
143. O CUSTO MUNDIAL DA SIDA
    Denis-Clair Lambert
144. A PALAVRA CONFISCADA
    Patrick Charaudeau / Rodolphe Ghiglione
145. FIGURAS DO PENSÁVEL
    Cornelius Castoriadis
146. AS CIÊNCIAS E NÓS
    Maria Manuel Araújo Jorge
147. DECISÕES E PROCESSOS
    DO ACORDO
    Pierre Moessinger
148. A TERCEIRA MULHER
    Gilles Lipovetsky
149. O DEMÓNIO DA CLASSIFICAÇÃO
    Georges Vignaux
150. AS DERIVAS DA ARGUMENTAÇÃO
    CIENTÍFICA
    Dominique Terré
151. A AVENTURA DA FÍSICA
    Etienne Klein / Marc Lachièze Rey
152. HOMENS PROVÁVEIS
    Jacques Testart
153. O MEU CORPO A PRIMEIRA
    MARAVILHA DO MUNDO
    André Giordan
154. A IDADE DO MUNDO
    Pascal Richet
155. O PENSAMENTO PRIGOGINE
    Arnaud Spire
156. HIPERCULTURA
    Stephen Bertman

157. MODERNIDADE,
    CRÍTICA DA MODERNIDADE
    E IRONIA EPISTEMOLÓGICA
    EM MAX WEBER
    Rafael Gomes Filipe
158. TEORIA DO CONHECIMENTO
    CIENTÍFICO
    Armando de Castro
159. FONTES DO PODER
    Gary Klein
160. SOBREVIVER À CIÊNCIA
    Jean-Jacques Salomon
161. A SOCIEDADE DE COMUNICAÇÃO
    Gerard Leclerc
162. O LUGAR DO CORPO
    NA CULTURA OCIDENTAL
    Florence Braunstein / Jean-François Pépin
163. O ADVENTO DA DEMOCRACIA
    Robert Legros
164. DROGA E TOXICODEPENDÊNCIA
    NA IMPRENSA ESCRITA
    Fernando Nogueira Dias
165. INTRODUÇÃO ÀS CIÊNCIAS
    SOCIAIS
    Jean-Pierre Dupuy
166. A PROCURA DE SI
    Alain Touraine / Farhad Khosrokhavar
167. IMPRENSA, RÁDIO E TELEVISÃO
    James Curran / Jean Seaton
168. O DESAFIO DO SÉCULO XXI
    Edgar Morin
169. A VIOLÊNCIA TOTALITÁRIA
    Michel Maffesoli
170. FILOSOFIA WORLD
    Pierre Lévy
171. SISTEMAS DE COMUNICAÇÃO
    DE CULTURA
    E DE CONHECIMENTO
    Fernando Nogueira Dias
172. O ETERNO INSTANTE
    Michel Maffesoli
173. A INTENCIONALIDADE
    DO CORPO PRÓPRIO
    Paulo Manuel Ribeiro Farinha Nunes Dantas
174. A TEMPERATURA DO CORPO
    Gonçalo Albuquerque Tavares
175. A CHEGADA
    DO HOMEM-PRESENTE
    OU DA NOVA CONDIÇÃO
    DO TEMPO
    Zaki Laïdi
176. A LENDA DA VIDA
    Albert Jacquard
177. INTERNET A NOVA VIA
    INICIÁTICA
    Nicolas Bonnal
178. EMOÇÃO, TEORIA SOCIAL
    E ESTRUTURA SOCIAL
    J. M. Barbalet
179. PADRÕES DE COMUNICAÇÃO
    NA FAMÍLIA
    DO TOXICODEPENDENTE
    Fernando Nogueira Dias
180. A TECNOLOGIA COMO MAGIA
    Richard Stivers
181. FÍSICA E FILOSOFIA DO ESPÍRITO
    Michel Bitbol
182. A SOCIEDADE PURA
    André Pichot
183. A SOCIOLOGIA
    DA TOXICODEPENDÊNCIA
    Fernando Nogueira Dias
184. EPISTEMOLOGIA E SOCIOLOGIA
    DO TRABALHO
    François Vatin
185. AS CHAVES DO SÉCULO XXI
    Autores Vários

186. MÉTODOS QUANTITATIVOS
PARA AS CIÊNCIAS HUMANAS
Réjean Huot
187. REFORMAR O PENSAMENTO
Edgar Morin
188. A TELEVISÃO
E A INSTITUIÇÃO ESCOLAR
Manuel João Vaz Freixo
189. INTRODUÇÃO AOS MÉTODOS
QUANTITATIVOS EM CIÊNCIAS
HUMANAS E SOCIAIS
*Claude Rosental,
Camille Frémontier-Murphy*
190. CONTRIBUTOS
PARA UMA METODOLOGIA
CIENTÍFICA MAIS CUIDADA
*Estela P. R. Lamas, Luís Manuel
Tarujo, Maria Clara Carvalho,
Teresa Corredoira*
191. CIBERESPAÇO E COMUNÁUTICA
Pierre-Léonard Harvey
192. A PRODUÇÃO
DO CONHECIMENTO
PARA A ACÇÃO
Jean-Pierre Darré
193. SENTIDO E SEGREDOS
DO UNIVERSO
Jean-Pierre Luminet
194. TÉCNICA E IDEOLOGIA
Lucien Sfez
195. AS ORIGENS ANIMAIS
DA CULTURA
Dominique Lestel
196. A HERESIA HUMANISTA
José Fernando Tavares
197. A FAMÍLIA
Adelina Gimeno
198. ENSAIO SOBRE
O DESENVOLVIMENTO HUMANO
Luís Marques Barbosa
199. A CIÊNCIA AO SERVIÇO
DOS NÃO CIENTISTAS
Albert Jacquard
200. PARA UMA NOVA
DIMENSÃO DO DESPORTO
Manuel Sérgio
201. A VIDA HUMANA
Maria Isabel da Costa
202. EDUCAÇÃO E PROJECTO
DE VIDA
Fernando Nogueira Dias
203. ENTRE O BEM E O MAL
Michel Maffesoli
204. A VERDADE E O CÉREBRO
Jean-Pierre Changeux
205. O HOMEM PLURAL
Bernard Lahire
206. EGO
Jean-Claude Kaufmann
207. CIBERDEMOCRACIA
Pierre Lévy
208. UMA UTOPIA DA RAZÃO
Jean-Jacques Wunenburger
209. A TRANSFIGURAÇÃO
DO POLÍTICO
Michel Maffesoli
210. A FAMÍLIA RECOMPOSTA
Chantal Van Cutsem
211. A UNIDADE DAS CIÊNCIAS
Jean-Philippe Ravoux
212. SERÁ A CIÊNCIA INUMANA?
Henri Atlan
213. A NOVA FILOSOFIA DO CORPO
Bernard Andrieu
214. LIÇÕES DE ECOLOGIA HUMANA
Albert Jacquard
215. DOS GENES AOS GENOMAS
Stuart J. Edelstein
216. ALGUNS OLHARES SOBRE
O CORPO
Manuel Sérgio
217. DROGA, ADOLESCENTES
E SOCIEDADE
Claude Olivenstein, Carlos Parada
218. O HOMEM A CIÊNCIA
E A SOCIEDADE
Boris Cyrulnik
219. A COMPLEXIDADE, VERTIGENS
E PROMESSAS
Réda Benkirane
220. PRÁTICAS COOPERATIVAS
Conceição S. Couvaneiro
221. O FUTURO NÃO ESTÁ ESCRITO
Albert Jacquard, Axel Kahn
222. A RESOLUÇÃO CRIATIVA
DO PROBLEMA
David O'Dell
223. DIÁLOGO SOBRE A NATUREZA
HUMANA
Boris Cyrulnik, Edgar Morin
224. POLÍTICAS DE IMIGRAÇÃO
Paulo Manuel Costa
225. DA EDUCAÇÃO FÍSICA
À MOTRICIDADE HUMANA
João Batista Tojal
226. MASCULINO/FEMININO - Vol. II
Françoise Héritier
227. RELAÇÕES GRUPAIS
E DESENVOLVIMENTO HUMANO
Fernando Nogueira Dias
228. AS NOVAS DROGAS
DA GERAÇÃO *RAVE*
Alain Lallemand, Pierre Schepens
229. O LIVRO
DO CONHECIMENTO - Tomo II
Henri Atlan
230. ETNICIDADE
Steve Fenton
231. CELEBRAR PORTUGAL
José Carlos Almeida